KB140059

중국소수민족
특색마을 문화 연구

전월매 지음

이 저서는 2022년도 대한민국 교육부와 한국학중앙연구원(한국학진흥사업단) 해외
한국학 씨앗형 사업의 지원을 받아 수행된 연구임(AKS-2022-INC-2230003)

중국소수민족 특색마을 문화 연구

전월매 지음

중국은 제18차 당대회 이래로 문화건설을 국정 운영의 돌출한 위치에 놓고 문화건설에 대한 법칙성 인식을 부단히 심화시키고 문화 전승과 발전을 추동하면서 사회주의 문화강국 건설을 위해 최선을 다하고 있다.

2023년 6월 7일 심천에서 개최된 제1회 문화강국 건설 고위층 포럼에서 시진핑 국가주석은 축하편지로 "신시대 중국특색사회주의사상과 제20차 당대회 정신을 전면 관철하고 새로운 문화 사명을 더 잘 감당하며 문화적 자부심을 확고히 하고 개방과 포용을 견지해야 한다, 바른길을 고수하는 동시에 새로운 사상과 발전 방향을 과감히 모색하고 전 민족의 문화 창조의 활력을 유발하고 새로운 역사 기점에서 문화번영을 추진하고 문화강국을 건설하며 중화민족 현대문명을 건설하면서 인류 문명 간 교류 답습을 부단히 촉진함으로써 강국 건설, 민족부흥을 위하여 강대한 정신적 힘을 응집해야 한다"라고 방향을 명확히 하였다.

문화에는 그 나라와 그 민족의 정체성과 가치관과 사상이 담겨있고 문화를 통해 그 나라와 그 민족의 과거와 현재를 읽을 수 있고 미래를 조망할 수 있다. 이는 세계 여러 나라에서 문화 명맥을 깊이 뿌리내리고 번영 발전을 추진하고자 하는 이유이기도 하다.

중국소수민족, 특색마을, 문화, 문화교육을 키워드로 그동안 써놓은 글들을 묶어 보았다. 막상 책으로 묶어 보니 내용의 깊이와 넓이, 높이의 부족함을 다시 한번 자각하게 된다. 이 책은 총 3부로 구성되었다.

제1부는 중국소수민족 민속촌의 문화자원 현황과 활용이다. 제1장과 제2장에서는 중국조선족 민속촌인 흑룡강성 녕안시 민속촌과 탕원현 탕왕향 민속촌의 문화자원 현황과 존재하는 문제점, 해결방안 등에 대해 분석해보았다. 제3장에서는 인터넷시대, 인터넷이 소수민족 특색마을인 귀주성의 홍심촌, 남화촌, 상랑덕촌에서의 문화전파경로와 직면한 문제점들을 알아보고 보다 합리적이고 효과적인 홍보와 전파경로를 탐색하고자 하였다. 제4장에서는 운남성 맹해현의 민속촌 현황에 대해 살펴보았다. 제5장은 총론으로서 위에서 사례를 든 소수민족 특색마을 전통문화 보호 현황을 살펴보고 인터넷시대 문화전파에서 공동으로 존재하는 문제점을 짚어보았으며 그 해결방안에 대해 강구해 보았다.

제2부는 중국 천진조선족사회의 문화행사 현황과 중국조선족 문화 담론에 대해 살펴보았다. 천진조선족사회는 중국 관내에서 유일하게 일찍이 정부에 등록된 합법적인 천진시조선족연의회가 있고 그 산하에 여러 단체가 일사불란하게 움직이고 있다. 그 단체들은 점점 통합되고 성숙된 모습을 보이는데 문화행사들을 통하여 확인할 수 있었다. 중국조선족 문화 담

론은 아리랑, 무형문화유산, 융합문화 등으로 살펴보았다.

제3부는 중국에서의 한국문화 교재와 수업의 실제 그리고 중국조선족 조선어문 교과서에 대해 분석하였다. 문화수업은 직접 경로인 '한국문화', '한국개황', '중한 문화 비교' 등 수업이나 혹은 '고급한국어', '조선어문' 등 정독 과목을 통한 간접적인 문화수업 경로가 있다. 여기에서는 중국에서 한국어와 한국문화를 외국어로 배우는 집단과 모국어로 배우는 집단에 대해 살펴보았다.

끝으로 항상 지지와 성원을 아끼지 않는 스승님들과 지인, 사랑하는 가족에게 고맙다는 말을 전한다. 또한, 흔쾌히 책을 출판해주신 한국학술정보와 양동훈 대리님께 다시 한번 감사를 드린다.

2023년 8월 천진에서

저자

중국소수민족 특색마을 문화 연구

목차

제2부 천진조선족사회의 문화행사 현황과 중국조선족 문화 담론

제3부 중국에서 『한국문화』와 『조선어문』 교과서 분석 및 수업의 실제

중국소수민족 특색마을의 문화 자원 현황과 활용

1. 들어가며

민속촌은 고유한 민속을 간직하고 있거나 전통 민속을 보존하고 전시할 목적으로 민속자료가 될 만한 것을 모아 인위적으로 만든 마을이다. 민속촌은 그 민족의 인문역사와 자연환경하에서 형성된 산물로서 그 지역의 사회 생산력의 발전 수준, 경제 활동, 사회제도, 민족 관계, 종교 신앙 등을 반영하고 있다. 그러므로 민속촌은 나름의 문화적, 경제적 가치를 지니고 있으며 당대와 미래에 민족 지역의 경제 사회 발전의 소중한 자원이다. 2005년 10월 8~11일에 열린 중국공산당 제16차 5중 전회에서는 "사회주의 신농촌 건설은 중국 현대화 건설의 중대한 역사적 임무이다. 생산의 발전, 여유로운 생활, 문명한 향촌 기풍, 정연하고 깨끗한 마을, 민주적인 관리의 요구에 따라 안정적으로 추진해야 한다."라고 전략을 내놓았다. 이는 전반적인 경제의 발전, 농민 수입의 제고, 삶의 질 향상과 농촌 환경 면모의 혁신, 농민 소질의 제고에 대해 언급한 것이라 할 수 있다.

중국조선족의 농촌 마을의 경우, 개혁개방과 1992년 한중수교 이후 공동체 마을의 해체와 붕괴가 나타나게 되었다. 이러한 시점에서 신농촌 건설의 정책은 봄바람처럼 농촌 마을에 개혁을 불러일으켰다. 이러한 정신에 따라 민속촌, 집중촌이 나오게 되었다.

녕안은 중국 흑룡강성에서 조선족사회가 가장 빨리 형성되고 인구가 가장 많으며 발전이 가장 잘된 시(현)의 하나이다. 흑룡강성의 관광지 60%가 목단강에 있고 목단강의 90%가 녕안시 발해진에 있다는 말이 있을 정도이다. 필자는 2020년 10월 30일부터 11월 3일까지 흑룡강성 녕안시의 조선족 민속촌에 대한 현지조사를 진행하였다.[1] 조사한 마을들로는 녕안시 발해진의 강서촌, 향수촌, 녕안현 강남조선족만족향 명성촌이다.

본고는 녕안시의 조선족 민속마을을 중심으로 녕안시 조선족 마을의 연혁, 문화자원의 현황과 특징, 존재하는 문제점과 해결방안을 제기하고자 한다.

2. 녕안시 개황과 녕안 조선족

1) 녕안시 개황

녕안은 옛 성의 이름으로 '녕고탑(寧古塔)'이다. 만족어로 '녕고'는 '육' 혹은 '여섯 개'라는 뜻이고 '탑'은 '특(特)'의 음으로서 '거주하는 지역(居址)'이란 뜻이다. 합치면 '육거지(六居址)'로, 이는 녕고탑 지역에 있었던 여섯 개의 대부락을 칭하는 것이다. 녕안은 만족의 선조 숙신인(肅愼人)의 고지(故地)이고 청나라 황족 선조들의 거주지이며 발해국의 옛 성터이다.

녕안은 흑룡강성 동남부에 있으며 흑룡강성 목단강시에 소속되어 있다. 지리적으로 장광재령(張廣才嶺), 노야령(老爺嶺)이 녕안 발해 분지를 끼

---

1 2020.10.30-11.3 녕안시의 현지조사 기간 안내를 해준 동경성 경찰지부 박덕호 대장과 명성촌, 강서촌, 향수촌의 간부들에게 다시 한번 감사드린다.

고 있고 만 년 전 화산으로 형성된 경박호(鏡泊湖)가 있으며 목단강이 낮은 산과 구릉 지역을 흐르고 있다. 그리고 동, 남, 서, 삼면이 산으로 둘러싸여 있다. 동쪽으로는 목릉시(穆棱市), 서쪽으로는 해림시(海林市), 남쪽으로는 길림성 왕청현, 돈화시와 인접해 있다. 흑룡강성 직할시인 하얼빈과는 320km, 목단강시와는 23km 떨어져 있다.

넝안시는 수분하, 훈춘 두 개의 국가급 개방항구 중심지대에 자리 잡고 있어 고속도로와 고속철이 지나고 있으며 목단강 공항과는 19km 떨어져 있다. 그러므로 넝안시는 동북아 경제기술 교류협력의 교류와 물자의 집중, 정보 전달의 중요한 지역이다. 넝안시는 국가급 중점문물보호지역인 발해국 상경용천부 유적지(渤海國上京龍泉府遺址)가 있는데 이는 중세기 도성 유적지이다. 그리고 중국에서 제일 큰 고산언새호(高山堰塞湖), 세계 지질공원, 국가 5A급 풍경구 경박호가 있다. 그리하여 넝안시는 선후로 흑룡강성 최초의 역사문화의 유명 도시, 전국 최초의 문화현, 국가급 레저농업과 향촌여행시 모범현, 전국 양식생산 선진시와 전국 녹색 식품 생산원료 기지현, 중국 화산암 벼의 고향 등 10개의 성급 국가급 영예를 안았다. 2018년 10월 넝안시는 중국의 투자 잠재력이 있는 100대 현시에 입선되었다.

넝안시의 총인구는 2019년 넝안시 국민경제와 사회발전 통계표에 따르면 408,425명[2]이다. 그중 한족이 82.28%를 차지하고 있고 그 외 만족, 조선족, 회족, 몽골족, 묘족, 장족 등 총 15개 소수민족이 있는데 그 중에서 만족이 8.8%, 조선족이 7.8%를 차지한다.

---

2 2019년 넝안시 국민경제와 사회발전 통계표

2) 녕안 조선족의 이주와 개척

『녕고탑 자국인 역사(寧古塔邦人史)』에 따르면 1914년, 조선인 의사(醫師) 김연원(金演元)이 녕안에 이주해 온 다음, 녕안으로 이주해오는 조선인이 증가하였다. 1917년, 목단강 하류 연화포(蓮花泡)에 거주하고 있는 조선족 농민들이 벼 재배에 성공하여 조선족 농호들은 녕안으로 이주하였다. 일본 외무성에서 공포한 『재만 조선인 개황』에는 1917년에 "녕안현 경내에 거주하는 조선족 농민들이 악렬한 자연조건을 이겨내고 자신의 두 손으로 수리 시설을 만들어 대량의 논을 개간하였다"라고 기록되어 있다.[3] 『녕고탑현지』의 기재에 따르면 민국 13년(1924년)에 "녕고탑에 입적한 고려인들은 김, 한, 이, 박 등 43개 성씨"였고 당시의 통계로는 "녕고탑 부근에 이미 조선인 1,200~1,400명이 거주하고 있었다"라고 밝히고 있다.

녕안현 명성촌, 강서촌, 향수촌의 조선인 첫 이주는 1917년, 1926년, 1930년대 초이다.

명성촌은 1968년 이후에 개칭한 마을 이름인데 원명은 황기툰(黃基屯)이다. 명성촌은 1917년에 권만석(權萬石) 등 7호의 조선족 농가가 호적을 올리고 논을 개간하여 벼를 생산하였다. 1925년에는 30여 호로 증가하였고 개간한 토지는 40여 헥타르가 되었으며 조선족 부락을 형성하였다. 이들은 하마호의 물을 끌어들여 벼농사를 지었다.[4]

강서촌은 1926년 전후로 8호의 조선인이 이주하였다. 그들로는 강용전, 강용팔, 강수석, 강순녀, 김준달, 김부관, 안경순, 황영춘 등 8세대이다. 강

---

3 宁安市朝鮮族教育史編委会, 《宁安市朝鮮族教育史(1908-2014)》, 2016, 內部资料, 1쪽.

4 녕안시조선족중학교 편저, 『내 고향 우리 민족』, 내부발행, 2002, 177쪽.

서촌에는 원래 한족과 만족이 20여 호산재해 살고 있었다. 조선인들은 허허벌판에 논을 개간하는데 목단강의 물을 끌어들였다. 물이 가장 적은 이른 봄이면 강을 가로막는 일에 총동원되었다. 아침 일찍부터 저녁 늦게까지 근처의 돌을 날라 제방을 쌓고 또 자갈로 틈 사이를 메우고 나래를 엮어서 펴고 그 위에다 돌이며 자갈을 쌓아 올려 물이 새지 않도록 보를 막는 일을 하였다. 여름철 장마철에는 보가 터지는 통에 보막이에 많은 고생을 하였다. 이때 보를 설계하고 지휘한 이는 이종호였다. 그때는 지금의 강서촌을 쌰툰(下屯)이라 불렀다. 강서촌에서 8리가량 상거한 곳인 아푸툰(阿堡屯)에 촌공소를 건립했는데 위치상 아푸툰이 위에 있고 강서촌이 아래에 있기 때문이었다.[5]

향수촌은 1930년대 초에 조영선, 조광빈 등 세 호의 조선족 농호가 처음으로 이주하였다. 이들은 당시 7무의 논을 개간하고 현재의 향수촌 남쪽으로 3리가량 거리가 되는 '웃향수(上響水)'에 자리를 잡았다. 그리고 1933년에 이도석 등 4호의 농가와 함께 당시 일본인이 세운 〈만선척식회사〉의 논을 부쳤다. 이 회사의 본부는 목단강에 있었는데 목단강 일대를 개척하고 관리하는 기구였고 생산을 관리하고 소출을 약탈해 가는 관리기구였다. 이들이 향수촌에서 꾸준히 수전을 개간하였기에 수많은 조선족 농호가 향수마을에 이주하게 되었다. 당시 마을은 80여 호로 늘어났고 본마을과 '웃향수'를 통틀어 '향수툰'이라 불렀다.[6] '향수(響水)'는 원래 '상수(想水)'라 불렸는데 마을 사람들이 강바닥의 돌을 거세게 치며 흐르는

---

5   김창남, 『78년의 강서촌 역사』, 강서촌 촌민위원회, 내부발행, 2004, 14-15쪽.

6   전동찬, 『목단강 변의 향수마을-향수촌 개척사(1930-2013)』, 중공향수촌지부위원회, 향수촌촌민위원회, 2015, 9쪽.

여울 소리를 자주 들으면서 '향수'로 고쳐 불렀다 한다. 지금도 향수마을의 가정집들에서는 겨울철 외에 구들에 앉아서 '쏴쏴' 흐르는 여울 소리를 들을 수 있다 한다.[7]

1923년 넝안 경내에서 조선인들이 개간한 수전 면적은 4,683헥타르에 달했고 매년 7만 석의 벼를 생산하였다. 목단강 양안의 발해 일대와 우창 등지는 1934년 발해관개수로가 만들어진 후에야 수전을 대량으로 개간하고 벼농사를 하였다. 1934년 전후 하마강 양안의 근로, 동진, 공진 등지에도 선후하여 조선인 농호들이 이주하여 왔는데 그들은 하마강에 언제를 만들고 수전을 개발하고 정착 생활을 시작하였다.

1930년 5월, 넝안현 경내에 거주하는 조선족의 인구는 3,088명, 1932년에는 3,962명이다. 1934년에는 6,922명으로 급증하였는데 52개 마을에 분포되었다. 이러한 급증의 원인은 일제와 군벌 세력이 동만(東滿) 일대의 침략을 가속하기 위하여 신작로와 철도를 건설하였기 때문이다. 1934년 11월, 도문에서 녹도(鹿道) 사이의 철도가 건설되었고 1935년 1월 녹도에서 넝안 사이의 철도가 통하게 되어 편리를 제공하였다. 이 시기 넝안현 경내에 이주한 조선인이 급증하였다. 1935년 넝안현 경내의 조선족 인구는 12,767명에 2,422호였다.

중화인민공화국이 성립된 이후, 1952년 넝안조선족 인구는 19,837명이었다. 이들은 9개 혼합지역과 69개 마을, 2개의 자치향에 거주하였다. 1984년 조선족 인구는 7,694호에 34,054명으로 전 현의 9%를 차지하였다. 이들은 19개 향진에 분포되었는데 주로 발해진, 성동향, 와룡향과 강

---

7   전동찬, 앞의 책, 8쪽.

남향이다. 대부분 조선족은 농민으로서 벼농사의 주력군이었다.[8] 현재 명성촌의 호적인구는 497호에 1,346명, 강서촌은 300여 호에 400명, 향수촌은 282호에 982명이지만 마을에 남아있는 사람들은 이에 못 미친다.

3. 녕안시 조선족 민속촌 문화자원의 현황과 특성

녕안시 조선족 민속촌의 역사와 발전과정을 지켜보면 조선족 민속촌은 조선족 생활과 생산의 활동성 매개체로서 독특한 문화자원의 우위를 가지고 있다. 그 특징으로는 원생성, 독특성을 들 수 있다.

1) 원생성(原生性)

원생성은 자연 그대로의 상태를 말한다. 녕안은 지리 위치, 역사, 농업, 교육 등 분야에서 우위를 가지고 있는 천혜의 고장이다. 지리 역사적으로 녕안에는 발해왕터가 있고 상경 유적지가 있으며 경박호가 있다. 게다가 녕안에서 출품되는 수박, 참외, 송이버섯 등은 이 고장의 특산물이다.

그중에서도 가장 이름 있는 것은 '향수 입쌀'이다. 향수 입쌀은 향수촌을 중심으로 강서, 연화, 서안, 대주가, 상관, 상경, 합달, 우창, 봉화 등 촌에서 생산되는 입쌀을 통칭하여 이른다. '향수 입쌀'은 '중국의 첫 입쌀'로 돌판 위에 자라는 석강판 입쌀이다. 만 년 전 화산이 폭발하면서 마그마가 이백여 리 대지에 흘러내렸다. 오랜 세월의 풍화 부식을 거쳐 먼지가 20~40센티미터 두께의 부익신 요소가 함유된, 세상에 둘도 없는 비옥한

---

8 宁安市朝鮮族教育史编委会 , 앞의 책 , 2쪽.

흙토를 형성되었다. 천 년 전 발해국 선민들이 벼 재배를 시작하여 '노성의 벼(盧城之稻)'라는 칭호도 갖고 있다.

향수 입쌀은 1933년 이도석(李道石)이 한국 경상남도 울산군에서 향수촌으로 이주하여 올 때 일본의 벼 품종 '국주(國主)'를 등에 지고 와서 향수촌에서 재배하기 시작하였다. 그 후 벼생산량만 추구하다 보니 '국주' 품종이 많이 퇴화되었지만 임재홍이 해마다 알뜰히 '국주' 벼를 선종하여 1960년대에 '국주' 품종을 개량하는 데 큰 공을 세웠다. 몇십 년 이래 향수촌에서는 당지에 적응되는 '국주' 품종을 개량하여 벼생산량을 증가하는 동시에 입쌀의 질도 보존하는 데 큰 공력을 들여 좋은 효과를 보았다. 석판 위에서 재배된 '국주' 벼는 석판의 숭숭 뚫린 많은 구멍과 열 흡수로 낮에는 태양열을 한껏 받아들이고 저녁에도 기온을 유지하기에 기온 차가 심하지 않았다. 그리고 경박호의 호숫물로 관개하였다. 지은 쌀밥은 품질이 우수하고 청백옥같이 반짝이고 우윳빛을 띠었으며 쌀의 밀도는 황금밀도에 가까웠고 그 향기는 그윽했다. 한두 때 지난 묵은 쌀밥도 여전히 찰기가 많고 향이 가득했다. 중국벼연구소의 분석에 따르면 향수 입쌀은 아닐로오스(直鏈澱粉)가 18%, 단백질이 6.7%, 백악률(白堊率)이 45% 함유되어 있으며 유해성 물질 잔류가 없는 무공해, 무오염 쌀이다.

향수 입쌀은 고대에 당조 궁실의 공미(貢米)로 지정되었다. 1982년 제1회 "중국농업박람회"에서 전국 각지에서 선정되어 올라온 28개의 입쌀 가운데서 금상을 획득한 데 이어 중국의 새 중국 창건 50주년 농업과 농업경제전시회 및 제4회 "99 중국국제농업박람회"에서 금상을 수상하였다. 향수 입쌀은 제1회부터 제4회에 이르기까지 연이어 네 번이나 금상을 받는 기록을 창조하였다. 그리고 1997년에 인민대회당 국가연회 전문용 입쌀로 지정되었고 1998년에는 중국녹색식품으로 선정되었으며 1999년 전국 농업 박람회 '명품 입쌀'로, '소비자가 가장 선호하는 제품'으로, 2007년에는 '국가지리상징 보호 제품'으로 당선되었다. 2009년 6월에 '향수 벼 재배 기술(響水水稻種植技藝)'은 흑룡강성 무형유산으로 등록되었다. 향수 입쌀은 유명한 상품브랜드로 '명제품'으로 자리매김을 하였다.

넝안은 흑룡강성의 상품량 생산기지이다. 해마다 국가에 납부하는 상품 알곡은 3,850여만 *kg*에 달한다. 넝안의 알곡 생산에서 조선족들이 매우 큰 공헌을 하였다. 넝안의 수전 면적이 1956년의 만 헥타르로부터 1985년에는 1만 4000헥타르로 늘어났고 무당 생산량은 1956년의 139*kg*으로부터 1985년에는 432.5*kg*으로 2000년에는 550*kg*으로 증가하였다.[9]

1956년부터 넝안현 농업과학기술연구소와 보급센터에서 장기간 사업하였고 소장, 주임 등 직을 맡았던 안정수 조선족 고급 농예사는 넝안뿐만 아니라 흑룡강성 벼재배에서 특출한 기여를 하였다. 그는 1980년대에 "벼 초희식 재배기술"을 실험, 연구하여 1992년부터 대면적에 보급시켰다. 그 후 또 "벼 영양단지 육상모 초희식 재배기술"을 연구하여 1994년부터 보급하였다. 그의 기술은 넝안의 수전 30만 무, 흑룡강성의 800여만 무에 보급하여 벼 무당 수확고를 원래의 400*kg*으로부터 550*kg*으로 끌어올렸다. 그는 성정부의 벼생산 기술고문으로 초빙되었고 전국농업과학기술보급 선진 개인으로 표창까지 받았다.

개혁개방 후 조선족 농민들은 단일한 벼 생산으로부터 다각경영, 산업화경영, 특색농업을 창출하는 새로운 모색을 하여 일정한 성적을 올렸다. 발해진의 향수, 강서, 상경, 동경성진의 합달과 우창촌들에서는 석강판에

---

9 넝안시조선족중학교 편저, 앞의 책, 183-184쪽.

서 나는 질 좋은 향수 입쌀을 개발하여 판로를 넓혀가고 있다. 근년에 와서는 국가 A급 녹색식품 벼개발 시험기지 건설에 박차를 가하고 있다. 강남향에서는 향진공업을 발전시키는 데 큰 노력을 하였다. 이미 부지가 10만m²에 달하는 강남공업단지가 형성되었는데 거기에는 중한합자기업소를 망라한 17개의 기업소가 입주하였다. 그리하여 강남향의 향진 기업생산액은 2000년에는 1.1억 원으로 늘어났다.

2) 독특성(獨特性)

독특성은 다른 것과 견줄 수 없을 정도로 뛰어난 성질이다. 녕안시의 독특성은 흑룡강성 무형유산에 등재한 유두절(2007), 조선족 윷놀이(2016), 조선족 배추김치(2015), 조선족 전통음식(2016), 조선족 찰떡(2015), 조선족 냉면(2015); 그리고 조선족촌락이야기 전람관 등을 들 수 있다. 여기서는 유두절과 조선족촌락이야기 전람관을 중심으로 다루고자 한다.

(1) 유두절(流頭節)

유두절은 한민족의 고대 농경사회에서 기원하였다. "유두(流頭)"는 '동쪽으로 흘러오는 물에 머리를 감는다(東流水頭沐浴)'의 준말이다. 뜻인즉 음력 6월 15일에 동쪽으로 흐르는 맑은 개울에 머리를 감고 몸을 씻어 상서롭지 못한 것을 제거하고 잡귀신을 몰아내며 풍수를 기원하고 건강을 빈다는 뜻이다.

유두절에 관한 기록을 살펴보면『고려사절요(高麗史節要)』권13에는 유두음이,『이조실록·성종실록(李朝實錄·成宗實錄)』권6에는 유두제사와 유두연에 대해 언급하고 있고 고려 시기의 학자 김극기(金克己)의 『김거사집(金居士集)』에는 유두연에 관해 이야기하고 있으며 그 외 『고려사』 권 20, 조선 후기의 『동국세시기(東國歲時記)』, 『열양세시기(洌陽歲時記)』 등 역사 문헌과 민속 책자에도 기록되어 있다.

유두절은 농사의 풍작과 사람들의 건강을 기원하는 한민족의 고유한 전통명절로 신라 시기부터 전해져 내려와 조선 후기에 중단된 후 회복되지 않았으며 사라진 지 200여 년이 되었다. 그러다가 2005년 민속학자 천수산(千壽山) 교수의 발굴 정리와 지도하에 녕안현 발해진 강서촌에서 제1회 유두절 축제를 거행하였다. 유두절은 2007년에 흑룡강성 성급 무형문화재로 등록되었고 2012년에는 녕안시 인민대표대회 상무위원회에 의해 녕안시 시민절로 확정되었다. 유두절은 2022년까지 12차례 성대하게 치러졌다.

유두절의 의식과 절차는 주로 유두제사(流頭祭祀), 유두욕(流頭浴), 유두음(流頭飮), 유두연(流頭宴) 등 전통행사로 진행된다.[10]

유두제사는 여러 가지 떡을 빚고 철 따라 새로 나온 과일이나 농산물을 농신(農神)이나 조상에게 올리는 천신(薦新)과 제사이다. 음력 6월 15일에 매 가정에서는 유두면, 수단(水團), 건단(乾團) 등 음식을 만들고 집집마다 자신들이 만든 음식을 가묘의 조상에게 바치어 제사를 지낸다. 좁쌀, 벼, 콩 등 곡물과 참외, 오이, 수박 등의 계절 과일을 조상과 농신에게 올리고 가호에 대해 감사드리고 평안하게 해달라고 빈다. 농민들은 단체로 제물을 논의 중앙에 가져다가 농신에게 제를 지내며 풍작을 기원한다. 소원 빌기를 끝내고 제물을 자신의 논밭에 묻는다. 모든 제물은 일률로 "유두 x

---

10   李大武,《朝鮮族流头节》,《民艺精华》, 黑龙江人民出版社 , 2019, 110-114쪽.

x˝라 부르는데 이는 유두절에 대한 존중과 숭배이다.

유두욕은 유두절의 하나의 독특한 풍경이다. 이날은 남녀노소를 불문하고 마을에 있는 동쪽으로 흐르는 개울물에서 머리를 감고 몸을 씻는다. 이날은 평일과 다르다. 왜냐하면, 조선민족의 여성들은 예의 속박으로 평소에 시냇물에서 옷을 벗고 몸을 씻을 수 없었다. 그러나 이날만은 평안을 기원하고 불결한 것들을 몰아내기 위하여 머리를 감고 옷을 벗고 씻을수 있다. 유두절에 제사를 맡은 진행자가 개울가에 가서 머리를 감고 몸을 씻을 수 있다고 선포하면 부녀와 소녀들은 짝을 지어 개울가에 가서 즐거운 기분으로 씻으면서 동으로 흐르는 물이 몸의 때와 질병, 번뇌를 씻어가기를 기원한다. 노인들은 손자들을 데리고 상징적으로 개울가에서 머리를 감고 물 장단을 치면서 손자 손녀들이 무병 무탈하게 건강하고 씩씩하게 자라기를 기원한다.

유두음은 음식의 총칭이다. 그중에서도 유두면은 유두절의 대표적인 음식이다. 메밀가루에 밀가루, 전분을 섞어 반죽하여 만드는데 육수는 소고기를 끓여 만든다. 유두왈(流頭曰)에 '유두면'을 먹으면 더위를 물리치고 순조롭게 여름을 날 수 있으며 건강하고 장수할 수 있다는 설이 있다. '유두병'은 찹쌀가루나 밀가루를 쪄서 여러 가지로 만든 것인데 그것을 썰어서 꿀에 찍어 먹는 것을 수단(水團)이라 하고 꿀에 찍지 않고 그대로 먹는 것을 건단(乾團)이라 한다. 작은 공 모양으로 오색을 물들여 세 개를 꿰어 허리나 대문에 다는 것은 잡귀를 몰아내고 액막이를 위해서이다. 세 개나 다섯 개는 기수(奇數)이자 양(陽)의 숫자이므로 액을 막아내고 평안을 얻는 데 더욱 효과적이라 한다. 찰떡은 민족 특색의 떡의 일종이다. 유두절 현장에서 떡을 쳐서 주변의 사람들과 함께 공유한다. 찰떡은 깨끗하게 씻은 찹쌀을 시루에 얹어 찹쌀밥으로 찐 다음 나무 절구에 넣는다. 그러면

힘이 센 청장년들이 나무 해머로 찹쌀밥을 내리치고 여자들은 떡메를 들었다 놓는 순간 잽싸게 찹쌀밥을 뒤집어놓는다. 이렇게 반복적으로 내리쳐서 찹쌀밥이 떡으로 되면 노란 콩고물이나 빨간 콩고물에 묻혀서 먹는데 적당하게 꿀이나 설탕을 추가한다. 찰떡을 칠 때는 여러 사람이 힘을 합쳐 협력하여 찰떡을 완성하기에 찰떡의 공유는 단결과 화합의 상징이고 고난이 있으면 함께 헤쳐 나가고 즐거움이 있으면 함께 나누는 집체주의 정신의 체현이기도 하다.

유두연은 유두천신과 유두욕의 의식이 끝난 후에 치르는 제일 마지막 행사이다. 마을 사람들이 가족마다 혹은 온 마을 사람들이 한데 모여앉아 자신이 만든 가장 맛있는 음식을 여러 사람과 나누어 먹는다. 유두연에서 농민들은 농사일을 논하고 상인과 학자들은 사를 짓고 시를 읊는 것이 주요한 내용이다.

유두절 축제는 전통적인 유두 의식뿐만 아니라 인근 마을 축하공연, 대형 집체무 공연, 농악무 공연, 요리 시합, 그네, 널뛰기, 줄 뛰기, 축구 시합, 배구 시합, 씨름, 물동이 이고 달리기, 밧줄 당기기 등 다채로운 행사들도 이루어진다. 명절날이면 조선족 마을뿐만 아니라 주변의 한족 마을 촌민들까지 합류하여 민족단결의 축제로 이어지기도 한다.

2019년 강서촌 유두절 행사

(2) 조선족촌락이야기 전람관(朝鮮族村落故事展覽館)

조선족촌락이야기 전람관은 녕안시 강남향 명성촌의 옛 구락부 건물을 그대로 사용하여 조선족촌의 이야기를 담는 공간으로 2018년에 재탄생시킨 곳이다. 구락부는 1976년 5월에 건립되어 2000년도까지 촌민들의 문화생활과 여러 행사를 진행하던 문화공간이었다.

전람관의 설립 취지는 "조선반도에서 이주하여 마을을 이루고 정착하면서 더 나은 삶을 위하여 힘썼던 사람들의 사소한 삶의 이야기를 담아놓았다. 그 시기를 살아온 사람들에게는 향수와 추억을, 후대에는 역사로 남겨 기억하고자 하며 계속해서 삶의 이야기를 담는 공간이 될 것으로 기대한다."라고 하면서 "이는 중국에서 첫 번째의 조선족촌락이야기 전람관이고 중국 각지 조선족촌 역사에 대한 전시를 통해 조선족 역사와 문화를 이해하고 조선족 인민 생활을 이해하는 데 도움이 될 것이다"라고 밝혀놓았다.

전람관은 조선족 이민사, 조선족촌의 풍경, 벼농사, 벼 재배, 조선족과 교육, 조선족공소합작사, 조선족의 거주문화, 유두절 문화, 조선족 민요, 조선족의 일생 등으로 나뉘어 중국어와 한국어 이중언어로 전시하고 있다.

〈조선족 이민사〉는 한반도의 고향을 떠나서 중국으로의 이주와 정착, 황무지 개간과 벼농사, 조선족 이민사의 변천 과정을 도편으로 설명하고 있다. 중국조선족에 이어 녕안 조선족의 천입과 정착, 간고분투의 역사, 전국 제1문화현 녕안현 이주민들의 이야기를 전시하고 있다. 〈조선족과 교육〉에서는 '교육이 없으면 오늘날의 조선족이 없네'라는 주제로 전시되어 있었다. 〈조선족의 거주문화〉는 조선족촌의 거주공간을 전시하여 놓았고 흑룡강성, 요녕성, 길림성의 조선족 거주공간에 대하여 비교하여 소개하고 있다. 〈조선족의 일생〉은 돌잔치, 혼례, 환갑, 제례 부분으로 나뉘어 실물과 동영상을 결합하여 이야기하고 있다. 〈유두절〉은 동영상으로 유두절의 장면을 재현시켜놓았다. 〈조선족 민요〉는 고된 농사일을 노래라는 즐거움의 힘으로 승화한다는 주제로 설명하고 있다.

그 외에도 노인협회와 독보조(讀報組), 문예 선전대의 유래, 공소합작사(供銷合作社)의 흥망성쇠에 관해 설명하고 있다. 그리고 가공소와 철공소, 공소합작사, 관혼상제의 장면, 요리의 움, 대장간 장면을 재현해 놓았다.

전람관에 전시한 조선족의 주거문화에 대한 설명을 보도록 하자.

조선족은 다른 민족과 어울려 살면서도 나름의 독특한 주거문화를 형성하고 있다. 농촌의 경우, 조선족 마을과 한족 마을은 아래의 특성에 따라 멀리서도 외관상으로 쉽게 구분된다. 조선족 초가집의 경우, 짚으로 이엉을 엮어 지붕을 이었다. 지붕의 형태가 일자형 홑집이기 때문에 그 모양은 앞면과 뒷면이 긴 사다리꼴의 두 면을 이루며 양 옆면을 비스듬한 삼각형으로 이루어진 4개의 면으로 되어있다. 또한, 지붕은 전체적으로 소복한 느낌을 주며 곡선감을 느끼게 한다. 조선족 초가집에는 거의 예외 없이 벽에 하얀 회칠이 되어있다.

조선족 민가(民宅)는 생활특성에 맞게 농구를 두는 곳, 가축사양, 천 짜는 곳, 식물가공, 양식 두는 곳이 있다. 방의 문은 모두 정남을 향하고 있고 동쪽에는 농구 창고와 연료창고를 둔다. 조선족이 주요로 생활하는 장소는 '정옥(正屋)'이다. 정옥은 침실에 해당한다. 정옥은 좌식온돌로 음식실, 부엌, 객실이 일체를 이룬다. 집안은 매우 깨끗한데 들어서면 신발을 벗어야 한다. 침실은 좌측과 우측에 있고 창문은 남쪽을 향하고 바깥 베란다가 있는데 절반 폐쇄된 공간이다. 장마철에는 농산물을 저장한다. 가족들과 담화를 하고 손님을 접대하는 곳이기도 하다.

이는 조선족 독특한 거주문화를 조선족 마을의 외관, 4개 면에 곡선감을 주는 지붕, 흰 벽, 민가의 구조, 방문의 방향, 각 방의 용도와 특징, 지켜야 할 점 등으로 소개하고 있다. 실제로 조선족의 초가집은 전통적이면서도 독특한 특징을 갖고 있는데 이에 대한 유래나 한국의 한옥과 다른 점, 중국의 한족과 다른 점을 비교하여 설명하면 더욱 일목요연할 수 있다.

전람관에는 많은 이야기 스토리들을 볼 수 있었는데 '조선족 민요를 고된 농사일을 하는 즐거움의 힘으로 승화하다.', '교육이 없으면 오늘날의 조선족이 없네', '애비 없이는 살아도 소 없이는 못 산다' 등을 일례로 들수 있었다. 그중에서 '애비 없이는 살아도 소 없이는 못 산다'는 아래와 같이 설명하고 있다.

소는 이주 초기부터 농업기계화가 보편화되지 않았던 90년대 말까지 조선족 농민들의 생산 노동에 없어서는 안 될 중요한 노동력이며 가정의 큰 기둥으로 조선족 농촌 생활과 밀접히 연관되어 있다. 농민들은 소에 대한 정성이 대단하였기에 "애비 없이는 살아도 소 없이는 못 산다"라는 말이 전해질 정도였다. 이주 초기 조선족촌에서 주택을 지을 때 외양간만은 따로 짓지 않고 정주간과 맞붙어 있게 했는데 이런 형태는 해방 후에도 오랜 기간 개변되지 않았다. 위생 형편이 좋지 않음에도 불구하고 정주간을 드나들면서 늘 소를 살펴볼 수

있고 수시로 여물을 구유에 담아줄 수 있기 때문이었다. 밭갈이 철에 소가 지치면 구차한 살림 형편에도 불구하고 좁쌀죽을 쒀 먹이거나 조찰떡을 쳐서 주먹만큼씩 베어 물에 찍어 먹였다. 농사철에 밭갈이 후치질과 신걱질을 하는 외에도 농한기에 추수한 곡식은 장거리로 운반해가는 일을 하는 등 소는 일 년 사계절을 쉬지 않고 부지런히 일하였기에 소 주인은 소에 대한 애정이 자연히 깊어지기 마련이었다.

소는 농경사회에 없어서는 안 될 소중한 존재임을 '애비 없이는 살아도 소 없이는 못 산다'라는 말로 생동하게 표현하였다. 외양간을 따로 짓지 않고 정주간과 맞붙어지어 수시로 소를 살필 수 있고 가족처럼 대하는 농민들의 소에 대한 애정을 읽을 수 있는 대목이다. 그만큼 소는 농경사회에서 농부에게 전부라 해도 과언이 아니다. 조선족 전람관을 통해 조선족 지난 역사의 희로애락을 읽을 수 있었다.

그리고 당시 사회에 존재했던 문예 선전대[11]와 노인 독보조[12] 등에 대한

---

11 문예 선전대는 문화예술 선전 공연 활동을 하는 문예 단체로 1940년대 항일전쟁이 시작된 후 항일부대의 지휘관과 전사들의 문화생활을 활성화하고 항일전쟁의 승리적인 발전을 위하여 조직한 데서 시작되었다. 해방 후 60~70년대에 이르러 각 부대, 공장, 학교, 지식 청년연대, 농촌 각 대대에서 잇달아 문예 선전대를 성립하는 열기가 일어났는데 대다수가 아마추어들로 조직되었다. 농촌 각지의 생산대까지 자체적인 문예 선전대가 있었으며 이들이 자체적으로 창작하고 공연하는 절목들은 내용이 현실적이고 재미있으며 농촌의 진실한 생활을 반영해 큰 인기를 누렸다. 이는 어려운 생활조건과 문화자원이 부족한 시절에 촌민들의 문화생활을 풍부히 하고 지역의 문화 분위기를 조성하는 역할을 한 그 시기 특유의 산물이었다. 문예 선전대는 주로 현문화관, 향문화소 전업 일꾼들의 지도를 받았다.

12 노인협회가 본격적으로 단체로서 활동을 전개하게 된 것은 인민공사가 해체되고 난 1984년의 일이다. 노인협회는 인민공사체제 시절 여성은 만 54세, 남성은 만 56세 이상의 촌민들로 구성원을 이루었다. 그러나 조직 활동을 할 수 있는 공간도 없었을뿐더러 당시에는 나이 60세가 된 사람들까지도 집체 노동에 참여하였기에 노인들만이 모여 활동할 시간도 별로 없어서 실제로는 단

소개도 볼 수 있었다. 그러나 이러한 소개는 당시의 중국 시대 배경에서 생성된 현상만을 설명하여 생동감을 주긴 하지만 조선족사회와 결부하여 설명되지 않았다.

요컨대, 조선족촌락이야기 전람관은 여러모로 조선족이 이주하여 걸어 온 역사를 어느 정도 보여주고 있지만, 분류가 명확하지 않고 내용이 단일하며 녕안조선족의 독특한 문화를 충분히 재현하지 못하고 중한 번역에서 한글의 오류가 많은 한계점을 가지고 있었다.

4. 조선족 민속촌 문화자원 개발에서 존재하는 문제점과 해결 방안

1) 문화자원에 대한 깊이 있는 발굴과 개발이 필요하다.

조선족 민속촌은 그 자체로 민족 음식, 음식습관, 건축 풍격, 일생의례, 민족풍속 등에서 나름의 풍부한 문화자원을 구비하고 있으며 민족의 역사적 기억과 민족적 특성을 나타내고 있다. 현재 조선족 민속촌의 문화자원은 정적인 문화상태로 놓여있고 깊이 있는 문화적 함량과 문화적 창의가 모자란다.

강서촌의 경우, 조선족 배추김치(2015), 조선족 전통음식(2016), 조선족 찰떡(2015), 조선족 냉면(2015), 조선족 윷놀이(2016)는 흑룡강성 무

체로서의 활동을 거의 하지 못하였다. 다만 이 시절에는 몇몇 노인들이 개인 집에 모여 한 사람이 신문을 읽어주고 나서 이어서 질의응답과 토론하는 방식으로 학습을 하였으며 이들을 가리켜 '독보조(讀報組)'라고 불렀는데, 현재에도 많은 사람들이 노인협회를 독보조라고 칭하게 된 원인이다.

형유산으로 선정되었지만, 여기에 관련된 소개는 찾기 어려웠다. 이러한 음식들의 기원, 특색, 함유된 풍부한 영양가와 건강식품으로의 가치; 윷놀이의 기원, 과정, 그 의미와 가치 등에 대한 소개가 전무했다. 유두절(2009)에 관해서도 길림신문, 흑룡강신문, 연변일보 등 언론매체들에서 유두절에 대한 천편일률식의 간단한 기사만을 검색할 수 있었을 뿐 유두절을 왜 만들게 되었는지, 그 과정은 어떠했는지, 그 가치는 무엇인지에 대해서도 전무했으며 일련의 무형유산에 대한 합리적이고 전문적인 설명과 해석이 모자랐다. 명성촌의 경우, 깨끗하고 질서정연한 조선족 전통민가를 지어놓았지만 이러한 민가(民宅)의 역사, 기능에 대한 해석이 없었다. 현재 여행관광객들의 문화 수준과 품위가 높기에 조선족 민속문화자원에 대한 간단한 해석만으로는 그들의 고품질의 문화생활 추구와 수요를 만족시킬 수 없다. 이는 또한 관광객들에게 문화흡인력을 잃게 되어 관광객유치에도 불리하고 조선족 민속문화의 전승에도 불리하다. 명성촌의 조선족촌락이야기 전람관은 거금을 들여 장식하고 약간의 멀티미디어 기술도 도입하였지만, 문화적 함의가 깊지 않다. 관광객들에게 읽을거리, 들을거리, 볼거리, 먹을거리, 생각할 거리를 만들어 오래 머물고 싶고, 또 오고 싶고, 와서는 느끼는 바가 있는 민속촌으로 개발해야 한다. 문화의 정적인 내용이 아니라, 천편일률이 아니라 독특하고 특색있는 민속문화자원의 깊이 있는 개발로 문화자원의 산업화를 촉진하여야 한다.

무형유산(非物質文化遺産)은 2003년 유네스코 무형문화유산 보호 협약에 의거하여 문화적 다양성과 창의성이 유지될 수 있도록 대표 목록 또는 긴급 목록에 각국의 무형유산을 등재하는 제도이다. 조선족의 문화들이 무형유산으로 선정된 것은 기꺼운 일이지만 더욱 깊이 있는 개발과 해석을 통하여 성급에서 국가급으로, 나아가서 유네스코로 나아가는 작업도 중요하다. 그러자면 조선족 문화유산의 지명도를 높이고 소개하고 보급하는 일도 동시에 진행되어야 한다. 그럼으로써 조선족 무형유산이 진정 세계의 무형유산으로 거듭나야 할 것이다.

2) 문화자원 개발의 주체가 필요하다.

중국의 개혁개방과 중한수교 이후 동북지역의 조선족 공동체 사회는 대폭적인 인구이동으로 마을의 인구가 줄고 노인들만 남는 현상이 초래되었다. 문화자원의 개발은 젊은이들의 적극적인 참여뿐만 아니라 전문가들의 깊이 있는 연구와 세밀한 지도가 필요하다. 현재 민속촌에 생활하는 촌민은 대부분이 노인들이고 일부 민속촌의 책임자는 조선족이 아닌 한족들이 담당하고 있다. 이는 조선족 민속촌이 건설되고 있는 현재진행형이지만 비농화(非農化), 고령화로 인해 농촌의 주체인 촌민이 얼마 없는 공심화(空心化)의 문제점을 안고 있다.

민속촌의 남아있는 촌민들의 교육수준도 민속촌 발전을 제약하고 있다. 촌민들의 문화 수준은 대부분이 중학교, 고등학교 졸업생으로 비교적 낮은 편으로 문화 수준이 높은 전문가가 모자란다. 이러한 상황은 문화자원의 개발과 추진에 어려움을 준다.

예로부터 중국조선족은 예의가 바르고 노래와 춤을 잘 하는 활달한 민족이다. 과경 민족으로서 조선족은 150여 넌 중국 땅에 뿌리박으면서 나름대로의 문화전통을 보존하고 있다. 그러나 개혁개방과 한중수교 이후의 급속한 인구이동으로 인한 농촌의 대폭적인 인구소실은 예전에 자주 보던

민속풍경인 집체무도 볼 수 없게 되었고 해마다 진행하던 대규모의 문화 행사, 운동대회 등을 주최하기 어렵게 만들었다. 농촌의 인구소실은 막을 수 없고 보완하기도 어려운 문제이지만 마을을 지키고 문화자원을 지키고 보유하는 인력이 유지되어야 한다.

3) 문화자원 개발에 정부의 중시와 투자가 필요하다.

인류의 무형유산은 2005년까지 인류 구전 및 무형유산 걸작이라는 명칭으로 유네스코 프로그램의 사업이었으나 지금은 세계유산과 마찬가지로 정부 간 협약으로 발전되었다. 문화자원개발에 있어서 정부는 정책적 지지와 경제적 투자, 인력의 투입이 필요하다.

우선 조선족 민속촌의 개발과 건설은 다량의 자금 투입이 필요하다. 조선족 민속촌은 각 분야에서 전면적이고 심도 있는 건설로 나아가지 못했다. 그러므로 민속문화자원을 문화산업으로 전환하려면 정부 차원에서 정책적으로 중국소수민족 민속촌에 대한 중시를 불러일으키고 경제적 지원을 대폭 늘려 문화자원에 대한 개발과 건설을 다그쳐야 한다. 다음 전문가와 학자들로 구성된 연구팀을 투입하여 민속촌과 협력하여 문화자원의 전면적이고 깊이 있는 연구가 이루어져 문화자원이 문화산업으로 거듭나는 브랜드의 가치를 창출해야 한다. 녕안현 조선족 민속촌의 경우, 문화자원은 무궁무진한바 여러 측면에서의 다각도 개발이 필요하다. 문화개발의 일환으로 강서촌의 80년 역사를 간직한 한옥의 문화개발, 여행 관광 상품개발, 무형유산에 등재된 음식들의 상품개발, 문학작품, 노래, 매체 등에 나타난 녕안조선족에 관한 연구와 결합된 민속마을의 창의적 상품개발,

경박호의 자원에 민속촌을 잇는 문화관광 코스 개발 등의 창의형 문화관광 및 민속문화관광의 개발이 필요하다.

5. 나가며

이상으로 중국 흑룡강성 넝안시의 3개 조선족 민속촌을 중심으로 문화자원의 현황과 특징, 존재하는 문제점과 해결방안에 대해 논의하였다.

넝안시는 흑룡강성에서 조선족사회가 가장 빨리 형성되고 인구가 가장 많으며 발전이 가장 잘된 시(현)의 하나이다. 기록에 따르면 1914년 조선인 김연원이 처음으로 넝안에 이주한 것으로 기록되어 있다. 그 이후 조선인들은 넝안에 이주하여 논을 풀고 벼재배에 성공하였다.

넝안시 조선족 민속촌의 역사와 발전과정을 지켜보면 조선족 민속촌은 조선족 생활과 생산의 활동성 매개체로서 독특한 문화자원의 우위를 가지고 있다. 그 특징으로는 원생성, 독특성을 들 수 있다. 원생성은 자연 그대로의 상태를 말한다. 넝안은 지리 위치, 역사, 농업, 교육 등 분야에서 우위를 가지고 있는 천혜의 고장이다. 지리적으로 넝안은 발해왕터가 있고 상경 유적지가 있으며 경박호가 있다. 게다가 넝안에서 출품되는 수박, 참외, 송이버섯 등은 이 고장의 특산물이다. 원생성으로는 대표적으로 '향수 입쌀'을 들 수 있다. 독특성은 다른 것과 견줄 수 없을 정도로 뛰어난 성질이다. 넝안시의 독특성으로는 흑룡강성 무형유산에 등재된 유두절(2007), 조선족 윷놀이(2016), 조선족 배추김치(2015), 조선족 전통음식(2016), 조선족 찰떡(2015), 조선족 냉면(2015); 그리고 조선족촌락이야기 전람관 등을 들 수 있다. 독특성은 주로 유두절과 조선족촌락이야기 전람관을 예로 들었다.

조선족 민속촌 문화자원 개발에 있어서 문화자원에 대한 깊이 있는 발굴과 개발이 필요하고 농촌의 공심화로 인한 인구의 소실로 문화자원 개발의 주체가 필요하며 문화자원 개발에 정부의 중시와 투자가 필요하다.

넝안시 조선족 민속촌은 잠재력이 있는 도시이다. 강서촌은 2012년 중화인민공화국 주택과 도시향진 건설부로부터 중국전통촌락으로 선정되었고 2018년 7월, 중국민속학회 중국지역 민속문화연구센터로부터 조선족 민속연구기지로 선정되었다. 명성촌은 그 외에도 조선족 경로원이 설립되어 있고 농가원, 남방 과일을 북방으로 옮겨오는 과일 농장이 건설 중이며 최근에 수하 자원을 발견하여 온천 개발 계획 중에 있었다. 넝안시는 2018년 10월에 중국의 투자 잠재력이 있는 100대 도시로 선정되었다. 넝안시는 자체의 문화자원이 가진 원생성과 독특성을 잘 결합하고 문제점을 보완하여 국내에서 국제에서 문화산업 도시로 거듭날 수 있다.

1. 들어가며

중국의 급속한 경제발전으로 산업화에 따른 도시화가 가속화되고 세계
화에 따른 초국가적 이동이 보편화하는 상황에서 조선족은 새로운 시대
상황에서 급격하게 탈영역화되고 재영역화 되고 있다.

1992년 8월 24일, 중한수교 당시의 통계에 따르면 조선족의 97% 이상
이 동북 3성 지역에 거주했고 이들 중 76%에 달하는 1,461,025명이 벼농
사를 지으며 생활했다. 연변조선족자치주(연길시, 용정시, 화룡시, 도문시,
훈춘시, 돈화시, 안도현, 왕청현)를 제외한 동북 3성 지역과 내몽골자치구
에 조선족향은 흑룡강성에 19개(2개 연합향 포함), 길림성에 11개(2개 연
합향 포함), 요녕성에 13개(3개 연합향 포함), 내몽골자치구에 1개 등 모
두 44개가 있었다. 또 마을은 흑룡강성에 491개, 요녕성에 144개, 길림성
에 273개 등 910여 개가 넘었다. 당시 대부분 마을은 반경 3.8km 이내에
학교(소·중·고)를 두었는데 총 1,302개교에 이르렀다.[1]

그러나 그 이후 조선족향(진)은 물론 조선족 마을도 현저히 감소됐다.

---

[1] 곽승지, 「중국 동북 3성 조선족 마을 현황연구」(2014 재외동포재단 조사연구용역 보고서 4), (사)
동북아평화연대, 2014. 4쪽.

흑룡강성의 경우, 1995년에 491개의 조선족 마을이 2005년에는 314개였다. 마을의 감소보다 더욱 심각한 것은 마을이 유지되고 있는 곳이 내용상으로는 거의 공동화(空洞化)되어 가고 있다는 것이다. 또 조선족의 민족의식과 전통문화를 전수 받던 농촌 지역의 학교들은 대부분 문을 닫았거나 폐교 위기에 직면해있다.

흑룡강성의 조선족 집거 마을은 4개 주요 권역으로 나눌 수 있다. 첫째는 동남부지역이다. 19세기 초 두만강 유역의 연길, 용정, 화룡, 훈춘 등 길림성 지역에 이주한 사람들이 목단강 유역과 목릉하(穆凌河) 유역의 녕안, 해림, 목단강 등지로 이주하였다. 녕안현에서는 1916년 좌우에 이민을 온 조선족들에 의해 수도작이 크게 늘었다. 두 번째는 동북지역이다. 러시아를 경유해 우수리강을 건너 중국 경내로 진입한 조선인이 밀산, 계서 등지로 이주하여 마을을 형성하였다. 흥개호 북쪽 연안의 밀산현에서는 1904년 후부터 이들에 의해 벼농사가 시작되었다. 세 번째는 중서부 지역이다. 요녕성과 길림성 등지에 이주한 조선인 혹은 남한지역의 조선인 등이 동북 철로의 개통으로 더 넓은 땅을 찾아 하얼빈, 아성, 빈현, 오상, 쌍성, 상지, 연수 등지로 진출했다. 오상현에는 1895년 이후로 이민 온 조선족들이 늘어나 수도작 지대가 형성되기 시작하였다. 네번째는 북부지역인데 북안, 수령, 경안, 해륜, 등지를 말한다. 이곳에 논을 개간하고 조선족 마을을 형성하였다. 이러한 마을은 고려툰, 고려영자, 고려령, 고려정, 조선툰, 소도전 등으로 불렸다.

중국 농촌 지역의 말단 행정조직은 향으로 되어있으며 이것은 한국의 면 행정단위에 해당한다. 향 행정구역 내에는 10~20여 개의 촌락(한국의 리 단위)들로 구성되었다.

중국의 촌은 농촌 지역의 기층 조직이다. 중국의 농촌 지역은 마을을 중심으로 행정체계가 설정되어 있고 주민들은 마을을 중심으로 모든 행정 업무와 일상적 활동을 하게 된다. 이러한 점에서 마을은 중국 농촌 지역의 행정 및 주민 생활의 근간이다.

중국 흑룡강성 가목사시에 속하는 탕원현은 탕왕조선족향이 있고 조선족향에는 8개의 조선족 마을이 있다. 본고는 탕원현 탕왕향의 조선족 민속촌을 중심으로 조선족 마을의 연혁과 문화자원의 현황에 대해 담론하고자 한다.

2. 탕원현 개황과 탕왕향 조선족

1) 탕원현 개황

탕원현(湯原縣)의 명칭은 탕왕하(湯旺河)로부터 유래하였다. 탕왕하는 예전에 '토온수(土溫水)', '둔하(屯河)', '도온수(桃溫水)'로 불리다가 청나라 말기 '탄하(呑河)', '탕왕하(湯旺河)'라 불렸다. 탕왕은 만주어로 '섬(島子)', '새벽의 빛(晨光)'이라는 뜻이 있다. 탕원현은 탕왕하 평원(湯旺河平原)에 자리 잡고 있어 '탕원'으로 이름을 명명했다.

1905년 12월 24일(광서 31년 11월 28일)에 탕왕하 평원에 현을 설치하였는데 이름을 탕원이라 했다. 1908년에 탕원현은 흑룡강성 흥동병비도절제(黑龍江省興東兵備道節制)에 예속되었고 1912년에는 수란도(綏蘭道) 관할구에 속했다. 1929년에 동북정무위원회가 성립되어 도제가 폐지되어 탕원현은 흑룡강성에 예속되었다. 1934년 10월에는 위삼강성에 속했다. 1945년 8월 17일 소련 홍군이 탕원진에 주둔하면서 공서는 없어지고 1945년 11월 탕원현 인민정부가 성립되면서 합강성(合江省) 정부에 예속되었다. 1947년 2월에 합강성은 4개의 전원공서(專員公署)[2]를 설립했는데 탕원현은 제4 전원공서로 지명되었다. 1949년 4월 합강성이 송강성으로 편입되면서 탕원현도 송강성에 속하게 되었으며 1954년 8월 송강성이 편제를 철수하고 흑룡강성으로 편입되면서 탕원현은 흑룡강성 합강전원공서에 속하게 되었다. 1985년 합강전원공서와 가목사시가 합병하면서 시가 현을 관할하는 체재로 나가면서 탕원현은 가목사시에 속하게 되었다.[3]

탕원현은 가목사시[4] 3개 현의 하나이다. 소재지는 탕원진이다. 흑룡강성 동북부에 있고 삼강평원 서부에 있으며 북쪽은 소흥안령, 남쪽은 송화강과 인접하고 있다. 탕왕하는 두 갈래의 물줄기가 있는데 석탄도시 학강(鶴崗), 임업도시 이춘(伊春), 항구도시 가목사 사이에 있다. 탕원현의 총면적은 3420km²이고 삼림 피복율은 33%이다. 전 현은 4개의 진과 6개의 향, 37개의 행정촌이 있다. 그리고 2개의 국유농장, 1개의 노동개조감옥, 1개의 학림임업국이 있다.

탕원현에는 대량자하(大亮子河) 국가삼림공원, 항일유적지, 음마호(飮

---

2 전원공서(專員公署): 준말은 '專署'이다. 성(省) 자치구(自治區)에서 몇몇 현(縣)이나 시(市)를 관할하기 위하여 설치했던 파출 기구이다. 지금은 '專區'로 개편되었다. '專區'는 중화인민공화국의 행정구역의 한 단위로서 성(省)과 현(縣)의 중간에 위치한다.

3 탕원현 현지(11), 탕원현 정부 홈페이지, 2014.6.28

4 현재 가목사시 관할 구역은 향양구(向陽區), 전진구(前進區), 동풍구(東風區), 교구(郊區), 화남현(樺南縣), 화천현(樺川縣), 탕원현(湯原縣), 동강시(同江市), 부금시(富錦市), 무원시(撫遠市)이다. 2020년 11월 1일 기준으로 가목사시의 인구는 2,156,505명이다. 2010년 2,552,097명인데 비해 395,592명이 감소했는바 15.5% 하락했다.

馬湖), 영산 등 명승고적과 유람지가 있다.

대량자하 국가삼림공원은 흑룡강성 동북부 소흥안령과 삼강평원이 교차하는 탕원현 경내에 있다. 이는 흑룡강성 동부에서 유일하게 홍송림을 주요경관으로 하는 국가급 삼림공원이며 국가급 AAAA 풍경구이다. 공원 내에는 1,600여 종의 식물과 540여 종의 야생동물이 있으며 삼림 피복율은 97.1%이다. 700여 년이 넘는 홍송나무는 구름 사이에 아아히 솟아있고 100년이 넘는 버드나무들은 서로 다른 자세를 취하고 있으며 백화림은 봉우리처럼 연이어 이어져 있다.

동북항일연군 유적지는 항일연군주제공원 동부에 있다. 항일장령 조상지(趙尙志), 이조린(李兆麟), 하운계(夏云階) 등이 탕원에서 전투하고 생활했었다. 탕원은 동북항일연군 제6군 군부 기관의 소재지로서 군대의 휴식과 정비, 후방 근무와 훈련기지였다.

탕원현 박물관은 2008년 6월에 설립되었고 건축면적이 3,100m^{2}이고 투자액은 820만 원이다. 총 3층으로 되어있으며 항일봉화, 민속 세태, 녹색 자원, 특색관광, 우수기업, 일장월취 등 내용으로 전시되어 있다.

탕원현은 2020년에 '제2회 혁명문물보호현성', 2020년에 '전국 제5회 솔선수범 주요농작물 생산 기계화실현 시범현', 2022년에 '전국농촌 청결 행동 선진현', 2022년에 국가생태환경부로부터 '제6회 청산녹수 금산은산 실천창신기지'로 선정되었다.

2015년 말 기준으로 탕원현의 총인구는 248,574명이고 조선족, 만족, 회족 등 20개 소수민족이 살고 있다. 제7차 인구센서스에 따르면 2020년 11월 1일 기준으로 탕원현의 상주인구는 173,688명이다. [5]

---

5 2020年佳木斯市第七次全国人口普查主要数据公报, 佳木斯市人民政府[引用日期2021-08-03]

2) 탕왕향 조선족의 이주와 개척

흑룡강성 탕왕향은 송화강 하류의 북쪽 연안의 저지대에 있어 벼농사에 알맞은 자연조건을 지니고 있다. 탕왕향은 삼강평원의 중심부에서 동부쪽으로 벗어난 곳에 있다. 삼강평원에서 가장 큰 도시로 발전하고 있는 가목사시로부터 서북 방향으로 약 80km 지점에 있다. 가목사시는 송화강의 북쪽 연안에 있는 해발 100m의 저지대이다. 탕왕향의 총면적은 약 5000 헥타르이고 삼림지 면적은 72헥타르로서 총면적의 1.4%이다. 나머지는 농경지로 되어있는데, 그중 93%는 논이다.

1940년 이전까지만 해도 탕왕에는 거주자들이 적었다. 어떤 부락에는 많아야 10여 호, 적으면 3~4호밖에 되지 않았다. 일제는 1930년대에 들어서서 동북을 점령하고 1937년 7월에는 중일전쟁을 일으켜 중국을 점령하기 시작했다. 일제강점기인 1940년 6월에 탕왕향에서는 평탄하고 비옥한 땅을 논으로 풀어 쌀을 생산하려는 움직임이 일어났다. 그러기 위하여 탕왕하의 물을 평야 지대에 끌어오기 위해 중간에 있는 산 밑을 뚫어 터널을 건설하는 작업을 시작하였다. 여기에 수많은 중국인들이 동원되었고 그들은 극심한 고역을 당하였다. 1945년 봄에 터널을 통하여 강물이 통과되었으며 총 2,200m의 관수로를 통하여 3개 부락에 물을 공급하게 되었다.

당시 탕왕향 지역에 여섯 개의 부락이 설립되었다. 금성촌(金星村)을 제1부락, 홍기촌(紅旗村)을 제2부락, 동광촌(東光村)과 동승촌(東升村)을

https://baike.baidu.com/reference/1178723/55b1EaBT4Mj-Z2lSAkM0KNIDOnomg1Al1zWSW
CWrpHmwTzhLAWrkGtJIHmVMsLsObmZSsCLLYVWtAnHB1dlOzi4PQyMnO9yERER5b2R
04yxg2Y3KlsvVXYtP_5N59F0DYctfLAMH7N2RW3M9SRMU0XXB

제3부락, 전봉촌(前锋村)을 제4부락, 서광촌(曙光村)을 제5부락, 민생촌(民生村)을 제6부락으로 칭하였다.

1945년 일제가 물러가고 1949년 10월 1일 중화인민공화국이 성립하였다. 제2차 세계대전 이후 급변하는 정세에서 흑룡강성에는 조선의용군 제3지대가 건립되었다.[6] 조선의용군은 양식이 부족하여 양식 곤란을 해결하기 위해 1946년 9월 하얼빈 마가구 비기장(馬架溝飛器場)에서 북만조선인 독립동맹특별회의를 소집하고 후방 양식기지를 건립하기로 하였다. 이에 따라 김선기, 신동희 등을 파견하여 방정현 남천문(南天門)에 농업생산대를 설립하고 하얼빈 근교의 삼과수(三棵樹) 농장을 건립하였다. 그리고 지금의 탕왕조선족향 향란(香蘭)에 후방 근거지를 건립하였다. 하얼빈시와 삼강평원의 가목사시를 연결하는 철도는 탕왕향을 통과하고 있으며 이곳의 철도역은 향란역이다.

탕왕향은 흑룡강성의 벼농사 지대에 거주하던 조선족들에게 벼농사하기에 알맞은 곳이라는 것이 알려지게 되었다. 이에 따라 오상, 아성, 팔언(八彦), 빈현(賓縣), 부여, 곽전기 등지에 거주하던 조선족 약 1,100세대들이 탕왕향으로 이주하였다. 이들 중 약 400호는 조선의용군 군속들이고 700호는 일반 농가들이었는데 이들은 집단이주를 한 것이다.

이들은 개간하다가 중단한 황무지를 개간하여 약 1,500헥타르의 수전

---

6 광복 후, 조선의용군 수뇌부의 결정으로 중국 하얼빈에서 조선의용군 제3지대를 확군하였다. 부대의 명칭은 '조선의용군 제3지대'였다. 주덕해는 의용군 제3지대 정치위원으로 하얼빈으로 진출하여 북만의 조선인을 조직하고 의용군을 확군하는 사업을 하게 되었다. 실제로 광복 후, 조선의용군의 조국으로의 간절한 귀환 열망은 동북 심양에 이르러 광복 당시 조선에 진군하여 조선을 해방하고 조선에 주둔하고 있던 소련군에 의해 좌절하게 된다. 그리하여 조선독립동맹의 극소수의 주요간부들만 개인 자격으로 귀국하고 무장단체인 조선의용군은 중국에 잔류하면서 부대를 확충하고 조선 진출을 대기하게 되었다.

을 개간하였으며 11개 조선족 마을로 증가하였다. 1945년 8.15해방 이후에서 1949년 사이 탕왕향에는 1,100호 정도의 조선족들이 정착하여 가족 단위의 독립경영을 하였다.[7] 그러다가 중화인민공화국이 성립되면서 1950년 가족 단위의 독립경영에서 마을 단위의 집단농업으로 바뀌어 갔다. 1953년 탕왕향에는 149개의 농업호조조가 결성되었고 총 농가의 95%가 여기에 참여했다. 1952년 광성촌의 박종환 등 31호(148명) 농가들은 내 땅, 네 땅 구분이 없이 집단으로 경영하는 농업생산 합작사를 만들었다. 그것을 시작으로 그 수가 해마다 늘었는데 1954년에는 18개 촌락들로 되어있는 탕왕향에 19개의 초급 농업생산 합작사들이 생겨났다. 1954년부터 탕왕향 조선족들은 촌락 단위의 집단농업을 하였다. 1956년에 와서 19개의 초급 농업생산 합작사들이 다시 합병함으로써 8개의 농업생산 합작사로 발전되었다. 1958년 중국에서 '대약진운동'이 일어나자 탕왕향은 하나의 인민공사가 되었다. 1956~1961년 사이에는 해마다 재해가 일어나 식량난으로 큰 곤란을 겪었고 1962~1965년 사이에는 '양곡 생산을 크게 높이자'라는 기치 아래 과학적으로 농사짓고 토지를 개량하고 우량 종자를 선택하여 좋은 수확을 거두었다. 그러나 1966년 7월 문화대혁명이 일어난 후에는 주춤했다.

1952년 7월 27일, 탕왕향은 송강성 탕왕 조선민족자치구로 되었다가 1954년 3월[8] 자치구가 해제되고 탕왕향 자치향으로 변경하였다. 탕왕향은 농업인구가 늘어나는 상황에서 농촌 생활 기반건설을 많이 하게 되었

---

7 朴振煥, 金光吉,「흑룡강성 탕왕 조선족향 농촌의 과거와 현재」,『북방농업연구』 8, 1999. 44~79쪽 참조.

8 바이두에는 1956년 2월에 해지한 것으로 되어있다.

다. 1952년 3월, 탕원현 인민은행은 탕왕향에 신용합작사를 설립하였고 1954년 3월에 위생소(衛生所, 병원)가 설립되고 김인근이 소장을 맡았으며 1957년 탕왕 우전대변소(郵電代辨所)가 설립되었는데 1958년에 탕왕 우정국(郵電所)으로 변경했다. 1952년 10월 탕원현 조선족 초급중학교가 설립되고 1957년 홍기촌의 중학교에 고중반(고등학교)이 설립되었으며 탕원현 조선족 중학교라 명명하였다. 1991년에는 200여만 원(한화 약 2.6억 원)을 투자하여 탕원현 조선족 직업중학교와 탕왕 조선족 중학교 건물을 신축하였다. 4층 건물에 3,000여 m²로서 그 규모와 설비 등에 있어서 다른 현과 진의 시설과 비교할 때 첫손으로 꼽힌다. 1999년 탕왕향은 18개 촌락에 중학생 564명, 고등학생 303명, 대학생은 91명이었다.

1958년 9월 탕왕향에 조선족 인민공사가 설립되었으며 한태훈이 사장을 맡았다. 1960년에 인민공사 뜨락또르 관리소가 설립되었다. 그해 방송참(廣播站)과 탕원 농업은행 영업소가 설립되었다. 1963년 10월에 대부분 농가에 전기가 들어왔다. 홍상표는 금성촌에 있는 벼 실험 포장에 대형 재배(水稻大型栽培)와 광폭 도파재배(廣幅条播栽培) 기술을 실험하고 보급하였다. 1972년 탕왕 양로도반이 생겼고 1977년 탕왕 인민공사 영화관을 짓기 시작하여 1978년 10월 1일에 준공하였다. 1979년 인민공사 농기계 물자공급소가 건립되고 1980년에 탕왕 인민공사 목재 종합 가공공장이 건립되었으며 1998년에 금성촌에 향 정부청사를 230만 위안(당시 한국 돈 약 2.5억 원)을 들여 신축하였다. 건축면적은 3,500m², 높이 5층의 건물이다.

1978년 제11회 당대표대회 3중전회를 계기로 중국은 경제발전을 촉진하는 개혁개방 시기에 들어섰다. 1984년 4월 12일 탕왕 조선족향 제9기인민대표대회 제1차 회의가 열림으로써 탕왕 조선족향정부가 설립되었고 탕왕 조선족 인민공사는 해체되었다. 1983년 봄, 마을 단위의 집체 농업을 취소하고 가족 단위의 개체경영을 하게 되었다.

2019년 기준으로 탕왕 조선족향에는 금성촌, 홍기촌, 태양촌, 동광촌, 동승촌, 서광촌, 홍광촌, 오성촌, 금촌촌, 유흥촌, 성광촌, 화성촌, 민생촌, 영원촌 14개의 마을이 있다. 그중 조선족촌으로는 금성촌, 홍기촌, 태양촌, 동광촌, 홍광촌, 오성촌, 성광촌, 화성촌 8개이다. 탕왕조선족향 총 호수는 3081호, 인구는 11,946명으로 조선족은 78%를 차지한다.

탕왕향의 인구 동향을 살펴보면 인구증가에 있어서 계획경제시대 (1950-1980)와 시장경제시대(1980-)에 뚜렷한 차이가 있었다. 1950년 대 6,601명에서 1980년대 12,361명으로 87% 증가되었다. 그러나 1980년 대 들어와서는 인구가 12,500명 수준에서 크게 늘어나지 않았고 1990년 대 이후로 감소하는 추세를 보였다.

탕왕 조선족향의 인구 동향(1950-2022)

년도	인구	년도	인구	년도	인구
1950	6,601	1983	12,743	2011	11,717
1964	8,157	1985	12,698	2019	11,946
1980	12,361	1990	12,510		
1982	12,681	1999	12,360		

자료: 탕왕향 행정통계에서 작성

박진환, 김광길의 연구에 따르면 1984년 기준으로 탕왕향의 총 호수는 2,887호이고 그중에서 조선족이 1,842호로서 64%를 차지한다. 조선족 세대들을 원적별(출신도별)로 나누어보면 경상북도 689호(37.4%), 함경남 도 274호(14.9%), 경상남도 203호(11.0%), 강원도 167호(9.1%), 평안북도 125호(6.8%), 함경북도 76호(4.1%), 황해도 68호(3.7%), 평안남도 61호(3.3%), 충청북도 52호(2.8%), 전라남도 47호(2.6%), 전라북도 36호(2.0%), 충청남도 30호(1.6%), 경기도 12호(0.7%)이다.

탕왕향 조선족향 소재지는 금성촌이다. '삼강평원 조선족 제1촌'으로 불리는 금성촌은 탕원현성과 25km 상거해있고 북경-무원 도로가 마을을 통과한다. 2020년 기준으로 591가구에 호적 1860명이다. 경작지 면적은 8530무에 달하며 경내에 수로가 가로세로 뻗어있고 생태환경이 양호하다 녹색, 유기 벼의 주요 산지이기도 하다. 2016년 금성촌은 흑룡강성급 신농촌건설 4성급 촌, 가목사시 아름다운 향촌 특색 관광촌, 빈곤 탈퇴 개발 중점촌, 탕원현 아름다운 향촌 건설 중점촌으로 되었으며 2018년에는 '중국 농민 풍수절' 100개 특색촌, 2020년에는 중국향촌관광중점촌, 중국 아름다운 레저향촌, 중국향촌관리시범촌으로 선정되었다.[9] 2021년에는 국가 AAA 관광지로, 2023년 3월에는 중국 주택과 건설부로부터 '제6회 중국 전통촌락[10]'으로 선정되었다.

3. 탕원현과 조선족 민속촌 금성촌의 문화자원 현황

(1) 탕원현의 문화자원

탕원현의 문화자원은 '4색 관광'이 특징적이다. 4색으로는 녹색, 홍색,

---

9   진종호, 「금성촌, 올해 경사 맞아 '奬'복 터졌다」, 『흑룡강신문』, 2020.12.2

10   중국전통촌락(中國傳統村落)은 원명이 옛 촌락(古村落)이다. 2012년 9월에 전통촌락보호발전전 문위원회에서 개최한 제1차 회의에서 '옛 촌락'의 이름을 '전통촌락'의 이름으로 개명하였다. 전통촌락은 풍부한 역사정보와 문화경관을 내포하고 있는 중국 농경 문명이 남긴 최대유산이라 할 수 있다.

금색, 은색이다.

첫째로 녹색, 국가삼림공원의 녹색의 아름다움이다. 전문가의 측정에 따르면 대량자하 국가삼림공원은 풍경구 내 1입방미터당 음이온 함량은 4.6만 개 이상에 달한다고 한다. 인구가 밀집된 대도시에서 공기 속 음이온 함량은 몇백 개밖에 되지 않는다. 이런 음이온들은 바로 공원의 2400 헥타르에 달하는 원시 홍송림에서 온 것이다.

주말 공원에는 사람들로 시끌벅적하고 가족과 함께 캠핑하러 온 시민들이 땅바닥에 자리를 깔고 앉아 맛있는 음식을 나눠 먹으며 원시 홍송림이 가져다준 신선한 공기를 실컷 마시는 모습을 곳곳에서 볼 수 있다. 관광객들의 도래는 관광업의 발전을 촉진했고 부근 촌민들의 중요한 재부창출산업으로 되었다.

둘째로 홍색이다. 홍색은 항일연군 6군 밀영 유적의 홍색의 아름다움을 말한다. 대량자하 삼림공원의 깊은 곳에는 낮은 홍송나무로 만든 넉 줄의 허름한 집이 가지런히 줄지어 있다. 집안에는 나무걸상과 볏짚이 있는데 바로 동북항일연군 6군 군부를 복원한 모습이다.

1935년 12월, 조상지는 동북인민혁명군 제3군 군부와 1개 단을 이끌고 탕원 지역을 찾아와 탕원 민중항일유격총대와 만났다. 이후 10여 년 동안 탕원에서 타오른 항일의 불길은 송눈평원, 대소흥안령으로 타 번졌다. 일본 침략자를 항격하는 전투에서 피 흘리며 싸운 항일연군전사들은 목숨과 뜨거운 피로 웅대하고 장려한 투쟁사를 써 내려갔다.

셋째로 금색이다. 금색은 조선족 민속관광을 말한다. 탕왕 조선족향 소재지 금성촌으로 들어서면 깨끗한 도로 양편에 있는 조선족 가옥과 조선족 특유의 조형물들을 도처에서 볼 수 있다. 조선가옥은 빨간 기둥에 흰 벽으로 팔작지붕을 떠받들고 있다. 지붕의 용마루 양 끝은 두루미처럼 솟아 날아갈 듯이 되어있는데 조선족 전통 건축 풍격을 충분히 보여주고 있다. 조선족 가옥은 건물의 흰 벽체에 그네뛰기, 씨름, 조선족 풍토와 인물의 생활을 생동감 있게 보여주는 채색 회화들이 그려져 있다. 그리고 김치, 조선옷 입고 장구춤 추는 여인, 찰떡 치는 젊은이 등의 조형물들을 심심찮게 볼 수 있다. 민족 특색이 짙은 가옥에서 풍겨 나오는 조선족 전통 음식 김치와 불고기의 향기는 코끝을 자극한다. 그리고 민족 특색의 조선족 풍정원, 역사민속관, 민족 무대, 김치 미식 체험장 등이 있다.

넷째로 은색이다. 림해설원의 은색의 아름다움을 말한다. 탕원현 선전부에 따르면 관광객들의 체험을 가일층 풍부히 하기 위해 2020년 겨울철 대량자하 삼림공원 림해통과선로인 '눈을 밟으며 아름다움 찾기(踏雪尋美)' 코스가 정식으로 출시됐다. 탕왕하 림해기석풍경구는 흑룡강성 6개[11]의 5A급 풍경구 중의 하나이다. '림해를 통과하고 설원을 활보하면서' 눈밭에서 장난을 치고 청송과 자작나무 사이를 지나는 바람의 속삭임을 듣는 체험은 사람들에게 신선함을 제공한다. 또한, 탕원현은 대형 다기능 '눈 세계'도 건설할 예정인데 관광객들은 개 썰매, 스노모빌을 체험할 수 있고 20여 가지의 빙설 관광항목에 참여할 수 있다고 한다.

---

11   동북 3성에 5A급 풍경구가 19개 있는데 요녕에는 요녕성 반금시 홍해탄풍경랑도풍경구, 요녕성 안산지 천산풍경구, 본계시 본계수동풍경구, 요녕 대련 금석탄풍경구, 대련 로호탄해양공원과 로호탄극지관, 심양시 식물원 등 6개가 있고 길림성에는 길림성 통화시 고구려문물고적관광풍경구, 길림성 장춘시세계조각공원관광풍경구, 돈화시 륙정산문화관광구, 장춘시 장춘영화세기성 관광구, 장춘시위만황궁박물원, 장백산풍경구 등 7개가 있으며 흑룡강성에는 흑룡강성 호림시 호두려행풍경구, 막하북극촌관광구, 탕왕하림해기석풍경구, 흑룡강성 목단강 경박호풍경구, 흑룡강 흑하오대련지풍경구, 하얼빈시 태양도풍경구 등 6개가 있다. 출처: 인민넷, 「당신의 고향에는 어떤 5A급 풍경구가 있는가?」, 2022.9.27.

(2) 조선족 민속촌 금성촌의 문화자원 현황

최근 금성촌은 줄곧 농촌생태주거체계, 농촌생태환경체계, 농촌생태경제체계와 농촌생태문화체계를 착안점으로 조선족 문화, 자연풍경과 인문역사를 일체화한 민속풍토관광소도시를 적극적으로 건설해왔다.

금성촌은 조선족 특색이 날로 짙어져 가고 있었다. 금성촌에서 60여 년간 생활해온 촌민 김장삼은 현재 마을에는 조선족 특색의 행사를 할 수 있는 장소가 많아졌고 기존 가옥들은 모두 조선족 특색을 띤 건축으로 보수되었고 마을 곳곳에 조선족들이 좋아하는 꽃나무도 심었다고 하였다.

금성촌에는 조선족 풍정원(風情園), 민족대무대, 노인협회, 노인문구장 등을 건설하여 촌민들의 일상활동에 필요한 수요를 만족시켰다. 1949년 농업합작화 이후 설립된 노인협회는 어느덧 74년이란 시간이 흘렀다. 노인협회는 주로 노인들을 조직하여 신문, 잡지를 읽고 국내외 시사 정치 등을 이해하며 당원 간부들을 조직하여 당의 방침과 정책을 선전한다. 또한, 평소에 촌민들의 호조조를 조직하고 문예, 체육 등 활동을 전개하기도 한다. 현재 노인협회가 공연하는 무용, 떡 만들기는 마을의 젊은이들이 모두 적극적으로 참여하고 학습하여 전통문화가 발전되고 전승할 수 있었다.

금성촌은 수시로 오는 많은 관광객이 금성촌을 이해할 수 있도록 역사민속관을 설립했다. 민속관에는 독립민속전시구역, 벼 전시구역을 설치하였고 조선족 생산 생활의 발전역사를 발굴하고 정리했다. 특히 조선족이 동북 벼와 밀접한 관계가 있는 전통 농경문화의 발전역사를 정리하고 전시했다. 조선족 생산 생활과 관련된 오래된 물건들인 조선족 특유의 구식 소달구지, 맷돌, 지게, 수공 목재의 쌀 드라이어 도구 등을 수집하여 전시하고 토종 양질의 쌀과 유기농 벼 생산 과정도 보여주었다. 민속관은 연대감을 가질 수 있도록 하기 위해 마을의 많은 노인이 소장하고 있던 오래된 사진과 물건들을 전시관에 내놓았는데 그 속에는 항미원조 기념장도 있다. 금성촌에 이어 제2 마을인 홍기촌도 2023년에 촌사관을 개장하였다.[12]

금성촌은 김치 가공하기, 관광객 김치 만들기 체험, 전람과 전시 및 음식 숙박이 일체화된 5천m^2의 탕왕 조선족식품산업단지를 조성했다. 그리고 12km의 농경지 관광로를 조성하고 논 경관 감상 등의 레저농업 프로그램을 발전시켰다. 2021년에 상급으로부터 자금을 쟁취하여 만든 금성촌 꽃바다 프로젝트는 이미 금성촌 관광의 하이라이트가 되었다.

금성촌에 있는 탕원 조선족식품산업원의 1층 미식광장에서는 조선족 특색 먹거리, 조선족 특색 밀랍인형관 등이 있고 지하 1층에는 김치 가공 공장, 냉장실, 저장실 등이 있는데 이곳은 조선족 김치, 떡, 감주, 순대 등 특색음식을 가공하는 공장이다. 관련 책임자의 소개에 따르면 김치 등 가공제품은 모두 농가들에서 만드는데 농가들과 녹색야채 약정서를 체결하고 촌민들이 관광 봉사에 참여하게 하여 그들이 관광 산업 사슬, 가치사슬을 구축함으로써 혜택을 보게 한다는 것이다.

농촌관광산업을 발전시키는 동시에 금성촌은 투자유치 강도를 지속적으로 강화하여 목이버섯비닐하우스, 채소난방하우스, 짚기화열전기비료 연합생산, 태양광발전소 등 특색산업 프로젝트를 발전시켰다. 49동의 식

---

12 홍기촌은 2023년 3월 24일 홍기촌 촌사관을 개관하였다. 촌사관은 계획으로부터 완공에 이르기까지 1년에 걸쳐 총 12만 원을 투자하였다. 촌사관에서는 1946년에 마을이 생겨 77년의 역사를 가지고 있는 홍기촌의 발전사, 생산, 노동, 음식, 복식, 축제 등 각 방면의 특색 자원을 충분히 발굴하여 마을의 역사문화, 발전 변화, 사람들의 생산 생활 모습을 종합적이고 체계적으로 전시하였다. 이는 홍기촌 출신들뿐만 아니라 농촌주민들이 향수의 기억을 간직할 수 있도록 하였으며 나아가서 향토문화와 민속 풍습, 민속문화의 발굴과 보호, 홍보와 전승이 가능하게 하였다. 탕원현 융매체센터, 「탕원현 탕왕 조선족향 홍기촌 촌사관 공식 개관」, 『흑룡강신문』, 2023.5.26

용균비닐하우스를 씌우고 바이오매스 짚기화열전기비료 연합생산 항목을 도입하여 연간 3만 2000톤의 짚을 집중적으로 처리할 수 있어 짚밭의 처리 난, 종합이용 난 문제를 해결하였을 뿐만 아니라 바이오매스 자원의 낭비도 줄이고 자연생태환경도 보호할 수 있었다. 각종 특색산업항목은 2022년에 촌내 및 주변 농가 350명 이상의 취업을 이끌어 130여만 원의 소득증가를 이끌었다.

탕왕 조선족향 당위원회 서기 오해림은 금성촌이 전통촌락으로 선정된 후 향정부와 촌은 마을의 건설을 진지하게 계획하고 전통촌락의 요구와 기준에 따라 단점과 약점을 보완할 것이라 하였다. 이를테면 촌에서 일부 개조하지 않은 가옥을 조선족 건축 풍격에 따라 전부 개조보수하고 조선족 특색의 기념관을 건립하여 조선족의 문화와 민속 특색을 한층 더 잘 요해하게 할 것이다. 그리고 G102 경무도로(京撫道路) 통과 구간 양측 700m 벽체를 구축하여 금성촌의 민속 풍토를 전시함으로써 지나가는 승무원들이 금성촌 조선족 촌락의 특색과 특징을 느낄 수 있도록 할 것이다. 그리하여 전통촌락과 관광 카드 찜하기를 추가하는 융합 건설을 추진하여 이곳을 찾는 관광객들이 또 다른 운치와 조선족 풍속습관을 진정으로 체득할 수 있도록 하겠다고 하였다.

마을주민 이금호는 주민들은 자신이 만든 제대로 된 조선족 장아찌와 그들이 심은 쌀을 먹으며 조선족 특색 건물의 집에서 살고 있다고 자랑스럽게 말했다. 그리고 마을에서는 정기적으로 축제문예공연, 게이트볼경기, 단체봄나들이 등 일련의 활동을 조직하고 있고 마을에는 당원자원봉사대가 있어 촌민들을 위해 정책을 선전하고 일상생활을 보살펴주며 어려운 점이 있으면 금방 해결해주기에 생활하기가 아주 편리하고 편안하다고 했다.

벽의 채색 그림

인물 조형

인물 조형

김치 조형

정자와 가옥

특색건축과 정결한 도로

4. 나가며

일제가 조선반도를 침략한 후 조선인들은 여러 갈래로 동북으로 이주하였다. 흑룡강성으로 이주한 조선족들은 황무지를 개간하여 벼농사를 지으면서 정착하였다. 송화강 하류의 북쪽 연안 저지대에서 황무지를 개간하여 정착한 탕왕향 조선족 세대는 약 2,200호이며 11개 마을에서 거주하면서 먹고 사는 데 큰 문제 없는 생활을 해왔다. 탕왕향에는 조선족이 절대다수를 차지하기에 1950년대부터 조선족 초등학교와 중학교가 세워졌으며 조선족 자녀들은 민족 언어와 문자에 능란하고 민족문화와 전통을 잘 간직하고 있다. 계획경제시대에는 인구이동이 많지 않았지만, 시장경제로 전환된 이후 젊은이들은 연해안 지역과 해외로 새로운 일터를 찾아 마을을 떠났다.

그러나 신시대의 향촌진흥과 아름다운 농촌건설이라는 국가발전전략에 따라 새롭게 발돋움함으로써 조선족 특색이 있는 중국전통촌락으로 거듭났다. 주위환경은 미화되고 건물들도 새로워지고 민족화되고 상품화되고 있는 속에서 마을에 대부분 늙은이만 남고 학교가 폐교되고 오랫동안 신생아의 울음소리가 들리지 않는 농촌의 공동화 현실은 우리가 심사숙고하고 풀어야 할 숙제이기도 하다.

인터넷시대 귀주성 홍심촌, 남화촌, 상랑덕촌 소수민족 특색마을의 문화전파 및 건설 경로

소수민족 특색마을은 "서로 다른 지역의 인문역사와 자연환경 조건에서 형성된 산물로서 서로 다른 지역에서 살아가고 있는 인류 사회의 여러 계층과 생산력의 발전 수준, 집단적인 경제생활, 어울려 살아가는 군체의 제도, 민족 관계, 종교 신앙 등을 다각적인 여러 측면에서 반영하고 있다. 소수민족 특색마을은 최고의 문화와 경제적 가치를 지니고 있는바, 이는 당대와 미래에 민족 지역의 경제사회발전을 지탱할 소중한 자원이다."[1]

소수민족 특색마을의 문화는 곧 소수민족 특색마을 문화장의 재현이다. 그러므로 소수민족 특색마을 문화를 잘 홍보하고 전파하는 것은 마을의 경제발전에 도움이 될 뿐만 아니라 중국 내 여러 민족 사이에 서로 내왕하고 교류하며 융합하면서 중화민족공동체 의식을 구축하는 데 추진역할을 한다.

인터넷시대에 들어서면서 인터넷 매체는 점차 소수민족 특색마을의 주민들 일상생활 속으로 점차 유입되었고 따라서 시장경제와 주류문화는 소수민족 특색마을의 문화에 많은 영향을 주었다. 인터넷은 문화 홍보와 전파에 기회를 가져다주기도 하였지만, 반면 어려움과 난제를 주기도 했다. 어떻게 하면 보다 효과적이고 합리적으로 인터넷의 우위를 활용하여 소수

---

1   张立辉, 张友, 《贵州黔南州传统民族特色村寨保护与开发利用研究》, 《民族学刊》, 2019.

민족 특색마을의 문화전파에서 존재하는 부족함을 극복할 것인가가 본 연구의 초점이다.

이 글은 귀주성 준의시 파주구 평정걸노향 홍심촌(遵义市播州區平正仡佬鄉紅心村), 개래시 삼과수진 남화촌(凱來市三棵樹鎭南花村), 뢰산현 상랑덕진 상랑덕촌(雷山縣朗德鎭上朗德村)을 연구대상으로 인터넷시대 소수민족 특색마을 문화의 전파 모식에 대해 알아보고 소수민족 특색마을의 문화전파에서 직면한 문제점을 밝혀내어 보다 합리적이고 효과적인 전파 전략을 모색하고자 함에 있다.

1. 연구대상 소개

1) 홍심촌, 남화촌, 상랑덕촌 세 마을의 지리적 위치

홍심촌은 준의시 파주구 평정걸노향에 속하며 향의 핵심지역인 파주구 서부에 있다. 마을 전체 면적은 약 20.15km²이고 구청에서 약 60km, 향 정부에서 2.7km 떨어져 있다. 평정걸노향의 공심촌(共心村), 용왕촌(龍王村), 풍향진청갱촌(楓香鎭靑坑村), 홍관묘족향(洪关苗族鄉), 인환시장강진(仁懷市長崗鎭) 등과 인접해 있다.

남화촌은 귀주성 검동남 묘족동족자치주 개래시 삼과수진(貴州黔東南苗族侗族自治州凱里市三樹镇)에 속하는데 삼과수진 남쪽에 있다. 마을 전체 면적은 3.6km²이다. 삼과수진 정부에서 5.7km, 개리시에서 약 18km 떨어져 있으며 전원(展遠), 소채(小寨), 노압채(老鴨寨) 등 마을과 인접해 있고 아름다운 파랍강(巴拉河)과도 인접해 있다.

상랑덕촌은 귀주성 검동남 묘족동족자치구 뢰산현 낭덕진(黔东南苗族侗族自治州雷山县郎德镇)에 소속되며 뢰산현 북부에 있다. 뢰산현 정부에서 약 15km, 개리시 중심에서 약 28km 떨어져 있다. 마을 전체 경작지 면적은 2,912무, 산지 면적은 9,462무, 산림 식수율은 80% 이상이다.

2) 세 마을의 민족문화

홍심촌은 26개의 촌민 그룹에 총 926가구 4,026명의 인구가 있다. 그중 흘로족(仡佬族)이 530가구 1,635명, 이족(彝族)이 35가구 165명, 묘족(苗族)이 5가구 18명이다. 촌민의 경제수입 주요 내원은 도시에 진출하여 벌어들이는 것과 농사를 지어 벌어들이는 소득이다. 홍심촌은 최초로 중국 소수민족 특색마을에 선정되었다. 홍심촌의 민족문화 특색은 '화합' 문화, 흘신절(吃新節) 문화[2], 답당무(踏堂舞) 문화[3] 등이다.

남화촌에는 2019년 기준으로 227가구에 879명의 주민이 살고 있다. 시집온 소수의 한족 며느리를 제외하고는 모두 묘족이다. 촌민의 주요 경제

---

2 흘신절(吃新節) 문화: 吃新節 문화는 상신절(嘗新節) 문화라고도 한다. 속칭 흘신절(吃新節) 문화라 한다. 상, 금, 계 등 지역에서 흘로족과 묘족, 포의족, 백족, 장족, 동족의 전통명절이다. 시간은 음력 7월 초 7일로서 매년 6월이나 7월에 새 곡식이 나올 때 택일하여 행사를 진행한다. 명절 전에 부녀들은 논밭에 가서 새로운 곡식을 따서 향기로운 흰 쌀밥을 찧는다. 명절 아침에 주부들은 지은 새 흰 쌀밥과 삶은 생선으로 연로한 노인들을 모시고 어린이들을 데리고 논밭에 가서 조상에게 제사를 지낸다. 그다음 온 가족이 둘러앉아 식사하면서 오곡이 풍성하게 풍년이 들기를 기원한다.

3 답당무(踏堂舞) 문화: 탭댄스, 흘로족의 장례 풍습문화이다. 망자를 묻기 전에 거행하는 일종의 무용 의식이다. 보통 장례 하기 하루 전에 춤추는 3인이 한 조가 되어 노생을 불고 전간(錢竿)을 두드리고 사도(絲刀)를 휘두르며 춤을 추면서 노래를 부른다. 귀주성 준의, 인환 지역에 성행하고 있다.

내원은 도시 가서 일하기, 농사짓기, 관광 종사하기 등에서 오는 수입이다. 남화촌의 남화묘채(南花苗寨)는 제2회 '중국소수민족 특색마을'로 선정 되었다. 남화촌은 민족문화 콘텐츠가 풍부하다. 건란식(乾欄式) 건축문화, 긴 묘족 치마, 대소뿔 등의 복식문화, 묘년(苗年), 고장제(鼓葬節)⁴ 등 명절 문화, 기독교 신앙문화, 루성춤(芦笙舞, 반주에 맞추어 추는 묘족의 춤)과 같은 가무 문화 등 여러 문화가 있다.

상랑덕촌은 산하에 2개의 자연채와 6개의 촌민 그룹이 있다. 현재 194 가구에 910명이 있다. 마을에는 시집온 10여 명의 한족 며느리를 제외하 고는 모두 묘족이다. 촌민들의 주요 경제수입 내원은 관광, 아르바이트, 농 업 수입이다. 상랑덕촌 랑덕상채(上朗德村郎德上寨)는 제2회에 중국소수 민족 특색마을로 선정되었다. 상랑덕촌의 민족문화 콘텐츠는 다양하다. 이를테면 고대 건축문화, 은장식 문화, 술 문화, 가무 문화, 명절 문화, 음 식 문화 등이다.

3) 세 마을의 인터넷 사용 현황

중국 정부가 빈곤정밀화퇴치(精准扶贫)정책을 실시한 이래로 홍심촌, 남화촌, 상랑덕촌의 인터넷 건설은 괄목할 만한 성과를 거두었다. 세 마을 의 인터넷 기반시설은 비교적 완선화되었고 마을 내 4G 신호가 양호하며 거의 모든 가정에 인터넷 TV나 유선텔레비전을 설치했고 일부 가정에 초

---

4 고장절(鼓葬節): 묘족의 고장절은 귀주성 뇌산현 전통제사 명절이다. 국가급 무형문화유산이다. 고장절은 제고절(祭鼓節)이라고도 한다. 묘족의 한 갈래의 유파가 본 조상의 신위에서 제사 지내 는 축전이다. 속칭 '홀고장(吃鼓藏)'이라 한다.

고속 인터넷을 설치했다. 휴대전화는 어린이와 고령 노인을 제외하고는 거의 모든 사람이 휴대전화를 사용하고 있다.

세 마을의 주민들은 주로 휴대폰과 컴퓨터로 인터넷을 접속한다. 그들의 생활반경인 집, 직장, 학교에서 사용한다. 주민들의 인터넷 참여 정도와 목적은 각기 다르다. 노인들의 인터넷 참여도가 가장 낮고 인터넷 사용시간도 가장 짧다. 대부분 노인은 인터넷에 익숙하지 않으며 그들이 숙지하고 있는 네트워크 지식도 대부분이 자녀와 손자 세대를 통해서이다. 청소년들의 인터넷 참여도도 상대적으로 낮다. 학교와 학부모의 제약으로 인해 인터넷 사용시간이 짧다. 주로 채팅, 오락 게임, 지식 습득 등을 목적으로 한다. 중년들의 인터넷 참여도는 비교적 높은 편이다. 그들은 인터넷 접속 시간이 여유롭고 많음에도 불구하고 인터넷에 대한 인지도가 낮고 간단한 인터넷 기술만 습득하고 있다. 주로 동영상 감상, 채팅하기 등이다. 틱톡(抖音) 앱의 출현과 함께 폭발적인 인기를 끌면서 중년들은 끊임없이 새로운 동영상을 보는 재미에 점점 더 많은 시간을 점유하고 있다. 인터넷을 가장 많이 사용하는 그룹은 청년들인데 그들은 인터넷에 대한 많은 정보, 비교적 숙련된 네트워크 기술을 습득하고 있다. 인터넷 사용 목적도 비교적 다양한바 채팅 및 친구 사귀기, 게임 및 엔터테인먼트, 비디오 시청, 사무, 학습, 뉴스 정보 획득 등이다.

세 마을은 모두 국가급 소수민족 특색마을로 선정되었다. 각각 서로 다른 환경과 유형의 소수민족 특색마을을 대표하며 나름의 전형성을 띠고 있지만 나름의 어려움에 처해 있다. 홍심촌은 한족 밀집 지역에 있어 한문화의 영향을 많이 받았다. 비록 관광개발이 이루어졌으나 그럴 만한 성과를 거두지 못하였고 마을의 민족문화 보호와 문화 보급은 심각한 시련에

직면하고 있다. 남화촌은 소수민족 집거 지역에 있어 민족문화 분위기가
농후하다. 민족관광을 발전시키고자 시도하였으나 주민들의 사상 파동이
크고 그 성과가 미미하다. 마찬가지로 마을 문화 보호와 문화전파는 위기
에 직면해있고 많은 어려움을 겪고 있다. 상랑덕촌은 남화촌과 마찬가지
로 소수민족 집거 지역에 있어 민족문화 분위기가 농후하다. 민족관광의
발전추세는 비교적 양호하고 촌락의 민족문화 전파에서도 좋은 성과를 거
두었다. 그러나 촌락의 민족문화 보호와 전파는 인터넷시대 현대화와 시
장화라는 도전에 직면해있다.

이 글은 귀주성 홍심촌, 남화촌, 상랑덕촌을 연구대상으로 소수민족 특
색마을의 문화전파와 건설 경로의 현황, 존재하는 문제점, 해결방안에 대
해 강구해 보고자 한다.

2. 인터넷시대 소수민족 특색마을 문화전파의 일반 패턴

인터넷시대 이전, 소수민족 특색마을의 문화 홍보와 전파경로는 전통형
전파경로, 정부형 전파경로, 관광형 전파경로, 연구형 전파경로 네 가지였
다. 이러한 전파는 주로 마을주민들의 사회 교류와 정부의 권력, 관광에서
얻는 사회적 효익과 연구 성과의 보급에 의거하여 마을 민족문화를 전파
하였다. 이는 제한성이 비교적 강하고 전파 효율이 낮으며 전파 효과도 뚜
렷하지 않았다.

인터넷시대가 도래하면서 인터넷의 보급과 대중화는 소수민족 특색마
을의 문화전파에 새로운 원동력을 가져왔다. 우선, 소수민족 특색마을 문
화의 전통형, 정부형, 관광형, 연구형 전통적인 전파경로는 인터넷과 점점

더 밀접하게 연결되었고 인터넷의 우위에 힘입어 끊임없이 승화하고 발전하였다. 그리하여 전통적인 전파경로의 효율성과 효익성은 어느 정도 향상되었다. 다른 한편, 인터넷의 보급과 대중화는 1인 미디어 커뮤니케이션 경로의 부상과 발전을 촉진했으며, 1인 미디어는 점차 소수민족 특색마을의 문화를 전파하는 중요한 역량이 되었다. 이러한 전파경로는 상호 의존적이어서 소수민족 특색마을의 문화전파 패턴을 공동으로 구축했다.

1) 전통형 전파경로

전통형 전파경로는 마을주민을 매개로 하는 문화적 전파경로이다. 전통형 전파경로는 소수민족 특색마을의 문화 전파경로 중에서 가장 오래되고 보편적이며 마을주민들의 참여도가 가장 높은 전파경로이다. 마을주민은 소수민족 특색마을의 문화 계승자이고 실천자이다. 그들의 언어, 사고, 성격, 행동은 마을 문화의 깊은 영향을 받았으며 그들의 말 한마디, 행동 하나가 마을 문화를 반영한다고 할 수 있다. 그러므로 마을주민들은 사회 교류 중에서 의식적이든 무의식적이든 마을 문화를 전파한다. 인터넷시대 이전에는 전통형 민족문화의 전파경로가 마을주민들의 자연스러운 사회 교류에 더욱 많이 의존했다. 마을 역사를 돌이켜보면 주민들의 사회 교류 공간은 인근 지역으로만 국한되어 있어 문화전파의 효과는 매우 낮았다. 교통수단의 발달과 경제적 부를 창조하기 위한 주민들의 도시이동으로 그들의 사회 교류 공간은 확대되었지만, 여전히 지리적 위치와 같은 현실 조건의 제약으로 전통적인 전파경로의 효율성과 효과는 여전히 제한적이었다.

인터넷시대에 들어서면서 인터넷은 주민들의 일상생활에 깊숙이 침투되어 전통형 전파경로의 내용을 심화시켰고 전파 효과를 향상시켰다.

첫째, 인터넷은 주민들로 하여금 마을과 문화에 대한 인식을 높이고 일부 주민들의 마을 문화 보급에 대한 참여와 적극성을 불러일으켰다. 인터넷은 주민들을 더 넓은 사회 네트워크로 이끌었고 그들로 하여금 더 많은 이질적인 문화를 만나고 접촉하게 하였다. '타자'의 영향으로 그들은 민족문화에 대한 이해가 더욱 명확해졌고 점차 촌락의 민족문화 가치를 인식하고 이를 보호하고 전파해야 할 필요성을 느끼게 되었다. 동시에 인터넷에 올라온 민족문화 보호 및 보급과 전파에 대한 많은 긍정적인 정보들은 주민들의 문화전파에 대해 깨우치거나 인식을 높이게 하였으며 문화전파에 참여하려는 주도성과 적극성을 불러일으켰다.

둘째, 인터넷은 전통형 전파경로의 형식을 더욱 다양화시켰다. 그들은 더는 단순한 구전 전수 형식에만 국한되지 않고 인터넷의 위챗, QQ, 웨이보, 틱톡, 콰이쇼우(快手) 등과 같은 여러 경로를 통해서 다양하게 전파할 수 있었다.

셋째, 인터넷은 마을 민족문화의 전파 범위를 더 넓히고 영향력을 확대했다. 인터넷은 마을 민족문화를 전파하는 시공간적 장벽을 허물었고, 전반 인터넷 사회가 마을 민족문화 전파의 장이 되었으며 모든 네티즌이 전통형 전파경로의 잠재적인 영향을 주는 대상이 되었다.

2) 정부형 전파경로

정부형 전파경로는 정부 주도의 문화 전파경로이다. 정부형 전파경로는 소수민족 특색마을 문화를 전파하는 중요한 경로로 정부의 권력, 책임, 기능, 자원 등을 기반으로 기층마을위원회 조직과 각급 정부 부처들이 협력하여 소수민족 특색마을의 문화전파를 촉진하는 것이다. 그중에서도 소수민족 특색마을의 문화전파와 가장 직접적이고 밀접한 관계를 갖고 있는 것은 마을위원회이다. 마을위원회는 마을의 중요한 관리부서이자 마을을 위해 서비스하는 조직기구이다. 법규에 따라 마을의 민족문화에 대해 관리하고 직권 범위 내에서 마을 문화의 전파를 추진한다. 그러나 권력과 자원 등의 제약으로 마을위원회는 민족문화 전파에서 주로 기초적이고 보조적인 사무를 담당하고 있다. 이를테면 마을 내에서 문화행사를 조직하고 상급 부서를 협조하여 문화 홍보를 수행하는 등이다.

정부 부처는 더 많은 자원과 강한 자주성을 갖고 있기에 소수민족 특색마을의 문화전파에서 더 많은 책임과 역할을 하고 있다. 그들은 마을 내부의 문화 보호에 참여할 뿐만 아니라 마을의 대외 문화 홍보와 보급을 담당한다. 주민들을 조직하여 민족문화 지식과 기술을 배우고 훈련시킨다든가 마을 문화행사, 마을 체육대회를 조직하는 등이다. 그리고 민족관광 명소를 조성하고 관광 보급 활동을 조직하는 등이다. 세 마을의 민족문화 전파를 주관하는 주요 정부 부처로는 홍심촌은 파주구 문체관광국과 평정향 과학교육센터, 상랑덕촌은 뢰산현 정부와 랑덕진 정부, 남화촌은 개래시 검동남주 가무단, 삼과수진 정부 등이다.

인터넷시대, 정부형 전파경로는 인터넷을 적극적으로 활용하여 소수민족 특색마을의 문화전파에 도움이 되는 일련의 긍정적인 변화를 가져왔다. 한편, 정부는 촌락의 민족문화 홈페이지, APP 및 공식계정을 구축하여 민족문화와 관련된 여러 내용을 실어 민족문화보급을 추진하였다. 이를테면 뢰산현 라디오 텔레비전방송국에서 운영하는 '여유작작 뢰산(悠然雷

山)'이란 틱톡 공식계정은 팔로워 수가 3만5000명에 달한다. 다른 한편, 정부는 인터넷 우위를 이용하여 전문가를 초청하여 촌락 민족문화와 관련된 마이크로필름 사진을 촬영하고 동영상, 미니영화 등을 제작하고 그 결과물을 플랫폼을 통해 홍보하였다.

총적으로, 정부 부처는 인터넷이 촌락 민족문화 전파에서 중요한 역할을 하고 있음을 인지하고 있다. 조사 연구에서 마을과 향진의 많은 간부는 인터넷이 머지않은 미래에 마을의 민족문화 전파의 핵심이라고 인식하고 있었다. 인터넷과 정부형 문화 전파경로의 연결은 더욱 강화해야 한다.

3) 관광형 전파경로

관광형 전파경로는 민족관광과 관련된 문화 전파경로다. 귀주성의 민족관광 개발이 지속적으로 강화되고 민족관광이 점점 보편화됨에 따라 관광형 전파경로는 소수민족 특색마을의 일반적인 문화 전파경로가 되었다. 민족관광은 더 나은 경제적 이익을 가져다줄 뿐만 아니라 소수민족 특색마을의 문화 보호와 문화 보급을 효과적으로 촉진할 수 있었다. 민족관광의 개발과 건설은 크게 세 단계로 나눌 수 있다.

첫 번째 단계는 마을의 민족문화를 발굴하고 통합하는 것인데 다시 말하면 마을 민족문화에 대해 심사하고 검토하는 것이다. 어떠한 소수민족 특색마을 문화이든지 모두 나름의 복잡한 문화 시스템을 갖고 있다. 민족관광개발을 하려면 반드시 마을 민족문화를 발굴하고 통합하여 독특한 문화조합을 형성함으로써 마을의 흡인력과 경쟁력을 향상시켜야 한다.

두 번째 단계는 민족관광의 브랜드와 효익으로 더 많은 자금과 자원을 유치하는 것이다. 이를테면 사회 자금 투입과 정부 부처의 정책 지원 등이다. 이러한 자금과 지원으로 보다 매력적이고 경쟁력 있는 마을 환경과 마을 민족문화 분위기를 조성하여 문화 홍보의 강도를 높이는 것이다.

세 번째 단계는 민족관광의 전개인데 민족관광의 형태로 관광객을 유치하여 민족문화를 체험하고 가까이에서 체감하도록 하여 마을 문화 보급과 확산을 촉진하는 것이다. 우선 관광객들은 민족관광을 통하여 서로 다른 문화적 이미지를 갖게 될 것이며 이를 통해 마을 문화 보급과 확산이라는 목표를 달성할 수 있다. 관광을 마친 관광객들은 거기에 그치지 않고 각자의 경로를 통해 문화적 이미지를 계속 전파할 것이다. 이는 마을 민족문화의 제2차 전파를 촉진할 것이다.

실제로 민족관광개발의 세 단계는 모두 마을 민족문화 보급 확산과 관련이 있다. 마을 민족문화를 통합하는 단계는 관광형 문화 보급을 위해 튼튼한 토대를 마련했고 더 많은 사회자금의 투입과 강도 높은 정부 지원은 관광형 문화 보급과 확산의 강도를 강화했다. 그럼으로써 민족관광은 소수민족 특색마을의 문화 보급을 직접 촉진했다.

세 마을 중에서 상랑덕 마을은 민족관광이 가장 먼저 개발되었기에 관광형 전파경로가 가장 잘 구비되었고 효과도 가장 뛰어나다. 1987년 상랑덕촌은 진정도(陳正涛) 노당지부서를 비롯한 마을 엘리트들의 지도하에 마을 민족관광을 발전시켰고, 상랑덕 마을의 민족문화를 바탕으로 "고건축 문화+십이도란문주(十二道攔门酒)+가무 공연+명절 문화+기타 마을 문화"의 조합을 구축해 국내외 관광객을 끌어모았다. 민족관광이 발전함에 따라 상랑덕 마을의 민족문화는 점점 더 많은 사람에게 알려지고 친숙해졌으며 상랑덕 마을의 관광 전파경로의 효과도 점점 더 두드러졌다.

남화촌의 민족문화 전파는 전적으로 남화촌 묘족 묘채(苗寨)의 민족관광에 의존하고 있다. 민족관광은 남화 묘족 특색의 촌락문화를 통합하고 노생장(蘆笙場)[5] 건설, 기독교 교회당 보수공사 등 문화시설과 환경을 개선하였다. 남화촌의 독특한 묘족 문화와 아름다운 촌락환경은 점점 더 많은 관광객을 끌어들였고 이러한 민족관광은 남화촌 촌락문화의 전파와 보급을 효과적으로 추진하였다.

홍심촌의 관광형 전파경로의 효과는 가장 현저하다 할 수 있다. 2010년 이전에는 홍심촌의 흘로족(게라오족, 仡佬族) 문화 유실이 매우 심각하고 마을의 민족문화 전파 효과도 별로였다. 2010년 홍심촌은 민족관광을 대대적으로 발전시키고 홍심촌의 흘로족 문화를 부흥시키기 위한 일련의 조치를 하였다. 이를테면 촌민들을 조직하여 흘로족 언어문자와 무용을 배우게 하고 민가를 새로 수선하고 건설하였으며 흘로석두성(石頭城)을 건설하는 등이다. 민족문화가 부흥하자 점점 더 많은 관광객이 몰려들어 홍심촌의 흘로족 문화를 체험하면서 홍심촌의 민족문화 전파 효과는 크게 향상되었다.

인터넷시대, 관광형 문화의 전파경로는 인터넷과 더욱 밀접한 관련이 있게 되었고 인터넷은 민족관광의 효익과 관광형 문화의 전파 효과에 영향을 미치는 중요한 요소가 되었다. 관광객들은 인터넷에서 여행안내서, 블로그, 웨이보, 위챗 공식계정 등의 여러 경로를 통해 소수민족 특색마을에 대한 정보를 얻을 수 있었고 이러한 정보는 관광객의 여행 여부를 결정

---

5 노생장(蘆笙場): 노생(蘆笙)은 서남지역 묘족, 요족, 동족 등 소수민족의 악기이다. 귀주성 소수민족이 거주하는 촌락은 '노생지향', '가무지향'이라는 미칭을 갖고 있는바 소수민족이 특별히 좋아하는 악기 중의 하나이다. 명절마다 노생회를 여는데 노생을 불고 춤을 추면서 민족 명절을 축하한다. 노생은 나름의 독특한 음악규율과 무용 형식을 갖추고 있다.

하는 중요한 참고 자료가 되었다.

관광을 끝낸 관광객들은 인터넷을 통해 소수민족 특색마을의 민족문화와 그에 대한 문화적 이미지를 전파하여 많은 네티즌이 그 문화를 알고 이해하게 하는 데 많은 영향을 주었다. 관광사 또는 마을의 기타 부서도 적극적으로 인터넷을 활용하여 마을 문화를 홍보하였다. 이를테면 랑덕문화관광발전유한책임공사(朗德文旅發展有限責任公司)는 전문으로 문화홍보 사이트를 설립하였고 또한 인터넷 앵커를 양성하여 랑덕상채 민족문화를 홍보하게 하였다. 때로는 팬이 많은 인터넷 앵커를 초빙하여 랑덕상채 민족문화를 홍보하게 하고 사례금은 칭찬과 논평으로 계산하기도 하였다.

요컨대, 인터넷은 관광형 전파경로의 전파 속도를 가속하였고 전파 효과도 향상시켰다.

4) 연구형 전파경로

연구형 전파경로는 학술연구와 관련된 문화적 전파경로다. 연구형 전파경로의 영향 범위는 상대적으로 좁다. 왜냐하면, 영향을 받는 그룹이 일반적으로 관련 전공의 학생과 전문가이기 때문이다. 그러나 이는 여전히 촌락 민족문화 전파 모식에서 무시할 수 없는 부분으로 촌락의 민족문화 전파에 긍정적인 영향을 주고 있다. 연구자들은 마을 깊숙이 심입하여 촌락 민족문화의 1차적 자료를 얻어 최종적으로 논문·보도·학위논문·전문저서 등 형태의 연구 성과로 전환한다. 연구자나 그들이 연구한 학문 주제의 영향력에 의거하여 마을 민족문화가 전파된다.

세 개의 민족 마을에서 랑덕상채의 연구형 전파경로가 가장 효과적이었다. 1980년대에 랑덕상채의 연구형 전파경로는 이미 시작되어 일정한 성과를 거두었다. 1985년 중앙민족대학과 상해동제대학 교사와 학생들은 랑덕상채에서 심도 있는 현장조사를 하였다. 그들은 랑덕상채의 민족문화를 발굴하고 정리하여 서면 형식의 연구 성과를 발표하였다. 그 결과 랑덕상채는 학자들과 대중의 시야로 들어왔다. 많은 학자의 관심 속에서 관련된 연구 성과들이 우후죽순처럼 솟아 나왔으며 랑덕상채의 연구형 전파경로도 점차 성숙단계에 이르렀다. 현재, 랑덕상채의 관련 연구는 저널 논문, 학위논문, 전문저서 등을 포함하여 수백 편에 달하는바 다운로드 수와 열람률이 모두 높은 편이다.

남화촌의 연구형 문화 전파경로는 많이는 부족하지만, 이는 여전히 남화촌의 민족문화 전파경로의 하나이다. 2020년 7월 31일 기준으로, 중국 지망(知網) 사이트에서 남화촌 민족문화를 키워드로 검색해보면 총 10편이다. 남화촌의 민족문화, 혼례문화, 기독교 문화 등과 관련된 연구 성과의 다운로드 수는 총 1,587차이다.

홍심촌의 연구형 전파경로는 가장 박약하다 할 수 있다. 연구자들은 홍심촌의 홀로족 문화에 관한 관심이 매우 적었다. 2020년 7월 31일 기준으로 중국 지망 사이트 검색 결과를 보면 홍심촌의 홀로족 문화를 연구 내용으로 하는 학위논문은 2편뿐이다. 연구 주제는 당무 밟기[6]와 술 문화[7]이며 다운로드 수는 각각 123차와 195차이다.

인터넷이 들어오기 전에는 연구자들의 연구 성과가 종이 형태로 나타나 구매나 대출 등의 형식을 통해서만 전파될 수 있어 연구형 전파경로의

---

6 周天龙, 《仡佬族"踩堂舞"变迁, 传承与发展研究》, 贵州师范大学硕士论文, 2018.

7 许佳, 《贵州平正仡佬族酒俗研究》, 贵州民族大学硕士论文, 2017.

전파 효과가 별로였다. 그러나 인터넷시대에 들어서면서 인터넷은 연구형 전파경로의 주요 플랫폼이 되었고 학자들의 연구 성과는 누구나 공유할 수 있는 공공자원이 되었다. 독자들은 중국 지망 사이트나 바이두 학술사이트 등의 웹사이트를 통해 관련 문헌을 빠르게 찾을 수 있었다.

인터넷의 편리함에 힘입어 민족촌락문화와 관련된 지식은 점차 전문화에서 보편화로 과도해 나가고 있다. 독자와 연구자, 촌락의 민족문화와의 거리는 점점 가까워지고 있고 연구형 전파의 패턴도 점점 성숙되고 전파 효과도 점점 현저하게 나타나고 있다.

5) 1인 미디어형 전파경로

1인 미디어형 전파경로는 인터넷에 의존하여 촌락의 민족문화를 홍보하는 전파경로이다. 이는 인터넷과 가장 밀접한 전파경로이며 소수민족 특색마을의 문화를 전파하는 가장 중요한 전파경로이다. 인터넷시대에 개인의 민족문화의 발언권이 부여되면서 마을주민은 마을의 민족문화를 전파하는 잠재적 주체가 되었다. 따라서 1인 미디어 방식의 전파경로도 홍기했다.

전통적인 전파경로에 비해 1인 미디어형 전파경로는 참여 주체의 보편화, 전파 범위의 대중화, 전파력이 빠른 시효성 등의 장점이 두드러졌다. 1인 미디어형 전파경로는 앞으로 마을의 민족문화를 전파하고 발전해나가는 주요 방향이 될 것이다.

그러나 현재 소수민족 특색마을의 1인 미디어형 전파경로는 아직 초기 단계에 머물러 있으며 기술조건, 사상관념 등과 같은 기본조건이 아직 성숙하지 않았다. 비록 1인 미디어형 전파경로에 참여하는 참여자의 수는 점점 더 많아지고 있지만 그들의 참여방식은 여전히 전통적인 사고방식과 행동 패턴을 벗어나지 못하고 있고 인터넷의 장점을 충분히 이해하고 활용하지 못하고 있다.

이를테면 마을주민들은 주로 위챗, QQ, 웨이브 등 소셜 플랫폼을 통해 참여하고 있고 정부와 회사 직원은 주로 정부와 회사의 온라인 플랫폼을 통해 참여한다. 그리고 효과적인 관리 부재로 인해 참여자들은 1인 미디어를 통해 원하는 대로 다양한 정보를 공개할 수 있는 자유로움이 있지만, 반면 콘텐츠 질이 불균등하여 1인 미디어 전파경로의 전파 효과를 제한하였다.

3. 인터넷시대 소수민족 특색마을 문화전파에서 존재하는 문제점

1) 촌락의 민족문화 유실이 심각하다.

촌락의 민족문화는 소수민족 특색마을 문화전파의 기초이다. 민족문화 유실은 소수민족 특색마을 문화전파의 근간을 흔드는 것이나 다름없다. 인터넷시대에 소수민족 특색마을의 민족문화 유실 현상은 매우 심각하다. 인터넷은 민족 마을이 내향형 지역 사회에서 외향형 지역 사회로 전환하는 속도를 심화시켰고 촌락의 민족문화와 주류문화의 문화 접촉면을 넓혀 주류문화요소들이 소수민족 특색마을로 유입되어 민족문화의 생존공간을 더욱 압박하였다. 더욱이 실용성이 강한 건란식 건축문화[8], 민족 복식문화, 마을 생계문화 등은 대체와 유실이라는 준엄한 시련에 도전하게 되었다.

상랑덕촌, 남화촌, 홍심촌은 모두 정도가 다르게 문화 유실 현상이 존재한다. 그중에서도 상랑덕촌의 민족문화 유실 정도가 비교적 경미한 편인데 이는 랑덕상채가 국가문물보호단위일 뿐만 아니라 비교적 오래된 민족 관광의 역사와 그동안 거둔 관광 효익에 의한 것이다. 국가문물보호단위라는 명예가 외력으로 촌민의 행위를 단속하였다면 민족관광역사와 거둔 효익은 촌민들의 문화보호의 적극성을 강화하였다. 그럼에도 불구하고 상랑덕촌의 민족문화 유실은 눈에 띄게 나타나고 있다. 이를테면 묘족 고가 (古歌)문화의 유실이다. 상랑덕 마을의 거의 모든 기성세대 마을 사람들은 묘족 고가노래를 부를 줄 안다. 왜냐하면, 묘족 고가노래는 묘족 청년들의 결혼계약을 맺는 중요한 전제 조건이었기 때문이다. 그러므로 당시 묘족 청년들은 모두 묘족 고가노래를 배워야 했다. 그러나 현재 새 시대 묘족 청년들은 대부분 묘족 고가를 부를 줄 모르고 이 분야의 내용을 배우려고 하는 사람도 드물다. 왜냐하면, 현재 묘족 청년 결혼계약은 일반적으로 자유연애나 소개팅 형식을 통해 이루어지며 고가노래와는 거의 관련이 없기 때문이다. 문화 서식지의 변화는 묘족 고가노래와 같은 마을 문화의 계승과 보호 및 확산을 더욱 어렵게 만들었다.

남화촌은 상랑덕촌보다 문화 유실이 더 심각하다. 옛 노래 등의 문화 유실 외에도 남화촌 건축문화의 보존에도 어려움을 겪고 있다. 일부 주민들은 촌위원회의 권고에도 불구하고 현대식 벽돌집을 지었는데 그 이유는

---

8   건란식(乾欄式) 건축: 나무나 대나무 기둥 위에 건축한 가옥으로 땅보다 높은 위에 있으며 습기를 방지한다.

벽돌집이 살기 편하고 거주 생활에도 더 유리하기 때문이라는 것이다.

홍심촌의 민족문화 유실이 가장 심각하다. 홍심촌의 언어문화, 복식문화, 건축문화, 신앙문화, 축제문화 등은 모두 현대화 경향이 뚜렷하며 더욱 심각한 것은 일부 마을 사람들이 이러한 경향에 대해 경계하지 않고 즐겁게 보고 있다는 점이다. 민족문화의 유실은 의심할 여지 없이 상랑덕촌, 남화촌, 홍심촌 및 기타 소수민족 특색마을이 문화전파에 있어서 직면한 주요 문제이며 시급히 해결해야 할 핵심 문제이다.

2) 문화전파의 공리성을 지나치게 강조한다.

서부 대개발, 변방 부농과 같은 국가 전략의 추진과 민족 지역의 시장화 진행으로 소수민족 지역의 경제 및 사회발전은 새로운 단계에 들어섰고 민족관광 산업도 급속한 발전의 길로 들어섰다. 최근 몇 년 동안 빈곤 퇴치의 추진은 소수민족 특색마을과 민족관광산업의 발전을 가속했으며 민족관광으로 소수민족 특색마을은 빈곤에서 벗어나 부유해지는 것이 일반적인 패턴이 되었다.

민족관광의 발전은 소수민족 특색마을의 문화전파를 더욱 촉진하였지만, 반면 소비와 상업 성격 위주로 된 전파 형태는 비교적 뚜렷한 공리화의 특징을 보여주었다. 따라서 마을과 촌민들의 민족문화 전파에 대한 공리성을 따지게 되었다. 너무 지나치게 문화전파의 공리성을 강조하면 마을의 민족문화 전파 방향에 편차가 생길 뿐만 아니라 촌민들의 문화전파 참여 적극성에도 영향을 미친다.

첫째, 문화 보급의 경제적 이익을 과도하게 추구하면 소수민족 특색마을의 문화전파와 보급이 점점 더 저속화되고 상업화될 것이다. 민족관광 문화의 보급은 경제적 이익을 목적으로 해야 할 뿐만 아니라 시장의 수요에 따라 문화 보급의 방향을 결정하여 민족문화 보급 내용에 대해 취사선택하고 편집해야 한다. 인터넷시대에 문화전파의 실효성은 더 강해졌고 전파 범위가 넓어졌다. 그러므로 취사선택과 편집식의 문화전파는 위험성이 더욱 크다. 대부분 네티즌과 관광객들은 마을 민족문화의 함의를 깊이 있게 연구하지 않는다. 취사선택 후의 민족문화는 민족문화에 대한 평면적인 인식을 갖게 할 수 있다. 이러한 공리성적인 민족문화의 전파는 민족문화의 엄숙성을 훼손하고 민족문화의 정신적 함의를 약화하여 소수민족 특색마을 민족문화 전파의 장기적인 발전에 도움이 되지 않는다.

둘째, 문화전파의 공리성을 과도하게 강조하는 것은 촌민들의 참여의욕에 영향을 미칠 수 있다. 소수민족 특색마을의 촌민들은 민족문화 전파에서 장기간 '문화책임(중재)자'와 '문화수출자'의 역할을 담당할 것이며 민족문화 건설과 전파에 적극적으로 참여할 것이다. 그러나 경제적 요소가 혼합된 후에 일부 촌민들은 민족문화와 민족문화의 확산에 대한 태도가 바뀌었고 점차 '수익자'의 역할로 치우쳤다. 즉 촌민은 민족문화의 전파에서 이상적인 경제적 이익을 얻어야 한다고 생각하는 것이다.

비록 촌민의 이익은 문화 보급의 목표 중 하나지만 결코 유일한 목표가 되어서는 안 된다. 문화전파의 공리성을 과도하게 강조하면 마을 민족문화 전파에 대한 참여의욕이 일시적으로 높아질 수 있지만, 장기적인 촌락의 민족문화 전파에는 도움이 되지 않는다. 마을과 마을의 민족문화 보급의 이익이 촌민들의 욕구를 충족시키지 못하게 될 때, 촌민들의 적극성은 급격히 떨어지고 더불어 회복하기 어려울 것이다.

일부 소수민족 특색마을은 문화 건설과 보급에서 과도하게 공리화되어 결국 촌락의 민족관광 개발과 촌락의 민족문화 보급에 큰 차질을 빚게 되었다. 홍심마을의 민족문화 전파 실패가 대표적인 사례다. 2010년에 홍심촌은 마을 경제를 활성화하기 위해 준의가호문화전파유한공사(遵義嘉浩文化傳播有限公司)를 유치하여 1억 2천만 위안을 투자해 석두성(石頭城, 전칭 貴州原生態仡佬族文化博物館)[9]을 건설하였다. 동시에 전문가를 초빙하여 마을주민에게 흘로어와 흘로 가무를 가르치게 하고 홍심마을을 흘로족의 문화 분위기를 조성하였다. 구청과 향정부는 석두성과 흘로족 문화를 특징으로 하는 홍심촌 흘로족 문화관광을 조성하고 홍심촌의 민족문화 확산을 촉진하고자 하였다. 그러나 자금 사슬의 단절, 부실 경영, 문화 매력의 부족으로 인해 민족관광은 큰 좌절을 겪었고 향 정부는 막대한 부채를 안고 석두성 공사도 엉망진창이 되었다.

홍심촌의 민족관광 개발과 민족문화 전파가 실패한 중요한 원인 중 하나는 정부가 문화전파의 공리성을 지나치게 강조했기 때문이다. 정부는 홍심촌 민족관광의 경제적 이익을 지나치게 강조한 나머지 민족문화의 발전과 보급방안을 마련할 때 경제적 측면에만 치중하고 문화적인 내용을 소홀히 하였다.

석두성의 입장권(성인 168위안, 어린이 84위안, 노인 84위안)도 지나치게 높게 받았다. 과도한 티켓 가격은 관광객들의 기대치를 높였고, 홍심촌의 농후하지 못한 민족문화 분위기와 단조로운 문화 콘텐츠는 관광객들의 기대에 부응하지 못해 여행 후 '속았다'라는 느낌을 가지게 됐고, 인터넷 등을 통해 입소문이 퍼지면서 홍심촌을 찾는 관광객은 점점 줄어들었

---

9 陈烨, 《乡愁视域下贵州民族村寨旅游可持续发展研究》, 贵州大学硕士论文, 2019

다. 결국, 홍심촌의 민족관광은 파탄에 이르렀고 홍심촌의 민족문화 확산도 큰 차질을 빚었다.

3) 인터넷 매체에 대한 활용이 부족하다.

인터넷시대에 전통적인 소수민족 특색마을의 문화전파 모델은 더 이상 촌락의 민족문화 전파 요구를 충족시킬 수 없었으며 전통적인 전파경로의 미흡한 점들은 촌락의 민족문화 전파 효과를 제한하였다.

전통적인 전파경로는 전파 범위가 작고 전파 속도가 느린 것이다.

정부형 전파경로는 정부의 관점에서 촌락의 민족문화를 전파하는 경우가 많으며 촌락문화의 특징적인 부분을 부각시키고 촌락문화의 다른 내용을 간과하여 문화전파의 완전성에 영향을 미치는 경우가 많다. 관광형 전파경로에서 민족관광은 마을 민족문화의 진면목을 잃게 할 수 있으며 관광객의 주관성도 마을 민족문화의 효과를 감소시킬 수 있다. 연구형 전파경로의 영향 범위는 더 제한적이고 영향력은 비교적 낮다. 인터넷시대에 인터넷은 마을의 민족문화 보급의 가장 큰 증가량이어야 하며 '동시성이 강하고 영향 범위가 넓으며 실효성이 짧다.'[10]라는 비길 수 없는 장점이 있다.

그러나 현재 소수민족 특색마을과 마을의 문화전파는 여전히 전통적인 문화 전파경로에 더 많이 의존하고 있으며 인터넷의 장점을 충분히 활용하지 못하고 있다. 전통형, 정부형, 관광형, 연구형 전파경로는 인터넷과의 연관성이 낮을 뿐만 아니라 여전히 전통적인 사고와 행동 양식에 더 많이

---

10 蔡梦虹《互联网背景下少数民族文化传播机制与策略研究》,《贵州民族研究》, 2017. 160-164

의존하고 있다. 1인 미디어 전파경로의 인터넷 사용은 인터넷의 핵심 의미와 핵심 기술을 체현하지 못하였고 단순하고 초보적 수준에만 이르렀기에 1인 미디어 전파경로의 발전과 전파 효과에도 영향을 주었다.

4) 촌민들의 적극적인 참여가 부족하다.

마을 사람들은 소수민족 특색마을 문화의 직접적인 매개체일 뿐만 아니라 소수민족 특색마을의 민족문화 전파에서 가장 확고하고 진실한 전파주체이다. 그러나 현재 소수민족 특색마을의 민족문화 보급에 있어서 촌민들의 참여도는 보편적으로 낮고 대부분의 촌민들은 마을 민족문화 보급에 관해 적극적이지 않다.

마을 사람들의 소극적인 태도는 여러 가지의 주관적이고 객관적인 요인에 의해 영향을 받았다 할 수 있다. 주관적인 측면에서 마을 사람들은 마을 민족문화 전파의 중요성과 그 장점에 대한 이해가 부족하여 마을 민족문화 전파에 대해 소극적인 태도를 보인다.

첫 부류는 마을 문화 보급이 정부와 관광회사가 책임지고 할 의무이며 마을주민과는 무관하여 그 속에 참여할 필요가 없다고 생각하는 태도이다. 홍심촌, 남화촌, 상랑덕촌의 적지 않은 마을 사람들이 이러한 소극적인 태도를 보인다.

두 번째는 공리적인 태도를 보이는 부류이다. 마을의 민족문화 전파는 경제적 이익을 최우선 목표로 삼아야 하며 만약 민족문화 전파가 더 나은 경제적 이익을 얻지 못하면 참여할 필요가 없다고 생각하는 것이다. 랑덕 상채와 남화촌, 홍심촌의 일부 마을 사람들은 이런 공리적인 태도를 지니고 있다. 그들의 표현방식은 약간씩 달랐다. 랑덕상채 마을 사람들은 민족관광과 민족문화 전파의 혜택을 많이 받았기에 이러한 공리적인 태도는 비교적 모호하다. 남화촌 마을 사람들은 상대적으로 이익을 적게 받았기에 민족관광과 민족문화 전파의 경제적 이익에 대한 기대도 비교적 직접적이다. 홍심촌 주민들은 민족관광과 민족문화 보급에서의 이익이 가장 적기에 그들의 공리적인 태도는 가장 뚜렷했다.

세 번째는 반감이나 반대 태도를 보인 부류이다. 이러한 태도를 보인 마을 사람들은 마을 민족문화는 역사의 산물이며 현시대에 마을 민족문화도 시대에 발맞춰 자연스럽게 따라야 하는 것이지 지도자와 관광객을 맞추기 위해 표면적인 일을 할 것이 아니라는 것이다. 그래야 마을과 촌민들의 발전에 도움이 된다는 것이다. 홍심촌, 남화촌, 상랑덕촌에서는 극소수의 사람들만이 이런 태도를 보였다.

객관적인 측면에서 볼 때, 여러 객관적인 조건도 마을 사람들의 참여를 제한하고 마을 사람들의 열정을 감소시켰다. 우선 마을의 문화를 전파하는 시설은 상대적으로 취약하고 전문적인 문화전파 장비가 부족하다. 다음으로 마을주민들의 생활 스트레스가 크다. 특히 젊은이들은 결혼의 혼수 문제, 자녀 교육의 질 문제, 부모의 건강 문제로 스트레스를 받는다. 이러한 생활 문제들은 그들로 하여금 경제적 이익을 추구하지 않을 수 없게 한다. 그들은 마을 민족문화 전파에 대해 마음은 있지만 어쩔 수 없이 무력하다. 마지막으로 마을주민들의 인터넷 기술 수준은 상대적으로 낮다. 인터넷시대에 인터넷은 마을 민족문화 전파의 주요 경로지만 대부분의 마을 사람들의 인터넷 기술 능력은 기초단계 또는 그 이하 수준에 머물러 있어 그들의 참여의욕과 적극성을 제한한다.

4. 인터넷시대 소수민족 특색마을의 문화 보급 전략

1) 문화전파의 기초전략 : 촌락의 민족문화를 전방위로 계승 · 보호해야 한다.

경제 일체화의 과정이 가속화됨에 따라 문화 다원화의 중요성과 필요성이 더욱 부각되고 있다. 문화 다원화는 중국 소프트웨어의 구현이고 사회 발전의 주요 추세이기도 하다. 그러나 현재 소수민족 특색마을의 문화는 큰 어려움과 도전에 직면해 있으며 민족문화는 점점 더 사라지고 있다. 촌락의 민족문화는 소수민족 특색마을 문화 보급의 기초이므로 소수민족 특색마을 문화를 효과적으로 계승하고 보호해야 한다. 촌락문화는 또 하나의 복잡한 문화체계이므로 촌락문화를 계승하고 보호하는 것도 전방위적이고 다층적이고 다각도로 하여야 한다.

물질문화는 소수민족 특색마을 문화에서 가장 빠르게 변화하는 부분이기에 소수민족 특색마을의 물질문화에 더욱 주의를 기울이고 경제적 가치와 사회적 가치를 충분히 활용하여 촌락 특색의 물질문화에 새로운 활력을 불어넣어야 한다. 정신문화의 변화는 속도가 비교적 느리지만, 촌락의 민족문화를 계승하고 보호하는 가장 중요한 부분이다. 그러므로 한편으로 정신문화의 계승과 발전을 촉진하기 위해 훌륭한 물질문화 환경을 조성해야 한다. 다른 한편으로는 민족문화 보호에 대한 홍보를 강화하고 마을 사람들이 마을 문화의 의미와 가치를 이해할 수 있도록 하여야 하며 민족문화 보호에 대한 인식을 근본적으로 불러일으켜야 한다. 그리하여 마을 사람들이 소수민족 특색마을의 문화를 보호하고 전파하며 계승하는 지속적인 원동력이 되도록 하여야 한다.

동시에 정부, 관광회사 및 문화 조직기구는 소수민족 특색마을 문화를 계승하고 보호하는 역할을 효과적으로 수행해야 한다. 정부는 문화를 계승하고 보호하는 관건적인 역할을 할 뿐만 아니라 민족문화 보호 및 전파의 주도자이고 감독자이기도 하다.

정부는 그 권력과 자원을 바탕으로 소수민족 특색마을의 문화 계승과 보호를 위한 세부 계획을 수립하고 정부의 권위로 마을 사람들의 행위를 지도하고 감독해야 한다. 관광회사와 문화조직기구는 각자 나름대로 자금 우위, 지적우위 등의 장점이 있다. 그러므로 이들을 잘 인도하여 소수민족 특색마을의 문화 전승과 보호에 진정으로 참여하도록 지도하고 그들의 특수한 장점을 충분히 발휘해야 한다.

소수민족 특색마을의 문화 보호와 전승은 어느 하나의 부분 노력만으로는 완성할 수 없다. 마을주민, 정부, 관광회사, 문화조직기구 등이 힘을 합쳐 소수민족 특색마을 문화를 전승하고 보호하기 위해 함께 효과적인 협력체계를 구축해야 한다.

2) 전파의 목표전략 : 문화 본위로 복귀하여 민족 마을의 문화적 특색을 살려야 한다.

인터넷시대에 소수민족 특색마을의 문화전파는 반드시 문화 공리성이라는 그물을 벗어나 문화 본위로 복귀하여 문화전파로 민족 마을 문화 특색을 드러내고 문화전파로 각 민족의 교류를 촉진하여 중화민족공동체의식을 굳건히 하기 위한 좋은 문화기반을 마련해야 한다.

현재 일부 소수민족 특색마을 문화의 전파 목표는 공리성을 과도하게 강조하여 민족문화의 상품화, 저속화, 민족문화 전파의 단편화 등의 악영향을 초래하여 소수민족 특색마을 문화의 장기적이고 안정적이며 체계적인 전파에 도움이 되지 않는다. 문화 본위로 돌아가 민족 마을의 문화적 특성을 드러내는 것을 목표로 촌락의 '전문브랜드'를 만들어야만 더 나은 보급 효과를 얻을 수 있고 더 나은 경제적 이익을 가져올 수 있다.

소수민족 문화를 전파하는 더 장기적인 목표는 서로 다른 문화의 교류를 촉진하고 서로 다른 문화 간의 장벽과 오해를 제거하며 민족 구성원이 진정으로 민족문화를 공감하고 다른 민족 구성원도 다른 민족의 문화를 이해하고 인정하도록 하여 문화적 다양성과 문화 보호에 대한 합의에 도달하고 양호한 사회 분위기를 형성하는 것이다. 그런 다음 이러한 분위기를 이용하여 특정 소수민족 특색마을의 문화 확산을 지도하여 궁극적으로 고품질 문화전파 효과를 달성하고 중화민족공동체의식을 공고히 하기 위한 문화기반을 마련하는 것이다.

3) 전파의 주요 전략: 인터넷 장점을 충분히 발휘하여 입체적인 전파 체계를 구축해야 한다.

인터넷시대에 인터넷은 소수민족 특색마을의 문화를 전파하는 가장 중요한 전파 매개체가 되었다. 인터넷 매체의 장점을 충분히 발휘하면 전통적인 전파경로의 단점을 극복할 수 있을 뿐만 아니라 소수민족 특색마을의 문화전파의 효율성도 향상시킬 수 있다.

우선 인터넷 매체의 장점을 충분히 발휘하려면 먼저 소수민족 특색마을의 문화 특색 웹사이트를 만들고 웹사이트 내에 문자, 사진, 오디오, 동영상 등의 형태로 소수민족 특색마을의 문화 전모를 전면적이고 입체적으로 올려 소수민족 특색마을 문화의 매력을 충분히 보여줘야 한다. 랑덕상채,

남화묘채 부근의 서강천호묘채(西江千戶苗寨)에서 개설한 홈페이지가 좋은 예이다. 서강천호묘채는 전문문화사이트를 만들었는데 웹사이트 내용이 풍부하고, 서강천호묘족의 전모를 전면적이고 체계적으로 전시하고 있으며, 관광 소식을 신문형식으로 공지한다. 문자, 사진, 동영상 등으로 서강천호묘채의 민족문화를 생생하고 입체적으로 보여주고 있어 소수민족 특색마을의 문화를 더욱 생동하고 전면적으로 전파하고 있다.

다음으로 민족 마을 내부의 문화전파 매체 건설을 강화해야 한다. 외부 전파 매체보다 민족 마을 내부의 전파 매체가 더 진실하고 포괄적이어서 소수민족 특색마을의 문화전파에도 도움이 된다. 그러나 현재 민족 마을 내부에는 문화전파 장비가 부족하고 언론매체가 부족하다. 그 주된 이유는 건설자금이 부족하기 때문이다. 그래서 정부의 지원을 받아내고 민족자본 투자를 유치하는 등의 더욱 많은 자본이 소수민족 특색마을의 문화 보급에 사용되도록 해야 한다.

동시에 현재 소수민족 특색마을의 문화를 전파하는 다양한 경로에는 자체 전파 플랫폼, 전파경로, 전파 방법 및 영향 그룹이 있지만, 전파경로 간의 교류가 부족하고 전체가 유기적으로 통합되지 않았다. 각 전파경로의 단점이 비교적 뚜렷하고 홍보 내용이 많이 중복되어 소수민족 특색마을 문화의 전파 매력과 영향력은 여전히 제한적이다.

따라서 서로 다른 전파경로의 상호작용과 융합을 강화하고, 입체적인 전파 체계를 구축하며 각 전파경로의 우세를 상호 보완하고, 힘을 합쳐 단일 전파경로의 부족함을 극복하고, 각 전파경로의 우세를 더욱 효과적으로 발휘하여 소수민족 특색마을의 문화전파를 추진해야 한다.

4) 전파의 주체 전략 : 인터넷시대 새 주민을 육성해야 한다.

인터넷시대에 촌락의 민족문화와 그 전파는 큰 변화를 겪었다. 시대 환경이 변해도 주민은 여전히 마을 민족문화의 가장 중요한 문화 매개체이자 전파 주체이다. 그리고 촌락의 민족문화와 그 전파를 보장할 수 있는 존재이다. 그러나 마을 사람들의 전통적인 사상과 부족한 인터넷 기술은 그들의 열정과 문화전파 효과를 제한하였다. 그러므로 인터넷시대에 맞춰 새 주민을 양성해야 한다. 새 주민은 보다 적극적인 태도와 더욱 높은 민족문화 자질, 인터넷 기술 수준을 갖추어야 한다. 새 주민만이 주민의 장점을 더 잘 발휘할 수 있고 소수민족 특색마을의 문화전파 효과를 높일 수 있다. 인터넷시대의 새 주민을 육성하기 위해 아래와 같이 제안한다.

첫째, 정부는 소수민족 특색마을에 대한 지원을 강화하고 소수민족 특색마을로 하여금 경제를 발전시키고 마을주민들의 경제적 소득과 삶의 질을 향상시키며 그들의 근심 걱정을 제때에 해결해주어야 한다. 소수민족 특색마을에 관광회사가 참여하는 민족관광에서 마을과 촌민의 이윤 분담 비율을 높여야 한다.

둘째, 문화홍보교육을 강화하고 민족문화지식경연대회, 민요창작과 노래자랑, 민속예술인 기예대회, 민족체육대회, 마을주민다과회, 문화강좌 등 다양한 형태의 민족문화 활동을 조직해야 한다. 이를 통해 마을주민들의 민족문화에 대한 이해를 높이고 그들의 책임감과 민족 자긍심을 함양하고 강화하여 진정으로 민족문화 전파에서 중요한 역할을 할 수 있도록 도와줘야 한다.

셋째, 인터넷 지식 및 기술 교육반을 설치하여 마을주민들에게 인터넷 지식을 대중화하고 인터넷 능력을 향상시켜야 한다. 촌락의 인터넷 전파 시설과 플랫폼 건설을 강화하여 주민이 인터넷을 통해 촌락의 민족문화를 전파할 수 있는 능력을 갖추도록 해야 한다.

5. 나가며

국가급 소수민족 특색마을인 귀주성의 홍심촌, 남화촌, 상랑덕촌 세 마을은 서로 다른 상황과 유형의 성격과 특징으로 소수민족 특색마을의 대표성과 전형성을 띠고 있다.

신시대 중화민족공동체 인식의 구축은 현재 민족사업의 핵심이므로 각 민족 간의 왕래, 교류와 융합을 지속적으로 촉진해야 한다. 문화 교류는 각 민족 간의 왕래교류 융합의 기초이므로 소수민족 특색마을의 민족문화 전파를 계속 추진해야 한다.

인터넷시대에 중국소수민족 특색마을의 문화전파 패턴은 주로 전통형, 정부형, 관광형, 연구형, 1인 미디어형 전파경로로 구성되어 있는바 이러한 경로들은 소수민족 특색마을의 문화전파를 공동으로 촉진한다. 인터넷의 보급에 따른 대중화로 소수민족 특색마을의 문화 보급은 새로운 도전에 직면하게 되었다. 이를테면, 마을의 심각한 문화 손실, 문화전파에서 공리성의 과도한 강조, 인터넷의 공급 부족, 주민 참여의 적극성 부족 등이다. 다른 한편, 인터넷은 소수민족 특색마을의 문화전파에 좋은 기회를 제공하였다. 소수민족 특색마을은 시대의 흐름을 잘 포착하고 위기를 기회로 바꾸어 확실하고 강도 높게 민족문화를 보호하고 계승해야 한다. 그러기 위해서는 문화적 공리성과 같은 잘못된 관념을 극복하고 주민들의 민족문화 전파 참여에 대한 적극성과 주도권을 확실히 강화하며 인터넷시대의 새 주민을 육성해야 한다. 그리고 인터넷의 장점을 최대한 활용하여 입체적인 민족문화 전파 시스템을 구축해야 한다. 그렇게 된다면 소수민족 특색마을의 문화를 더 잘 전파할 수 있고 소수민족 특색마을의 문화와 문화전파의 경제적 가치와 시대적 가치를 충분히 발휘할 수 있다. 소수민족 특색마을의 문화 보급은 아름답고 문화적이고 조화로운 분위기를 연출하는 신형의 소수민족 특색마을의 건설을 추진할 것이고 지속적으로 중화민족공동체의식을 강화할 수 있을 것이다.

운남성 시솽반나 태족자치주 맹해현 타락진 맹경래촌(雲南省西双版納
傣族自治州勐海縣打洛鎭勐景來村)은 국유기업과 협력하여 맹경래 관광
구를 개발하였으며 지역 내에 비교적 완전한 태족 전통건축형식, 농경구
도, 생활공간, 민족종교 및 문화풍습을 보존하고 구현하였다. 자연경관과
인문 경관을 하나로 하여 전통마을 보호, 농업 레저와 문화관광산업 발전
을 유기적으로 결합하여 소수민족 특색마을인 맹경래촌 문화산업 보호와
전승 방면에서 훌륭한 시범을 보여주고 있다. 아래 맹경래촌의 기본 상황,
전통문화 보호와 전승에 대해 살펴보고자 한다.

1. 맹해현 소수민족 특색마을 맹경래촌의 기본 상황

1) 마을 개황

운남성 시솽반나 태족자치주 맹해현 타락진 맹경래촌은 자연적으로 형
성된 전형적인 태족 전통마을로 마을 면적은 5.6km²이고 경작지 면적은
1,200무이다. 마을은 중화민국 시기에 형성되었다. 인구는 116가구에 560
명이고 그중에서 태족이 548명이다. 근년에 인구가 점차 증가하였다. 마
을의 연간 집단 소득은 200만 위안이고 가구당 평균 연간 소득은 8만 위

안이며 농민의 1인당 순소득은 15,600위안이다. 생산량이 비교적 높은 주요 산업은 용과와 고무이다.

2003년에 자연적으로 형성된 경래촌을 중심으로 하여 중국-미얀마 국경에 위치한 맹경래 관광구를 개발하기 시작했으며 국가급 타락 항구와는 불과 5km 떨어져 있다. 미얀마 국경 주민인 산족과의 왕래가 빈번하고 서로 소통하며 태족과 산족이 혼거하는 현상을 형성하였는바 비교적 독특한 지역적인 우위를 지니고 있다. 그리하여 '중국-미얀마 제1촌'이라는 명성을 누리고 있다. 경래촌의 관광 총면적은 172.84헥타르이다.

관광구 지역에는 비교적 완전한 태족 전통 건축 형식, 농업 패턴, 생활 공간, 민족종교 및 문화풍습을 보존하고 구현하고 있다. 맹경래촌은 자연 경관과 인문 경관을 잘 결합하여 전통마을 보호, 농업 레저, 문화관광 산업발전을 유기적으로 결합한 생태 관광 마을이다. 2004년 1월에 관광지가 시범 운영되었고 2018년 6월에 국가 AAAA급 관광지로 평가되었다. '운남성 성급 역사문화촌', '중국태족문화 보호전승 시범기지', '전국민족단결진보창건활동 시범촌', 제2회 '중국전통촌락' 등의 영예를 안았다. 2015년 이래로 명승지는 연평균 461,100명의 관광객을 받아들였고 1,700만 위안 이상의 연간 총 영업 수입을 달성했다. 2018년 말 기준으로, 마을주민들의 가처분 소득[1]은 28,000위안에 달한다.

맹경래촌의 고채(古寨)는 유구한 역사와 깊은 문화를 내포하고 있다. 우선 마을 안의 면사(緬寺)는 1,370여 년의 역사를 가지고 있으며 서기 약 640년경에 창건되었다고 전해진다. 다음으로 마을에는 58기의 탑이 보존

---

1 개인의 의사에 따라 마음대로 쓸 수 있는 소득, 한 해의 개인 소득에서 세금을 빼고 그 전해의 이전소득을 합한 것으로 소비와 구매력의 원천이 된다. '실소득'으로 순화.

되어 있는데 서기 1082년에 태왕 소축납옹(召燭拉翁)이 고승이 비 오게 한 공덕을 기리기 위해 101기 탑을 세웠다고 전해진다. 오랜 세월이 지났지만, 여전히 58기가 남아있다. 또 성채 안에 신목인 보리수(菩提樹)는 천년의 역사를 가지고 있는데 이는 불교에서 도를 깨닫고 성공했다는 뜻이다. 주요 명절마다 현지 주민들은 이 나무 아래서 제사를 지내며 신령님에게 평안을 기원한다. 맹경래 내신수(內神樹), 탑림(塔林), 신천(神泉)은 태국 황궁 경전에 모두 기록되어 있다. 미얀마는 맹경래에 대한 영토 주권을 주장하다가 1961년 주은래 총리가 시솽반나에 가서 미얀마 총리와 국경을 협상해서야 비로소 중국 영토로 확정되었다. '중국-미얀마 제1채'라는 미칭을 얻게 되었다.

맹경래는 태족과 탄족이 혼거하는 고채이다. 중국의 태족과 미얀마의 탄족이 혼거하고 있으며 현재 일부 노인들은 모두 미얀마의 탄족이다. 마을 안의 집들은 모두 1층 바닥의 건난식 건물이며, (고대 백월(百越) 주택의 건축, "건난식"이라 칭함) 주택은 모두 단채로 되어있고 집집마다 자가 정원이 있고 서로 오솔길이 통한다. 과거에는 대나무가 주를 이루었으나 오늘날 사회의 진보와 생활 수준이 향상하면서 나무로 길을 닦았으며 일부는 벽돌로 보충하였다. 비교적 완전한 태족의 전통 건축 형식, 농업 패턴, 생활공간, 민족종교 및 문화풍습을 보존하고 구현하였다. 자연경관과 인문 경관을 일체화하여 전통마을 보호, 농업 레저, 문화 관광 산업의 발전을 유기적으로 결합한 생태 관광 명소로 만들었다.

2) 주거 환경

마을 주변의 자연환경은 독특한 지역적 지형을 가지고 있으며 마을과 완벽하게 결합되어 마을은 전통적이고 양호한 패턴을 유지하고 있으며 골목 시스템은 완전하다. 신축 건물과 기존 건물은 조화를 이루어 하나로 융합되어 있다.

마을 기반시설 건설 도로 정화율은 100%, 음용수 안전율은 100%, 라디오 및 텔레비전 가구 사용률은 100%, 전력망 전력 공급 인구 커버리지는 100%, 쓰레기 집중 처리율은 100%, 청정에너지 사용률은 95%, 방재 및 조기 경보 시설 배치율은 95%이다. 공공 서비스 시스템배치율은 100%, 공공 문화 및 체육시설의 완전성은 80%이며 요구에 부합되는 화장실이 있다.

농촌의 민주적 관리규범과 구체적 조치에서 명승지와 촌락은 '촌락+기업+농가'의 협력 모델을 채택하여 촌민이 기업의 일상 관리에 최대한 참여하고 이익을 공유할 수 있도록 하였다. 협의를 통해 '마을규정 및 촌민과의 약정'을 제정하고 마을주민 소조를 구성하여 마을주민의 생산과 생활행위를 올바르게 지도하도록 하였다. 협력은 주로 다음과 같이 구현되었다.

첫째는 회사는 마을 관리 비용을 지불하면서 명승지 입장권 수입을 적절한 비율로 배분한다. 지난 2년 동안 회사는 경래촌의 관리 비용으로 155만 위안을 지불했다.

둘째는 회사는 주민들의 약 1,200무 이상 되는 주변 토지를 임대한다. 지난 2년 동안 회사와 협력자는 경래촌의 토지 임대료로 360만 위안 이상을 지불했다.

셋째는 많은 자금을 투자하여 마을의 수도, 전기, 도로, 환경 보호 등 기반시설의 건설을 개선하고 주거 환경을 개선하는 것이다. 2016년 이래로 관광지의 자체 건설자금은 2,890만 위안 이상을 초과했다. 이는 투자유치

시 협력사의 프로젝트 투자와 정책 지원 자금이 제외된 것이다.

넷째는 촌민들의 농산물 부자재 판매 플랫폼을 구축하고 38개 농민이 자주적으로 운영하도록 전폭적으로 지원하여 소규모 시장을 건설하여 촌민들에게 무상으로 노점을 제공하였다. 외국 상인의 출입은 허용하지 않았다. 농가의 간접적인 소득의 경제 이익은 데이터로 정확하게 평가하기 어렵다.

다섯째는 관광지 고용은 지역인을 우선시하였다. 현재 기존 정규직 근로자의 60%가 마을주민이다. 등록된 빈곤층에게는 7개의 일자리를 제공한다고 규정하였다.

여러 경로와 플랫폼을 통해 마을주민들을 전폭적으로 지원하고 천방백계로 그들의 소득을 늘리기 위해 모든 노력을 기울였다. 다년간의 실천을 통해 주민들은 새로운 협력 모델이 가져오는 실질적인 이점을 확실히 느끼게 되었고 기업의 조정 작업에 적극적으로 협력하고 지원하였다. 이는 관광지의 지속 가능한 발전을 위한 가장 견고한 대중 기반을 마련한 것이다.

3) 특색 민가

주거용 건물은 80% 이상 완벽하다. 현존하는 문화 보호 건축 등급은 성급 이하이다. 민가 건물의 보존상태와 사용현황은 잘 되어있고 건물의 품질이 양호하며 분포가 집중되어 있다. 건물이 조화롭고 통일되어 있으며 원주민이 거주하고 있다. 주택 건축의 조형, 구조, 재료, 장식은 전형적인 지역 또는 민족특성을 지니고 있으며 건설 기술이 독특하고 세부 및 장식이 매우 정교하고 미학적 가치가 높다. 민가 건물 내부는 주거 조건이 편리하고 쾌적도가 높다.

2. 소수민족 특색마을 맹해현 맹경래촌의 민족문화와 특색산업 현황

맹경래촌의 민족문화는 풍부한바 그중에서도 도자기 제조, 패엽경과 패엽 문화가 독특하다. 그리고 특색산업으로는 주로 용과 재배가 있고 관광산업에서는 민족 특색의 놀이와 음식, 풍경을 결합한 여러 체험 프로그램이 있다.

1) 민족문화 현황

(1) 도자기 제조

태족은 원래 도자기로 유명하다. 『백이전(百夷傳)』에 따르면 "백이인 (태족 선민)이 사용한 도자기가 많다"는 것이다. 태족은 현대에 이르기까지 여전히 전통적인 도자기 제조 방법을 보존하고 있다.

관련 자료에 따르면 운남 남서 태족만 해도 1980년 초까지 적어도 30개의 마을이 전통적인 도자기 산업을 유지하고 있었다. 시솽반나 태족의 전통 도자기 제조 기술은 순수 수작업에 속하며 슬로휠(慢輪)은 원시 인류가 손으로 도자기를 빚는 법을 배운 후 발명한 가장 중요한 도자기 제조 도구이다. 이는 도자기의 벽 두께를 균일하게 만들고 모양을 더욱 아름답게 만든다. 그러나 슬로휠, 느린 바퀴는 금방 빠른 바퀴기술로 대체되었다. 왜냐하면, 블랭크 형성이 더 쉽고 대량 생산의 요구 사항을 충족하기 때문이다.

오늘날 사람들은 느린 바퀴의 모습을 거의 볼 수 없지만, 시솽반나의 중국-미얀마의 첫 마을인 맹경래는 여전히 고대 순수 수공예 기술을 보유하고 있다. 마을의 민간 예술가와 부녀들은 도자기를 만들 수 있다. 도자기의 원료는 검은색 또는 회백색이고 점토와 고운 모래로 배합하는데 그 비율은 2:1과 9:1 등 여러 종류이다. 슬로휠의 도자기 제조 공정은 기름진 흙을 곱게 치기 - 밑굽 고르게 하기 - 느린 바퀴를 당겨 벽 만들기- 문양 만들기 - 90%까지 말리기 - 화염으로 굽기이다.

회전반(轉輪盤) 조각법은 역사적으로 와이어 로드(wier rod, 盤條) 도기 제조법으로 춘추전국시대부터 유래했다. 점성이 강한 흙을 사용하였는데 이 흙은 도자기를 만드는 데 직접 사용할 수 없으며 먼저 진흙 알갱이가 없을 때까지 나무망치로 진흙을 잘게 부순 다음 진흙 바퀴를 회전시킨다. 이른바 회전 바퀴는 땅에 둥근 말뚝을 축으로 박고 대나무 파이프가 있는 나무 바퀴를 씌워 바퀴를 자유롭게 회전시키는 것이다.

도자기 블랭크를 만들 때 도정한 진흙을 통째로 룰렛에 놓고 주무르면서 회전할 수도 있고, 룰렛에 진흙 트레이를 사용하여 초기 블랭크를 만들고 두드려 모양을 만들 수도 있다. 회전 속도는 발로 움직이며 조절할 수 있다. 그릇 모양이 나온 후 몇 시간 동안 말린다. 그런 다음 조약돌 라이닝과 나무 토핑을 사용하여 흙이 단단히 붙을수 있도록 반복적으로 두드린다. 너무 두꺼운 곳은 대나무 조각으로 부드럽게 깎은 다음 매끄럽게 두드려 완벽한 도자기를 만든다. 그런 다음 토굴 가마에서 구워내면 된다. 태족이 굽는 토기는 도기, 항아리 등 그릇 외에 신룡, 신상, 신사자 등의 마스코트와 공작, 봉황, 연포, 화염 모양의 미당(咪擋)으로서 이 절의 능선에 장식품으로 쓸 것들이다.

(2) 패엽경과 패엽 문화

패엽경은 조개나무 잎에 새겨진 경전이다. '불교 판다'로 불리는 패엽경은 고대 인도에서 유래됐다. 패엽경은 대부분 불교 경전이고 일부는 고대 인도의 산스크리트 문헌으로 문화재 가치가 매우 높다. 패엽경은 2500년 이상의 역사가 있으며 '재잡(齋雜)'과 '와두(瓦頭)'라는 두 가지 문자로 쓰여 있으며 일부는 바늘로 찔러 쓴 것이다. 그것은 태족 문화, 언어 및 문자, 불교, 종교 및 예술 등을 연구하는 중요한 원시 자료이다.

태족인들의 마음속에서 '과란엽(戈蘭葉)'이라고도 하는 패엽은 태족 역사와 문화를 빛으로 나아가게 하는 신이다. 중국 티베트는 오늘날 세계에서 패엽경이 가장 많이 보존되고 풍부한 곳으로 지금까지 산스크리트어, 티베트어, 발레어 등 패엽경 고서본이 보존되어 있으며 그중 많은 것이 유일본, 선본(善本), 진본(珍本)이다.

중국 태족 지역의 사찰에서 패엽 문헌을 소장하는 것은 오래전부터 전통이 되어 왔다. 그 내원은 부처님이 직접 새긴 것이고 다른 내원은 세속의 중생이 '탐단(賧坦)'으로 헌경(獻經) 하거나 '탐박(賧簿)'으로 헌서(獻書)를 하는 것이다. 민간의 불당에 재물을 바치고 부처에게 복을 비는 '탐불(賧佛)'의 헌경 헌서 활동의 성행으로 '패엽경'에는 힌두교에서 온 이야기도 있고 불교와 겨루는 내용도 있고 태족의 민간 원시 신앙에 관한 전설도 포함되어 있다.

따라서 패엽경은 태족 사회의 다양한 문화 지식과 사상 개념의 집합원이 되었으며 이는 패엽 문학의 내용 구성에도 영향을 미쳤다. 불교 사찰에서 패엽 경전을 집중적으로 소장하는 것 외에도 태족의 세속 민간에서도 다양한 패엽 문헌을 소장하고 있다. 그리하여 불교 사찰에서 민간에 이르기까지 패엽 문화는 태족 문화의 대표이자 상징이 되었다.

패엽 문화는 태족 전통문화의 상징적 표현이다. 패엽 문화는 태족의 전통문화를 통칭하는 말로 태족의 전반 역사와 문화를 대표한다. 그것은 유래가 깊고 심오하며 광범위하다. 태족 사회의 물질문명과 정신문명의 전 분야를 아우르고 있고 태족 사회 역사 발전의 과정을 반영하고 있다. 그 내용은 역사, 철학, 언어, 문자, 불교 경전, 문학예술, 법률 법규, 윤리 도덕, 교육 과학기술, 의약 위생, 생산 기술 등을 포함한다.

'패엽 문화'라고 통칭함은 패엽으로 제작된 패엽 경본과 필사한 면지경본(綿紙經本)에 보존되어 있기 때문이다. 잎과 종이로 된 패엽 문화 경전을 총칭하여 '탄(坦)'이라고 한다. 그중 운문체는 모두 종이책이며 태족어로 '파간합(波干哈)'이라 한다. 엽질본(葉質本)을 태족어로 '탄란(坦蘭)'이라고 한다. 민간특색의 철추 펜으로 조개 잎에 한 자 한 자씩 새겨 쓴 것인데 그 서적 수량이 많고 장정이 정교하고 아름답다. 이 둘은 '별민세판(別悶細版)' 거작이라 불린다. 이는 태족의 지혜와 재능, 창의력의 결정체로 중국 문화보물고에서 매우 귀중한 고서 민족문화유산이자 정신적 자산이다.

패엽 문화는 패엽경, 목화지로 작성된 경전, 민간에서 살아남은 태족의 전통문화 사상(事象) 세 가지 측면을 포함한다. 2008년 6월 국무원에서 승인하고 문화부에서 지정한 제2회 국가급 무형문화유산 목록에 선정되었다.

3) 특색산업

(1) 주요 특색산업

산업명은 용과다. 산업 규모는 초기 규모이며 일정한 추진력을 가지고 있다. 전년도 생산액은 13만 위안이고 마을 경제에 대한 기여율은 10% 미만이며 마을주민 중 주요 특색산업 종사자는 20% 이상을 차지한다. 최근 몇 년간 타락진 관할 구역의 고무 가격이 크게 하락하고 바나나 산업은 진전이 없었다. 게다가 마을주민들의 토지 85% 이상이 기업에 임대되어 운영되었다. 관광 전문항목 정리정돈 실시에 따라 관광객이 급격히 감소하고 마을주민들의 소득도 급격히 감소했다. 이런 상황에서 마을의 집체 고무밭을 파헤쳐 새로 용과를 재배한 것이 마을의 주요 수입원이 되었다.

(2) 관광업에서의 특색산업

관광업에서의 특색산업은 놀이와 음식을 중심으로 하는 태족의 민족 특색을 나타내는 연화 예불, 수공으로 사탕수수의 즙 짜내기, 슬로휠의 도자기 만들기, 옛 식의 종이 만들기, 보리 적삼(菩提衫) 제작, 창의적인 도자기 색칠하기, 태족 요리 배우기 및 건과일 만들기 등의 체험 프로그램들이다.

화양선의향련(花養禪意香蓮)이라는 안방에서는 연꽃으로 손님 맞이하기(蓮花迎賓), 차로 뜸 뜨기+화도, 선무(禪舞), 원적인 적외선 물리치료, 소원을 기원하는 등 날리기, 향련오후차(香蓮下午茶), 공작연(孔雀宴), 연화 샤부샤부, 연화연(蓮花宴), 가무와 함께하는 식사, 모닥불과 야유회 등 창의적 체험행사와 미식 먹거리 행사를 벌였다.

관광지에는 운남성에서 최초의 연꽃을 주제로 하는 경사강양호텔(輕奢康養酒店)을 건축하였는데 창문을 열면 연꽃이 보이고 바람 따라 연꽃 향기가 침실로 들어와 편안하고 환상적인 분위기를 연출한다. 동시에 촌민들이 독자 경영하는 태족 특색의 민박은 33가구에서 116개의 방을 운영하고 있는데 300명을 수용할 수 있다. 관광객들은 민박에 거주하면서 태족의 생활 습성과 풍속을 체험할 수 있다.

맹경래 관광지는 주로 마을 관광, 농업 레저관광, 홍색 교육관광을 위주로 '민간 불교 문화, 민간 농경문화, 변경 탐구 관광'을 테마로 하는 시쌍반나 서부지역의 관광지에서는 해외 관광 1순위로 꼽히는 명소 중 하나이다.

맹경래 명승지는 생태환경이 우량하고 국경의 풍경이 다채롭고 민족문화와 민족풍경이 다종다양한바 태족의 특색과 물과 국경이 어우러진 독특한 풍경이다. 이러한 관광자원은 나름의 특색으로 국내외 관광객들이 즐겨 찾는 관광, 레저, 휴가, 특별 관광의 명소가 되고 있다.

3. 소수민족 특색마을 맹해현 맹경래촌의 전통문화 보호와 전승

중국공산당 제18차 전국대표대회 이래 시진핑 총서기의 운남사업에 대한 중요한 지시 정신이 관철됨에 따라 중화민족공동체의식을 확고히 구축하는 것을 주선으로 운남의 여러 소수민족은 민족문화 보호와 민족단결 진보사업을 전면적이고 심오하며 지속적으로 추진하였다. 시쌍반나 태족자치주 맹해현 타락진 맹경래촌은 각급 당위원회, 정부의 지도 아래 가치 있는 전통마을의 문화를 보호하고 기반시설 강화 작업을 하였다. 그들은 국내는 물론 동남아 지역을 포함한 특색있는 마을 브랜드, 문화와 여행 융합산업의 모범을 만들고자 하였다. 동시에 주변 지역과 미얀마 접경지대의 특구에 지역적인 경제발전 벨트를 형성하여 국가의 '일대일로' 전략을 관철하여 변강 지역 인민들의 생활이 부유해지고 민족 단결하며 기업이 활성화되고 사회가 질서정연하며 안정되고 아름다운 변방의 건설 목표를 실현하는 데 크게 기여하였다. 맹경래 관광지는 현 단계의 발전 효과를 거두기 위한 아래와 같은 주요 조치와 방법을 실시하였다.

1) 전통마을을 아름답고 화합하는 향촌 모델로 만들어 전통문화의 보호와 전승이 지속 가능하게 하였다.

맹경래 마을은 선진적인 개발 건설사를 받아들이고 선진적인 문화 보호와 발전이념을 창의적으로 결합하여 "마을+기업+농가"의 혁신적인 협력 모델을 채택하였다. 마을 개발 건설과 관광 지역 건설을 유기적으로 결합하여 점차 맹경래 마을주민들의 마을 개발에 대한 인식을 변화시켰다. 마을주민들로 하여금 관광 지역 관리에 참여하여 문화의 다양성을 보호하고 마을과 관광 지역이 공동으로 발전하게 하였다. 동시에 주민들의 취업도 해결되고 사회소득도 증가하여 그들의 생활 수준은 향상되었다. 기업과 마을주민들이 공동으로 발전하고 부유해지게 하였고 순수 농업형에서 반농업 반관광형 마을로 전환시켰다.

(1) 태족 문화의 보호와 전승을 중심으로 점차 기반시설을 재정비하였다.

태족의 전통문화를 보호하고 민족단결을 촉진하는 토대 위에서 맹경래촌은 기반시설에 대해 재정비를 하였다. 맹경래촌의 다이루(傣樓)는 건축 양식과 재료를 통일하여 태족의 건축문화 풍격을 잘 부각시켰다. 동시에

낡고 쓸 수 없는 일부 가옥을 철거하고 마을의 도로, 수도, 전기시설을 개선하고 환경을 미화하였다. 주민들의 주거 환경은 크게 개선되었고 맹경래 태족의 건축양식과 태족의 민속 생활 양상은 보호받고 전승하게 되었다.

(2) 태족 문화전시관을 건설하고 전통 기예 전시 체험점 기지를 설립하였다.

맹경래 회사는 투자하여 태족 문화전시관을 설립하였다. 태족의 역사, 전통명절, 공작무, 패엽 문화 등에 대해 그림과 글로 다채롭고 풍부하게 전시하였고 태족의 노동과 생활에서 사용하는 많은 전통그릇과 도구를 수집하여 태족들의 원시 생활상태를 최대한 복원했다. 그뿐만 아니라 마을 내에 태족의 슬로휠 도자기 제조, 수공으로 종이 만들기, 철 두드리기, 수공으로 태족의 비단 짜기, 전통적 방법으로 사탕 만들기, 술 빚기 등 전통수공예기술을 전시하였다. 이는 관광객들에게 태족의 풍부한 민족 전통문화를 보여줄 뿐만 아니라 동시에 태족의 문화를 계승하고 보호할 수 있었다.

(3) 전통 공연 프로그램을 복원하고 무형문화재를 전승하였다.

마을주민들의 생활 수준이 지속적으로 향상됨에 따라 많은 태족 전통 공연은 점차 사람들에게 잊혀가고 있었다. 태족의 전통 공연 절목들을 보호하고 계승하기 위하여 관광지에서는 마을 노인들을 조직하여 여러 곳을 다니며 보고 배우고 경험을 얻도록 하였다. 그리고 지속적인 공연을 통해 전통문화 유산을 계승하고 발전시켜나갈 수 있게 하였다.

(4) 전통명절 문화행사를 개최하여 민족 풍습문화를 답습하였다.

맹경래촌은 매년 물 뿌리기 축제(泼水節), 개문 축제(開門節), 관문축제 (關門節), 염불(賧佛) 등 태족의 전통 축제뿐만 아니라 동남아시아에서 가장 유명하고 소승 불교의 특색을 살린 '맨발 탁발(赤脚托鉢)' 행사를 재개하였다. 이는 타락진, 나아가서는 전 맹해현에서 유일하게 이 전통프로젝트를 진행하는 마을이 되었다. 타락진의 각 다이족, 브라운족 마을 사람들의 환영을 받아 자주 인근 마을에 초청되어 탁발 행사를 진행하기도 하였다. 이는 종교 행사 중에서 가장 영향력 있고 참석자가 많은 불사 중 하나가 되었다. 전통명절 행사를 진행함과 동시에 여러 민족 간의 소통과 교류를 강화하여 민족 간의 공동 발전을 촉진할 수 있었다.

2) 기층 관리에서 당의 지도적 핵심 지위를 견지하고, "경찰기업촌"이라는 기층 당조직이 공동으로 건설한 변강 당건설 장랑 (長廊) 건설이라는 새로운 모식을 제시하였다.

시진핑 총서기가 윈난성에 제시한 세 가지 목표에 따라 "조직을 강화하고 진지를 건설하며 민심을 모으고 변강을 고수한다"를 주요 내용으로 하는 변강 당건설 장랑 건설을 심도 있게 추진하였다. 그러기 위해서는 변강 홍색 관광자원과 생태 자연경관을 깊이 있게 발굴하고 중국-미얀마 국경 홍색관광 문화관광지역와 애국주의교육훈련기지를 건설하는 데 주력하여 기업 당건설 사업과 경영사업의 심도 있는 융합을 촉진하였다. 맹경래관광지구 당지부와 타락진변방파출소 당지부, 타락촌위원회 경래촌 당지부는 국경지대의 특수한 우위에 의거하여 부대와 기업의 종합적인 선도 효과를 충분히 발휘하여 '경찰기업촌' 당지부의 공동건설사업을 적극적으로 모색하고 새로운 모델을 수립하였다.

2017년 9월 '맹경래 경찰기업촌 당지부 합동작업장'은 '운두(雲投) 그룹 맹경래 경찰기업촌 당지부 합동시범장', '운두 그룹 애국주의 교육시범기지'로 관광지에 공식 현판을 걸었고 시청각교육센터, 운령서재, 당군중 활동센터, 당의 기풍 청정한 정치 교육실 등 건설이 연합하여 가동되었다.

맹경래 '경찰기업촌' 당지부의 공동건설은 광범위한 기층 당간부들의 적극적인 지지를 받아 기층 당지부가 변강 건설, 민족단결, 인민의 행복, 문화번영, 기업발전 등에서 조직적 리더십, 요충지 역할과 모범적인 역할을 충분히 발휘했다. 공동건설 활동과 사업의 전개는 많은 기층 당원 간부들의 적극적인 지지를 받았으며 지역 내 정보, 기술, 인재, 관리, 자금, 토지, 노동력 등 생산 요소의 최적화 배치를 실현했으며 점차 '인민이 부유하고 기업이 흥하며 변강이 안정되고 경찰과 기업 마을이 상호 작용하여 다자간 협력하고 상생'하는 공동건설 목표를 달성했다.

그중에서도 맹경래 관광지 당지부와 경래촌 당지부는 '책으로 지내는 올해의 겨울은 따뜻하네(書暖今冬)'라는 사랑의 책 기부 행사, 환자가 있는 가족과 어려운 직원 위문하기 등의 행사를 여러 차례 조직했다. 2018년 맹경래는 총 19인 차로 가정형편이 어려운 직원을 방문하여 총 8,200위안의 위로금을 기부했다. 그리고 용리촌(龍利村) 52호 빈곤 가구에 시멘트, 유리 기와, TV 등을 기증했는데 인민폐로 환산하면 약 22,000위안이다. 만굉촌(曼轟)위원회 샤오만루(小曼陸)촌의 빈곤 가구에 유리기와를 8만 장, 만산촌위원회 만병중채에 다이기와 1만 장을 기부했다. 그리고 타락진 파량의 백혈병을 앓고 있는 초등학생에게 6889위안을 기부했다.

3) "마을+기업+농가"라는 새로운 협력 모델을 선택하여 공동건설 공동 부유의 목표로 민족단결을 촉진하였다.

2003년 경래 촌민들의 연간 1인당 소득은 1,000위안 미만이어서 현지에서는 가난한 마을로 소문났다. 마을 내 도로는 울퉁불퉁하고 사람과 동물이 섞여 살았다. 그러나 2004년 1월 관광지가 정식 운영 가동이 되면서 금공작 관광그룹(金孔雀旅遊集團)은 많은 자금을 투자하여 인프라를 개선하고 관광자원을 통합하여 성공적으로 국가 AAAA급 관광 명소를 조성했다. 통계에 따르면 2018년 말 기준으로 맹경래 개발 및 건설에 총 1억 4,300만 위안을 투자했으며 그중 명승지의 하드웨어 인프라 구축에 9,479만 9,900위안을 투자했다. 2015년부터 명승지의 연평균 방문객 수는 461,100명이고 연간 평균 총 영업 이익은 1,700만 위안 이상이다. 2018년 경래 마을의 115가구에 540여 명이 1인당 가처분소득이 27,000위안을 초과했다. 지난 2년 동안 시쌍반나주의 현지 취업자 수는 165명에 달했고 현지 근로자에게 1152만 위안의 임금과 임금 수익을 가져다주었다. 동시에 맹경래의 발전은 주변 지역과 타락진의 발전을 이끌었다.

관광지와 마을은 '마을+기업+농가'의 협력 모델을 채택하여 촌민이 기업의 일상 관리에 최대한 참여하고 이익을 공유할 수 있도록 하였다. 협의를 통해 '마을규정 및 촌민 약정'을 제정하고 마을주민협조단을 구성하여 마을주민의 생산과 생활행위를 지도하였다.

4) '관광+농업+특색산업'의 새로운 발전 모식을 계속하여 구축하고 산업 업그레이드와 서비스 전환의 길을 걸었다.

"맛으로 느끼고 편하게 거주하며 여행하고 구매하고 오락을 즐기는"종합적인 관광 레저의 목적지 조성과 입장료 없애는 것을 목표로 산업 업그레이드와 서비스 전환을 근본적인 요구로 하였다. 2017년 맹경래는 현지 정부의 적극적인 조율과 지도 하에 "향수 연화논장원(香水蓮花稻田莊園)"협력 프로젝트를 도입했다. 이 프로젝트는 맹경래 풍경 명승지 계획과 타락진 관광 특색마을 계획과 밀접하게 결합되었다. 총 투자액은 1억 8000만 위안에 이른다.

현재 호화로운 풍격의 향련호텔과 '전원 종합체'의 초기 프로젝트 등이 시운영에 들어가고 있고 연화 제품은 산업 사슬을 형성하여 관광지의 2차 소비를 전면적으로 향상시켰다. 이는 마을 내 관광 체험 프로젝트의 내실을 풍부하게 하였고 관광객들의 맹경래에 머무르는 시간을 연장시켰으며 관광 레저, 재배, 양식, 농업 제품 육성, 전시 판매, 농가 참여를 결합한 새로운 특색의 문화 농업 정원을 형성시켰다

맹경래촌은 아름다운 농촌건설과 지속 가능한 발전이 결합한 발전의 길을 따라 각급 당위원회, 정부의 강력한 지도하에 자신의 장점을 충분히 발굴하고 지방의 우위적인 자원을 끊임없이 통합함으로써 차별화, 특색화, 서비스 표준화 경영모델을 형성하고 국가의 '전역 관광'과 문화관광의 융합발전전략을 관철 실시하여 관광경제의 건전한 발전을 촉진하였다.

또한, 관광경제의 규모화, 산업화경영을 점차 형성하고 1, 2, 3차 산업의 공동 발전을 효과적으로 융합시켜 '전원(田園) 종합체'의 발전 모델을 형성하였다. 이와 동시에 변경지역을 이끌어 관광기업을 선두로 하는 농촌

비농업경제체계를 구축하였다. 이는 공급형 구조개혁을 심화하여 추진하고 현지의 생산방식과 산업구조조정에 유리하였으며 토지이용률을 높이고 재정수입을 증가시키고 관광이익 배당금을 공유할 수 있어 현지 경제와 사회의 전면적인 발전을 촉진하는 데 유리하였다. 최종적으로 관광이 인민들에게 혜택을 가져오고 부강하게 만들며 민족 공동체 발전의 목표를 실현할 수 있었다.

맹경래촌과 관광지의 끊임없는 발전, 성공적인 브랜드 형성은 19차 당대표대회에서 제시한 '아름다운 농촌' 건설과 '농촌 진흥 전략'을 실시하고 민족단결과 진보를 촉진하여 중화민족의 위대한 부흥의 꿈을 공동으로 실현하자는 구체적인 구현이기도 하다.

4. 기업과 마을의 협력, 문화산업 발전 및 민족문화의 보호와 전승

운남성 시솽반나 태족자치주 맹해현 타락진에서 태족을 주요로 하는 맹경래촌은 시솽반나 맹경래관광지유한회사와 합작하여 태족 문화를 핵심으로 하는 문화산업을 개발하여 민족문화를 보호하고 전승하였다.

1) 맹경래 관광지 문화관광산업의 개발

시솽반나 맹경래관광지유한공사는 국유기업 운남금공작관광그룹유한공사(상급기업은 윈두 그룹)에 소속되어 있으며, 주요경영업무는 맹경래 관광지에 대한 경영관리이다. 맹경래 관광지는 중국-미얀마 변경에 있으며 국가급 타락 통상구에서 5킬로미터 떨어져 있어 지리적 우위를 갖고 있으며 '중국-미얀마 제1채'라는 미칭을 갖고 있다. 관광지 면적은 172.84 헥타르로 비교적 완전한 태족 전통 건축 형식, 농경 구조, 생활공간, 민족 종교와 문화풍습을 보존하고 전시했다. 자연경관과 인문 경관을 하나로 집합하여 전통 민족 마을 보호, 농업 레저와 문화 관광 산업의 발전을 유기적으로 결합시킨 생태 관광지이다.

관광지 개발은 보호와 전승, 과학 발전을 중심으로 인력, 물력과 재력의 투입 강도를 끊임없이 높이고 태족 문화를 발굴하고 보급하기 위해 노력하였다. 점차 시솽반나 태족 문화의 보호와 전승의 중요한 기지가 되었고 운남성 내에서 촌락 관광을 발전시키는 전형적 모델을 형성했으며 여러 가지 국가급과 성급 명예 칭호를 수여 받았다.

맹경래 관광지는 2004년 초에 영업을 시작했다. 2010년 1월, 운남성 인민정부로부터 '성급 역사문화촌'이라는 영예 칭호를 수여 받았다. 2010년 2월에는 '운남성 첫 50개 농촌관광 특색촌'의 심사와 허가를 순조롭게 통과하였다. 2013년 1월에 맹경래는 '중국 문화유산 보호와 문화관광개발 맹경래 포럼'을 성공적으로 개최하였다. 중국문화보호기금회로부터 '중국 태족 문화 보호전승 시범기지'와 '중국문화 관광시범기지'라는 영예 칭호를 수여 받았다. 2013년 4월에 중국공산당 운남성위원회 선전부의『중국 국가지리(中國國家地理)』잡지사, 중국공산당 운남성위원회 대외선전판공실, 운남성관광국이 연합으로 수여한 '운남 30개 가장 매력적인 촌락'이라는 칭호를 수여 받았다. 2013년 8월 맹경래는 국가주택도시농촌건설부로부터 제2차 '중국전통촌락'으로 선정되었다. 2016년 10월에 국가농업부가 수여한 '중국의 아름다운 레저농촌' 영예 칭호를 수여 받았다. 2017년 6월 관광지는 운남성급 '환경교육기지'로 선정되었다. 2017년 7월 국가민족사무위원회로부터 '전국 민족단결 진보건설 활동 시범촌'이라는 영예 칭호를 수여 받았다. 2018년 6월에 운남성 관광지 품질등급평정위원회에 의해 국가 AAAA급 관광지로 평선되었다.

18차 당대표대회 이래, 맹경래 관광지는 도약식 발전을 실현하였고 문화와 여행의 융합발전과정에서 '경찰기업촌'이라는 당지부 연합건설의 새로운 모식을 모색하고 구축하여 변강 인민의 부유한 생활과 변경의 안정, 문화번영과 기업발전을 촉진하고 이끄는 기층 당건설조직의 중요한 선도 역할을 충분히 발휘하였다.

이와 동시에 선진적인 태족 전통문화의 지속 가능한 발전이념을 창조적으로 결합하여 보호 과정에 전승 발전하고 발전과정에 전승 보호하며 '촌락+기업+농가'라는 신형의 협력 모델로 '관광+농업+특색문화산업'의 발전의 새로운 국면을 적극적으로 구축하고 '향촌진흥' 전략을 관철 실시하여 촌락의 참여와 촌민의 공동치부를 관광지 발전의 중요한 목표로 삼고 촌민들을 이끌고 순수농업형 촌락에서 점차 1, 2, 3차 산업을 융합하는 종합발전체로 전환하여 경제 효익, 사회 효익, 문화 효익, 생태환경 효익 등 다층적인 효익을 거두었다.

2015년 이래 관광지는 관광객의 입원자 수가 연평균 46만 1,100명에 달하고 영업 총수입이 연평균 1,700여만 위안에 달하였다. 2018년 경래 촌락 내 115가구 540여 명은 일인당 가처분소득이 28,000위안을 초과했다.

2) 맹경래 관광지 문화산업의 종합적인 업그레이드 건설

시솽반나 맹경래 관광지 문화산업의 종합적인 업그레이드 건설 시기는 2018년부터 2022년까지이다. 남전(南傳) 불교 문화와 태족 민족문화를 핵심으로 독특한 열대 경관, 아름다운 전원풍경, 농후한 민족풍토를 특색으로 자연풍경 감상, 변경풍토체험, 종교문화, 태족 문화와 중국-미얀마 문화체험과 보호 전승 등 여러 가지가 일체화된 종합적인 업그레이드 건설을 함으로써 시쌍반나주 내에 문화산업의 종합성발전시범기지를 구축하는 것을 근본목표로 하였다.

(1) '향수연화 논농장' 건설.

2018년 말까지 향수연화 논농장 프로젝트는 이미 약 1억 2,000만 위안의 자금을 투입하였다. 이는 동남아시아의 문화풍토와 연화를 주제로 한 향련주옥(香蓮主屋, 별칭 輕奢華主義風格酒店)의 기초건설 및 장식, 향수 연꽃 재배 연구개발기지와 전원풍경과 농경문화를 주제로 한 칠색 그림전시 프로젝트의 기초건설, 경관 조성, 관광차, 태약남약(傣藥南藥) 재배보급시범기지 등에 투입되었다.

(2) 맹경래 관광지 건설

2018년 말까지 국가 AAAA급 관광지 창설 요구와 결합하여 관광지는 일련의 프로젝트 건설을 진행하였다. 관광지 소프트웨어, 하드웨어 인프라 및 서비스 품질과 수준이 크게 향상되었다. 여기에는 주차장 개조, 소방 배관망 개조, 관광객센터 개조, 매표실 개조, 마을의 미리 남겨둔 자류지의 흙 메우기, 관광지 화장실, 경계비의 화장실과 관광객센터 화장실 개조, 제3 화장실 건설 등 항목이 포함된다. '운남성 중국전통촌락보호 프로젝트'에 의거하여 붉은 벽돌의 도로 개조와 촌락의 수도와 전력망 개조공사를 하였다. 그리고 주요 유람길의 촌락 가옥도 태족의 벽돌로 교체하는 공사도 완료하였다. 그 외에도 태족식 사무구역, 마을 도로 보수, 보안정 건설 공사 등을 마무리하였다. "휴대폰으로 운남을 유람하는" 플랫폼 건설, 시청각교육센터 및 인공지능 관광지 건설 프로젝트도 기본적으로 완성하였다.

3) 기존 문화산업의 향상과 건설

(1) 기존의 태족 문화 진열관을 업그레이드시키고 전통예술과 현대기술이 결합한 태족 전통문화 디지털박물관, 농경 문화관을 건설하였다.

(2) 기존 불교 문화 전시구역의 사원, 탑숲(塔林), 불상 등에 대해 업그레이드하여 개조하였고 중국-미얀마 국경 타락 지역의 남전 상좌부 불교 교류연수센터를 건설하였다.

(3) 경계비 구역을 개조하고 향상시키고 타락 지역의 경계 구역을 따라 중국-미얀마 문화 장랑을 건설하여 변방민들이 변경지역에서 다른 민족과 통상하고 교역하는 자리와 중국-미얀마 문화예술전시구역을 건설하고 강심도(江心島) 구역에는 청소년 야외확장기지를 건설하였다.

(4) 기존의 도자기 제조, 설탕즙 짜기, 제지, 죽편, 비단 짜기 등 태족 전통 기예 전시와 체험 항목을 전면적으로 업그레이드하고 향상시켜 꽃밭의 전망대 구역에 네티즌 왕홍벽(網紅墻, 인터넷으로 소문난 벽)을 건설하여 태족 무형 문화유산과 민간 기예를 효과적으로 보호하고 전승하였다. 동시에 관광지의 관광 내용을 풍부히 하여 관광객의 참여도와 체험도를 강화하였다.

4) 관광지 문화체험 프로그램과 민족풍속문화전시프로그램을 깊이 있게 발굴하고 개발하였다.

주로 죽 문화, 향낭 문화, 전지 문화, 태족 종이우산 제작 기예, 태족 은 문화, 패엽 문화, 선(禪) 수행 문화, 팽이 문화, 미얀마 탄족(撣族) 생활 전시, 태족 문화 공연 프로그램, 모래 그림 등 전시와 체험을 포함한다. 물뿌리기 축제, 개문절, 관문절, 태족 전통혼례축제, 음력설, 연화절, 경로절 등의 전통축제문화를 충분히 발굴하여 정기적 혹은 비정기적으로 문화축제를 개최하였다. '경찰기업촌' 당지부애서는 연합건설기지, 애국주의교육, 기층 당건설시범기지에서는 민족단결, 변강 당건설, 변강의 애민과 변강의 안정교육, 애국주의교육 등 홍색문화 주제의 교류 활동을 광범위하게 전개하였다.

5) 향후 5년 내 문화산업 종합 건설 프로젝트

중국에서 '농촌 진흥', '문화 자신감' 전략, '아름다운 농촌' 건설 등을 정책의 일환으로 내 세운 환경하에서 타락고속도로와 범아(泛亞) 철도건설 등은 날로 편리해지는 교통환경우세를 결합하여 타락 통상구 향상, 타락 특색관광마을 계획건설 및 '전원 종합체' 프로젝트 시범기지 건설을 융합하여 맹경래 관광지 전환과 업그레이드 사업을 완수할 것이다. 그리고 맹해현당위 현정부 중점감독처리프로젝트 '향수연화 논농장'은 2기, 3기 건설을 완수할 것이다. "휴대폰으로 운남을 유람하는" 사업과 결부하여 맹경래 지능화 관광지 건설을 추진하고 제반 소프트웨어와 하드웨어의 기초시설건설을 보완하여 맹경래 관광지의 문화와 여행의 융합발전

자원의 우세와 발전의 잠재력을 발휘하고 발굴할 것이다.

그 밖에 맹경래의 특수한 지리적 위치, 역사문화와 지역 환경에 따라 지속 가능한 발전 전략에 따라 종합서비스 구역, 란미(瀾湄) 합작 종교문화교류센터, 타락강 다민족문화전시센터, 중국-미얀마 풍토섬을 기획하고 있다. 맹경래 관광지를 남전 상좌 불교 문화와 태족 민족문화를 핵심으로 독특한 열대 경관, 아름다운 전원풍경과 짙은 민족풍토를 특색으로 하는 자연풍경감상, 변경풍토체험, 종교문화, 태족 문화와 중국-미얀마 문화체험, 과학기술보급환경교육의 보호와 전승 등 다기능을 일체화한 국가급 풍경명승지 외곽관광지를 건설할 것이다.

이와 동시에 맹경래는 발전계획에서 대량의 자금을 기초시설, 문화시설, 공공 서비스, 지혜 관광건설과 건강생활 목적지 등 항목의 건설에 투입함으로써 "먹고 자고 구경하고 놀고 구매하고 오락하고 배우고 알고 가르치고 건강하고 양생하고 거주하는" 일체화가 어우러진 종합적인 장소를 형성할 것이다. 맹경은 지방 자원을 통합하여 차별화되고 특색화된 경영모델과 관광경제의 규모화되고 산업화된 경영모델을 점차 형성하여 국경 지역을 이끌어 현지 경제와 문화, 그리고 환경과 사회의 전면적인 발전을 추진할 것이다.

5. 나가며

옥마(玉磨) 철도 경홍 구간의 전 구간 착공 및 국가 고속도로망 G8512인 '경홍(景洪)-맹해-타락' 구간 도로건설의 가동에 따라 국가가 '일대일로' 전략을 실시하는 대환경하에서 정부는 중국과 미얀마와의 협력 메커

니즘을 한층 더 보완하고 '금사각' 국제관광권의 다국간 관광선로를 서둘러 구축하는 사업추진을 가속하고 있다. 맹해현 인민정부와 협력하여 '국경+'를 모식으로 변방무역 특색, 거주문화, 레저와 건강 양생, 관광혁신이 일체화된 타락변경의 특색있는 관광 소도시 건설사업은 타락 통상구 관리 통제 프로젝트와 유기적으로 융합시켰다.

2020년 이후 변경지역 민족문화관광은 좋은 발전기회를 맞이할 것으로 예상된다. 그러므로 관광시장의 우세자원을 효과적으로 통합하고 타락진 및 맹해현 내 전체 관광 종합서비스의 질을 제고하며 여행 관련 기업의 형태전환과 고도화의 발걸음을 다그치며 문화산업과 관광 산업의 융합프로젝트를 적극 발전시키는 등 사업은 한시도 늦출 수 없다. 시솽반나 맹경래 관광지 문화산업의 종합적인 업그레이드 건설에 따라 맹경래 관광지 관광시장의 발전전망은 갈수록 좋아질 것이다.

이 글은 귀주성 준의시, 개래시, 뢰산현 삼리현의 세 개 민속촌과 운남성 맹해현의 1개 민속촌, 흑룡강성 녕안시의 3개 민속촌과 탕원현 탕왕향의 민속촌을 연구대상으로 하였다. 귀주성 준의시 평정흘로족향 홍심촌은 제1회 중국소수민족 특색마을로, 검동남 묘족동족자치주 개리시 삼과수진 남화촌 남화묘채는 제2회 중국소수민족 특색마을로, 검동남 묘족동족자치주 뢰산현 랑덕진 상낭덕촌 랑덕상채는 제2회 중국소수민족 특색마을로, 운남성 시솽반나 태족자치구 맹해현 타락진 맹경래촌은 2013년 중화인민공화국 주택과 도시향진건설부로부터 제2회 중국전통촌락으로 선정되었다. 그리고, 흑룡강성 녕안시 발해진 강서조선족촌, 발해진 향수조선족촌과 강남조선족향만족향 명성조선족촌 세 마을에서 강서촌은 2012년 중화인민공화국주택과 도시향진건설부로부터 제1회 중국전통촌락으로, 탕원현 탕왕조선족향 8개 조선족 마을에서 금성촌은 중국향촌관광중점촌, 중국아름다운레저향촌, 제6회 중국전통촌락으로 선정되었다. 이 글은 위와 같은 마을을 사례로 소수민족 특색마을의 전통문화 보호 현황과 인터넷시대 문화전파의 건설 경로를 연구하였다.

1. 소수민족 특색마을의 전통문화 보호 현황

소수민족 특색마을의 문화는 바로 소수민족 특색마을의 문화장의 재현
이다. 소수민족 특색마을의 문화전파는 소수민족 특색마을의 경제발전에
유리할 뿐만 아니라 여러 민족의 내왕과 교류, 융합을 촉진하고 중화민족
공동체의식을 확고히 구축하는 데 도움이 된다.

1) 귀주성 세 개 소수민족 특색마을의 민족전통 문화의 보호 현황

귀주성 준의시 평정로족향 홍심촌은 26개의 촌민 소조로 구성되어 있
고 926호에 4,026명이다. 그중 흘로로족이 530호에 1,635명, 이족이 35호
에 165명, 묘족이 5호에 18명이다.[1] 촌민의 주요 경제적 수입 내원은 타지
에서벌어들인 것과 농업에서 오는 수입이다. 홍심촌의 민족문화 특색에는
'화합(和合)' 문화, 흘신절(吃新節) 문화, 답당무(踏堂舞) 문화 등이 있다.

검동남 묘족동족자치주 개리시 삼과수진 남화촌 남화묘채는 현재 227
호에 879명, 마을은 소수의 시집온 한족 며느리 외에 모두 묘족이다. 촌민
들의 경제수입 내원은 주로 타지에 가서 하는 노동에서 오는 수입, 농업
수입, 관광수입이다. 남화촌의 민족문화는 풍부하다. 건란식 건축문화, 긴
묘족 치마, 소뿔 복식문화, 묘년, 고장절 등 명절 문화, 기독교 신앙문화,
생황춤 가무 문화 등이 있다.

검동남 묘족동족자치주 뢰산현 랑덕진 상랑덕촌 랑덕상채는 네 개의 자
연채, 6개의 촌민 소조가 있다. 현재 촌민은 194호에 910명이며 십여 명의

---

1   周天龙,《仡佬族 "踩堂舞" 变迁, 传承与发展研究》, 贵州师范大学硕士论文, 2018.

시집온 한족 며느리를 제외하고는 모두 묘족이다. 촌민의 경제수입은 주로 관광수입, 타지 가서 노동한 수입, 농업 수입이다. 상랑덕촌 민족문화는 매우 풍부하다. 고건축 문화, 은장식 문화, 술 문화, 가무 문화, 명절 문화, 음식문화 등이 있다.

귀주성의 세 마을은 모두 국가급 소수민족 특색마을이며 대표성과 전형성을 띠고 있으며 서로 다른 환경과 유형의 소수민족 특색마을을 대표한다. 홍심촌은 한족 집거지역에 있고 한족 문화의 영향을 많이 받았다. 비록 관광개발을 진행한 적이 있지만 실패하였고 마을의 민족문화 보호와 문화전파는 준엄한 시련에 직면하고 있다.

남화촌은 소수민족 집거지역에 있으며 민족문화 분위기가 농후하고 민족관광도 발전시키고 있지만, 민족관광은 불경기이고 촌민들의 사상 파동이 비교적 크다. 마을의 민족문화 보호와 문화전파는 어려움과 도전에 직면하고 있다.

상랑덕촌은 소수민족 집거지역에 있으며 민족문화 분위기가 농후하다. 민족관광발전추세가 비교적 양호하고 민족문화 전파도 비교적 좋은 효과를 거두었지만, 민족문화 보호와 전파는 현대화와 시장화라는 도전에 직면했다.

이렇게 세 마을은 서로 다른 유형의 소수민족 특색마을을 대표하고 있고 소수민족 특색마을의 세 가지의 서로 다른 문화전파 현황을 대표한다. 그러므로 홍심촌, 남화촌, 상랑덕촌을 대상으로 소수민족 특색마을의 문화전파와 건설 경로를 연구하는 것은 일정한 타당성과 과학성을 지니고 있다.

2) 운남성 소수민족 특색마을의 민족 전통문화 보호 현황

운남성 시솽반나 태족자치주 맹해현 타락진 맹경래촌은 전형적인 태족 전통촌락으로서 민족전통문화가 비교적 잘 보존되어 있다. 맹경래촌은 면적이 5.6km²이고 경지면적은 1200무이다. 마을은 중화민국 시대에 형성되었다. 마을 인구는 116호에 560명이다. 소수민족 태족이 대부분을 차지하는데 548명이다. 주요 산업은 용과, 고무이다. 2003년 자연스럽게 형성된 맹경래촌을 중심으로 기업과 협력하여 중국-미얀마 변경의 맹경래 관광풍정구(风情区) 개발하였다. 2004년 1월 관광풍정구는 시영업에 들어갔고 2018년 6월에 국가 AAAA급 여행지로 선정이 되었다. 2015년 이래 여행지는 여행객 입장 수가 연평균 46.11만 명으로 영업 총수입은 연평균 1,700여만 원이다. 2018년 말 기준으로 농촌주민들이 지배 가능한 수입은 2.8만 원이다.

맹경래촌의 민족전통문화는 보존이 비교적 잘 되어있다. 맹경래 촌락을 중심으로 하는 맹경래 관광지 구역에는 비교적 완전한 태족 전통 건축양식, 농경 구조, 생활공간, 민족종교와 문화풍습을 보존하고 구현했다. 자연 경관과 인문 경관이 하나의 일체가 되어 전통촌락 보호, 농업 레저와 문화 관광 산업의 발전을 유기적으로 결합한 전통촌락이다. 맹경래촌은 민족 전통문화를 보호하고 전승하는 데 적극적인 탐색과 유익한 시도를 했다. 태족 전통문화 프로젝트를 전시하였고 무형문화유산 전승을 위한 태족 문화 진열관을 건설하고 전통기예전시체험기지를 설립했다. 그리하여 태족의 역사, 전통명절, 공작 무용, 패엽(貝葉) 문화 등에 대해 그림과 글을 결합한 전시를 했다. 또한, 태족의 노동, 생활 속의 많은 전통그릇, 도구를 수집하여 태족 생활의 원시 상태를 최대한 복원했다. 또한, 마을 내에 태족의 느린 바퀴 도자기 제조, 수공 제지, 쇠 치기, 태족의 수공 직포, 전통적인 사탕 만들기, 술 빚기 등 전시실 10여 개를 설치하여 관광객에게 태족의 풍부한 민족 전통문화를 전시했을 뿐만 아니라 동시에 태족 문화도 전승하고 보호하였다.

맹경래촌은 민족문화 전승에 적극적인 노력을 기울였다. 맹경래촌은 남전 불교 문화와 태족 민족문화를 핵심으로 한다. 독특한 열대 경관, 아름다운 전원풍경과 짙은 민족풍토를 특색으로 자연 풍광을 감상하고 국경의 풍토를 체험하고 종교문화, 태족 문화, 중국-미얀마 문화를 체험하고 보호하며 전승할 수 있는 다양한 기능을 하나로 합쳤다.

'경찰기업촌' 당지부의 연합건설기지와 애국주의교육센터, 기층 당건설 시범기지에 힘입어 민족단결, 변강 당건설, 안민고변(安民固邊, 인민의 생활을 안정시키고 변강을 굳건히 지킨다), 애국주의교육 등 홍색문화 주제의 교류 활동 등을 광범위하게 전개하였다.

3) 흑룡강성 녕안시와 탕원현 소수민족 특색마을의 민족 전통문화 보호 현황

녕안시는 흑룡강성 동남부에 있고 면적은 7,924km²이다. 중국 최대의 고산언새호, 세계지질공원, 국가 5A급 풍경구 경박호가 있다. 녕안은 유구한 역사유적과 풍부한 자연자원. 인문지리로 선후로 흑룡강성 제일역사문화성, 전국제1문화현, 국가급레저농업과 향촌관광모범현, 전국양식생산선진시, 전국녹색식품생산원료기지현, 중국화산암벼고향 등 10여 개의 국가급 성급 영예를 안았다. 2019년 녕안의 총인구는 408,425명이고 세 개의 조선족민족향이 있다. 조선족 인구는 총인구의 7.8%이다.[2]

흑룡강성 녕안시 명성촌, 강서촌, 향수촌 등 3개 조선족촌은 독특한 문화자원우위를 갖고 있다. 녕안시의 조선족 '유두절'(2007), 조선족 '향수 벼 재배기술'(2009), 조선족 떡(2015), 조선족 냉면(2015), 조선족 김치(2015), 조선족 윷놀이(2016), 조선족 전통음식(2016)은 흑룡강성 무형문화유산에 등재되었다.

유두절은 농업 풍년과 사람들의 건강을 기원하는 조선민족 고유의 전통 명절로 신라 때부터 전해져 오다가 조선 후기에 중단됐다가 회복하지 못하고 200여 년간 사라졌다. 2005년 민속학자 천수산 교수의 발굴 정리와 지도 아래 녕안현 발해진 강서촌에서 제1회 유두절 축제가 열렸다. 유두절은 2007년 흑룡강성 성급 무형문화유산으로 등록됐으며 2012년 녕안시 인민대표대회 상무위원회에서 녕안시 시민의 날로 확정됐다. 2022년까지 유두절은 총 12차례 성대한 행사를 개최했다. 향수 쌀 문화도 있다. 발해진 지역 향수 쌀은 1만여 년 전 화산 폭발 후 마그마가 남긴 석판 위에서 자란 석강판 쌀이다. 품질이 우수하고 향기가 진하여 매우 유명하다. 2009년 6월, '향수 벼 재배기술'이 흑룡강성 무형문화유산으로 등록되었다. 향수 벼 재배기술, '향수 쌀' 품질에 관한 연구, 향수 쌀 식용문화, 유명 브랜드문화 등은 향수 쌀 문화를 이루고 있다.

명성촌에는 조선족촌락이야기 기념관이 있다. 기념관에는 조선족 이주사, 조선족 거주문화, 인생 예의 문화, 이민자의 구술문화, 조선족 교육으로 나누어 전시하고 있다.

---

2   参考2019年宁安市国民经济和社会发展调查统计表

탕원현은 흑룡강성 동북부에 위치해 있고 삼강평원 서부에 있으며 총 면적은 3,420km²이다. 탕원현에는 대량자하국가삼림공원, 항일유적지, 음마호, 영산 등 명승고적과 유적지가 있다. 탕원현은 혁명문물보호현성, 전국 주요농작물생산 기계화실현 시범현, 전국농촌청결행동 선진현, 청산녹수 금산은산 실천창신기지 등으로 선정되었다. 2020년 탕원현의 총 인구는 173,688명이고 1개의 조선족향이 있다.

탕왕조선족향은 2019년 기준으로 14개 마을이 있는데 그중 조선족 마을은 금성촌, 홍기촌, 태양촌, 동광촌, 홍광촌, 오성촌, 성광촌, 화성촌으로 8개이다. 총 3081호에 11,946명으로 조선족향 인구의 78%를 차지한다. 금성촌은 삼강평원 조선족 제1촌, 중국향촌관광중점촌, 중국 아름다운 레저향촌, 중국향촌관리 시범촌, 제6회 중국전통촌락 등의 영예를 안았다. 금성촌은 역사민속관, 조선족풍정원, 민족대무대, 노인문구장 등을 설립하고 녹색산업생산기지, 조선족식품산업단지 등을 조성하였다.

2. 소수민족 특색마을의 민족문화 보호와 전승에서 존재하는 문제점

1) 소수민족 특색마을 민족문화의 유실이 심각하다.

마을의 민족문화는 소수민족 특색마을 문화전파의 기초로 마을의 민족문화 유실은 소수민족 특색마을 문화전파의 초석을 직접 흔드는 것과 같다. 인터넷시대에 소수민족 특색마을의 민족문화가 유실되는 현상은 매우 심각하다. 인터넷은 민족 촌락이 내향형 지역 사회에서 외향형 지역 사회로 전환하는 속도를 가속시키고 촌락 민족문화와 주류문화의 문화 접촉면을 넓혔으며 점점 더 많은 주류문화 요소가 소수민족 특색마을로 유입되어 촌락 민족문화의 생존공간을 더욱 압박했다.

특히 일부 실용성이 비교적 강한 촌락문화는 대체되고 유실되는 준엄한 시련에 직면하고 있다. 이를테면 귀주 일부 소수민족의 건란식 건축문화, 민족 복식문화, 촌락 생계문화 등은 유실의 준엄한 시련에 직면하고 있다. 상랑덕촌의 묘족 고가문화가 유실되고 있다. 신세대의 묘족 청년들은 대부분 묘족 고가를 부르지 못하며 이 방면의 내용을 학습하려는 사람도 아주 적다.

그리고 운남성 운남서남 태족 전통도자기 기예는 역사가 유구하고 공예가 뛰어나 1980년 초까지 적어도 30개 촌락이 전통적인 도자기 기업을 유지하고 있었다. 시쌍반나 태족의 전통적인 도자기 제조 기예는 순수한 수공 제작에 속한다. 느린 바퀴는 원시 인류가 손으로 도자기를 빚는 것을 배운 후에 발명한 가장 중요한 도자기 제조 도구이다. 이것은 도자기의 기벽을 두껍고 균일하게 하여 모양을 더욱 아름답게 한다. 그러나 느린 바퀴는 빠른 바퀴기술로 대체되었다. 왜냐하면, 빠른 바퀴는 대량의 생산 요구를 만족시키기 때문이다.

오늘날까지 사람들은 느린 바퀴의 모습을 거의 볼 수 없다. 또한, 흑룡강성 녕안시와 탕원현의 조선족 민속촌은 조선족 전통문화의 유실이 아주 심각하다. 최근 몇 년 동안 조선족 민속촌은 마을에 결혼한 사람이 거의 없고, 신생아가 거의 태어나지 않았다. 즉 마을에서 결혼식, 돌잔치를 개최한 사람이 거의 없다. 조선족의 관련 민속 전통은 전승하기 어렵고 점차 유실되고 있다.

2) 소수민족 특색 촌락 민족문화 보호와 전승 주체의 유실이 심각하다.

민족전통문화의 보호와 전승 및 문화자원의 개발은 민족전통문화의 보호와 전승의 주체인 본 민족의 촌민이 있어야 하고 특히 젊은이들의 적극적인 참여가 필요하다. 그러나 개혁개방 이후 사회주의 시장경제의 발전, 농업기계화와 농업경작기술의 진보에 따라 농업과 농촌의 대량의 잉여 노동력이 도시에 가서 노무에 종사하고 장사를 하였으며 농촌의 청장년노동력이 대량으로 도시에 진입하였다. 따라서 소수민족 특색마을의 민족문화 보호와 전승 주체는 시련에 직면했다. 귀주성 준의시, 검동남 묘족동족자치주의 3개 촌락, 운남성 맹해현 맹경래촌에서 외지에 나가 일하는 청장년층이 50% 이상을 차지한다. 특히 흑룡강성 녕안시의 3개 조선족 민속촌의 청장년층은 도시, 특히 한국에 가서 일하는 사람들의 비례가 더욱 크다. 녕안시의 3개 마을의 호적인구는 1000~1500여 명이지만 실제로 거주인구는 100~300명에 불과한데 주로 노인과 일부 아동들이다.

3) 소수민족 특색마을 문화전파 모식이 낙후하다.

기존의 소수민족 특색마을의 문화전파 모델은 주로 전통형 전파경로, 정부형 전파경로, 관광형 전파경로 등으로 구성되었다. 이러한 전파경로는 마을 사람들의 사회 교류, 정부의 권력, 관광의 사회적 효과에 의해 마을 민족문화를 전파하는데 그 한계가 많고 전파 효율이 낮으며 전파 효과도 뚜렷하지 않다. 이 글에 나열된 귀주성, 운남성, 흑룡강성의 몇 개 마을은 주로 관광형 전파경로이다. 특히 흑룡강성의 녕안시와 탕왕향 마을의 경우, 민족관광의 브랜드 구축, 민족관광의 효익 향상, 더 많은 자금과 자원을 유치해야 한다. 그러자면 사회자금의 투입과 정부 부서의 정책 지원 등 분야에서 시급히 해결해야 할 문제가 많다.

4) 소수민족 특색마을 문화가 인터넷 전파 매체에 대한 활용이 부족하다.

인터넷시대에 인터넷 보급은 소수민족 특색마을의 문화전파에 새로운 동력을 가져왔다. 소수민족 특색마을의 문화는 전통형, 정부형, 관광형 전파경로와 인터넷의 연계가 점점 밀접해지고 전파 효율과 효익이 모두 강화되었다. 게다가 1인 1 미디어 매체는 점차 소수민족 특색마을 문화전파의 중요한 역량으로 되었다. 이러한 전파경로는 상호간 협력하여 소수민족 특색마을의 문화전파 패턴을 공동으로 구축해야 한다. 인터넷기초시설건설이 비교적 완벽하고 촌락 내의 4G 신호가 양호하며 거의 집집마다 인터넷 텔레비전이나 폐로 텔레비전을 설치하고 있으며 일부 가정에는 이미 광대역을 설치하였다.

귀주성 홍심촌, 남화촌과 상랑덕촌이 있는데, 가장 큰 문제는 부동한 연령의 촌민들이 인터넷을 이용하여 소수민족 특색마을의 본 민족문화의 전파에 관심을 돌리지 않는다는 것이다. 운남성 맹해현 타락진 맹경래촌의 민족문화 전파는 맹경래 관광지의 민족문화 전파와 밀접한 연계가 있다. 관광지는 인터넷 건설과 인터넷을 이용하여 민족문화와 관광브랜드를 소개하는 데 중시를 돌리고 있지만 맹경래 촌민들은 인터넷에 익숙하지 못하며 인터넷을 이용하여 본 마을의 전통민족문화를 전파한다는 것은 더욱 어려운 일이다. 흑룡강성 녕안시의 3개 조선족 민속촌과 탕왕조선족향은 인터넷사이트를 건설하지 않았으며 민속촌의 전통민족문화 전파는 모두 종이 선전품과 관광객들의 구두 소개 선전에 의거했다. 촌민들의 휴대폰과 텔레비전은 주로 개인 통신과 오락의 도구로서 본 민족의 전통민족문화를 전파하는데 기본적으로 역할을 하지 못하였다.

3. 인터넷시대 소수민족 특색마을의 문화 전파경로 방안

1) 전방위로 마을 민족문화를 전승하고 보호하는 것을 전파의 기초전략으로 삼아야 한다.

경제 일체화의 진행이 빨라짐에 따라 문화 다원화의 중요성과 필요성도 더욱 두드러졌다. 문화 다원화는 중국의 소프트 파워의 구현이자 사회발전의 주요 추세이다. 그러나 현재 소수민족 특색마을의 문화는 큰 어려움과 도전에 직면하고 있고 민족문화는 날로 유실되고 있다. 촌락 민족문화는 소수민족 특색마을 문화전파의 기초이므로 소수민족 특색마을의 문화를 확실하게 전승하고 보호해야 한다.

마을 문화는 또 하나의 복잡한 문화체계이기 때문에 마을 문화를 전승하고 보호하는 것은 전방위적이고 다차원적이어야 한다. 물질문화는 소수민족 특색마을 문화 중에서 변천 속도가 가장 빠른 부분이기 때문에 소수민족 특색마을의 물질문화에 더욱 관심을 가지고 그 경제적 가치와 사회적 가치를 충분히 발굴하여 촌락 특색의 물질문화에 새로운 생기를 불어넣어야 한다.

정신문화의 변천 속도는 비교적 느리지만, 마을 민족문화를 전승하고 보호하는 데 가장 관건적인 일환이다. 촌민들로 하여금 촌락 민족문화의 내포와 가치를 이해하게 하고 근본적으로 촌민들의 민족문화 보호 의식을 불러일으켜야 한다. 촌민들을 소수민족 특색의 촌락문화 전승, 보호와 전파의 지속적인 동력으로 되게 해야 한다.

2) 문화 본위로 돌아가 민족 마을의 문화 특색을 살리는 것이 전파 목표의 전략이다.

인터넷시대에 소수민족 특색마을의 문화전파는 반드시 문화 공리성의 그늘에서 벗어나 문화 본위로 돌아가 문화 전파로 민족 촌락문화 특색을 살리고 문화 전파로 각 민족의 교류와 융합을 촉진하며 중화민족공동체 의식을 확고히 다지기 위해 양호한 문화 기초를 다져야 한다.

현재 일부 소수민족 특색마을의 문화전파 목표는 공리성을 지나치게 강조하여 민족문화의 상품화, 저속화, 민족문화 전파의 일면화 등 부정적인 결과를 낳고 소수민족 특색마을 문화의 장기적인 효익과 안정, 체계적인 전파에 불리하다. 오직 문화 본위로 돌아가 민족 촌락의 문화 특색을 살리는 것을 목표로 촌락의 '전문명함'을 만들어야 더욱 좋은 전파 효과, 민족 문화교류융합애 달성할 수 있으며 더욱 좋은 경제 효익을 가져올 수 있고 중화민족공동체의식을 확고히 하기 위한 문화 기초를 다질 수 있다.

3) 인터넷의 장점을 충분히 발휘하고 입체화된 전파 체계를 구축하는 것이 전파의 전략이다.

인터넷시대에 인터넷은 소수민족 특색마을 문화전파의 가장 관건적이고 가장 중요한 전파 매체이다. 인터넷 전파 매체의 장점을 충분히 발휘하면 전통적인 전파경로의 부족함을 극복할 수 있을 뿐만 아니라 소수민족 특색마을의 문화전파의 효과도 향상시킬 수 있다.

인터넷 전파 매체의 장점을 충분히 발휘하려면 먼저 소수민족 특색마을의 문화 특색 사이트를 만들어야 한다. 사이트 내에 문자, 사진, 오디오, 동영상 등 형식의 전면적이고 입체적인 소수민족 특색마을의 문화 전모를 보여주고 소수민족 특색마을의 문화 매력을 충분히 보여줘야 한다. 귀주성 랑덕상채, 남화묘채 부근의 서강천호묘채의 공식 사이트가 바로 아주 좋은 실례이다. 사이트의 내용이 풍부하고 문자, 사진, 영상 등으로 민족문화를 생동하고 입체적으로 전시했으며 관광 소식도 공지한다. 다음으로 민족 마을 내부의 문화전파 미디어 건설을 강화해야 한다. 외부의 전파 미디어에 비해 민족 마을 내부의 전파 미디어는 더욱 진실하고 전면적이며 소수민족 특색마을의 문화전파에 유리하다.

4) 인터넷시대의 새 촌민을 양성하는 것은 전파의 주체 전략이다.

인터넷시대에 마을 민족문화와 마을 민족문화 전파는 모두 비교적 큰 변화가 생겼지만, 마을 사람들은 여전히 마을 민족문화의 가장 중요한 문화 매개체이자 전파 주체이며 마을 민족문화 전파의 신뢰할 수 있는 보장인이다. 그러나 촌민들의 전통적인 사상관념과 결핍한 인터넷 지식과 기술은 촌민들의 적극성과 문화전파 효과를 제한하였다. 그러므로 인터넷시대의 새로운 촌민을 양성해야 하며 새로운 촌민은 더욱 적극적인 태도, 더욱 높은 민족문화자질과 더욱 높은 인터넷기술수준을 구비해야 한다. 오직 새로운 촌민만이 촌민의 우세를 더욱 잘 발휘하여 소수민족 특색마을의 문화전파의 효과를 확실하게 강화시킬 수 있다.

상술한 바를 종합하면, 새로운 시대에 중화민족공동체의식을 확고히 다지는 것은 현재 민족사업의 주선이기에 각 민족의 교류와 융합 촉진을 꾸준히 이어나가야 한다. 소수민족 특색마을의 민족문화 전파를 계속 추진하고 인터넷의 우위를 충분히 발휘하여 입체화된 촌락 민족문화 전파 체계를 구축하여 소수민족 특색마을의 문화전파가 아름답고 조화로우며 문화 분위기가 농후한 신형의 소수민족 특색마을의 건설을 추진해야 한다.

천진조선족사회의 문화행사 현황과 중국조선족 문화 담론

1. 천진의 역사적 연혁과 천진조선족사회의 형성

천진은 600여 년의 역사를 가지고 있는 도시로서 중국 고대사에서 유일하게 정확한 도시 건설시간이 기록된 도시이다. '천진(天津)'이란 지명은 '천자가 지나는 나루터(天子渡津)'란 뜻으로 이는 황제가 하사한 명칭이다. 명나라 황제 주체(朱棣)는 고하(沽河)를 건너면서 출병하고 군사를 일으켜 왕위 찬탈에 성공한 후 영락제 2년 음력 11월 21일(1404년 12월 23일)에 "성을 쌓고 강을 만드는데 이름을 천진이라 하사한다(筑城浚池, 賜名天津)"라는 유지를 내렸다. 명나라 문인 이동양(李東陽)의 〈삼관사당의 비석 기록을 중건하며〉의 비석 기록에는 "천진은 천자의 차와 말이 지나간 곳이다"라는 글이 있다. 천진은 성을 쌓고 방위를 실시하여 군사 요충지가 되었으므로 천진위(天津衛)라 불렸다. 이는 천진이 도시로서의 새로운 시작을 의미한다. 그 후에는 천진좌위(天津左衛), 천진우위(天津右衛)를 더 증설하였다. 청나라 순치(順治) 9년(1652년), 천진위, 천진좌위, 천진우위 삼위를 합병하여 천진위라 하고 민정(民政), 소금 운수, 세금 징수, 군사 등 부분을 설치하였다. 옹정(雍正) 3년(1725년)에 천진위는 천진주(天津州)로 승격되었고 옹정 9년에 천진주는 천진부(天津府)로 승격되어 6현(縣) 1주(州)를 관할하였다.

청나라 말, 천진은 직예총독부의 주둔지로서 이홍장(李鴻章)과 원세개(袁世凱)가 양무운동(洋務運動)을 전개하고 북양군벌 세력을 발전시키는 주요 기지가 되었다. 1860년 영국과 프랑스가 연합하여 천진을 점령한 후 천진은 강제로 통상 개항지가 되었으며 서방 열강들은 천진에 조계지를 설립하였다. 1900년에 8국 연합군이 천진을 공략하여 점령하였다. 1901년, 8국 연합군으로 이루어진 천진도통아문(天津都統衙門)은 성벽을 허물게 하였다. 당시 천진은 중국에서 제2의 상공업도시였고 북방최대의 금융, 상업, 무역중심지였다. 군사 근대화, 철로, 전보, 전화, 광석, 근대 교육, 사법 등 분야의 건설이 모두 천진으로부터 시작되었다.

북양정부 시기(1912~1928)의 중화민국 초기에 천진은 정치 무대에서 중요한 역할을 담당하였다. 정계에서 배척당한 정치인이나 청나라의 유로(遺老)들은 조계지에 피난하여 복벽을 꿈꾸는데 여기에는 민국 총통 채원홍(蔡元洪)과 청나라 폐제(廢帝) 부의(溥儀)가 있다.

남경 국민정부(1927.4.18.~1948.5.20)인 1928년 6월, 국민혁명군이 천진을 점령하고 천진특별시를 설립하였다. 1930년 6월에는 천진특별시를 남경 국민정부 행정원 직속의 천진시로 개정하였으며 11월에는 하북성 성 소재지를 북평(北平)에서 천진으로 옮기고 천진특별시를 성 소재지로 하였다. 그리고 1935년 6월에 하북성 성 소재지를 보정(保定)으로 옮기면서 천진은 다시 직할시로 되었다. 그 시기 천진과 상해는 국민당 정부의 중요한 직할시로서 '북천진, 남상해'라고 불릴 정도로 거점 도시였다.

일제강점기(1937-1945), 일본은 천진에 대해 무력통치를 실시하여 제멋대로 불을 지르고 죽이고 빼앗고 약탈하였다. 게다가 수재로 인해 천진은 명실공히 인간 지옥으로 변하였다. 일제강점 초기에는 조계지들이 비교적 안전했으나 태평양전쟁 폭발 후에는 많은 나라들이 전쟁에 휘말리면서 조계지도 안전지대가 못되었다.

전쟁해방 시기(1946-1949), 일제가 패망한 후 내전을 거쳐 1949년 1월 15일 새벽 5시에 인민해방군 돌격대는 금탕교(金湯橋)에서 승리적으로 회합하여 17일 당고(塘沽)를 해방하면서 천진은 전면 해방되었다.

현대에 들어서서 천진은 1949년에서 1958년 2월까지 중앙직할시였다가 1958년 2월 하북성에 소속되었으며 1967년 1월 다시 직할시로 회복되었다. 천진은 북경, 상해와 함께 중국 3대 직할시의 하나가 되었고 2006년 3월 22일 국무원 상무회의에서는 천진을 "환발해 지역 경제 중심지, 국제 항구도시, 북방 경제 중심, 생태 도시"로 확정하였다.

조선 근대사에서 조선인이 천진에 잠시 체류한 사례로는 1881년 영선사(領選使)의 천진 연수, 1882년 흥선대원군의 보정으로의 인수 등이 있었지만 조선인들이 생활근거지로서 천진에로의 유입은 1910년 한일병합 이후이다. 일본은 조선을 강제 합병하고 경제적으로도 강제 약탈 정책을 실시하였다. 조선 국토의 50.4%가 조선총독부의 불법 점유가 되어 대부분 농민은 토지소유권을 잃고 호구조차 어려울 지경이었다. 생계를 위하여 많은 조선인들은 중국 동북으로 이주하였다. 중국 동북이나 관내로의 이주자들이 급격히 늘어나는 속에 천진의 조선인 이주자들은 독립운동을 목적으로 온 독립투사들, 중국 근대 교육의 중심지인 천진에 유학하러 온 유학생들, 소상인, 농민, 노동자 등으로 이루어졌다. "1940년 천진의 조선인은 약 7만 명에 달했는데 1945년 일본이 패망한 후 천진 지역 조선인들은 대부분 귀환하였다."[1]

---

1 梁志善,「天津地域韓国独立运动遗迹」,『华北, 东北区域史中韩工作坊国际学术研讨会资料集』,

1949년 중화인민공화국이 창립된 이후, 천진조선족은 조선반도로 귀환하지 않고 남은 일부 조선인과 이후의 일자리 전근자, 혹은 대학을 졸업하고 새로 일자리를 찾은 대학생들로 구성되었다.

1979년 개혁개방 정책이 실시됨에 따라 동북 3성에 거주하던 조선족들은 농촌을 떠나 해외나 연해도시로 대거 진출하였다. 더불어 1992년 중한수교 이후 삼성, LG, 현대, 대우, 금호 등 한국 대기업들이 천진으로 진출하면서 1만여 명의 조선족들이 회사에 취직, 그들의 가족까지 합하여 인구가 급격히 증가하였다.

2010년 제6차 인구조사에서 천진 호적의 조선족 인구는 18,464명으로, 2020년 제7차 인구조사에서는 16,257명으로 집계되었다. 2023년 현재 천진 호적이 아닌 상주인구까지 합치면 천진의 조선족 인구는 약 3만 명으로 추정되고 있다.

이상 천진의 역사적 연혁과 지리적 위상, 그리고 천진조선족사회의 형성에 대해 간략하게 짚어보았다. 이 글은 천진조선족사회의 민족문화 행사에 착안점을 두고 논의하고자 한다. 이를 위해 먼저 문화란 무엇이고 문화행사의 기능은 무엇인가를 이론적으로 알아보고자 한다.

2. 이론적 논의: 문화, 문화행사의 기능과 디아스포라

문화에 대한 정의는 많은데 현대문화 연구에서 문화의 개념을 포괄적으로 제시하고 있는 것은 영국의 레이먼드 윌리엄스(Raymond Williams)이다. 그는 문화를 인간 삶의 총체적 양식, 지적 심미적 총체, 물질문명까

2017.7.10. 19~21쪽.

지 포괄하는 복합적 용어로 사용한다. 그는 문화를 세 가지 차원에서 설명하고 있는데 좁게는 "지적인 작품이나 실천 행위, 특히 예술 활동"을 중시하며 확장된 개념으로 "지적이며 정신적 심미적인 계발의 일반적 과정"이라고 정의하기도 한다. 가장 포괄적인 개념으로는 "한 인간이나 시대 또래 집단의 특정한 생활양식"으로 규정하였다. 이와 같이 문화에 대한 학문적인 정의를 종합하면 문화는 지적, 정신적, 심미적 활동을 포함한 생활방식이자 삶의 표현체계로서 인간의 총체적인 사고체계와 행동 양식이라고 요약할 수 있다. 이 글은 천진조선족사회 문화행사를 다룸에 협의적인 의미에서의 스포츠와 음악 예술 활동에 국한시키기로 한다.

문화행사 나아가서 축제는 종교적 기능, 사회적 기능, 정치적 기능, 경제적 기능, 교양적 기능 등 여러 가지 기능이 있다. 첫째는 종교적 기능이다. 문화행사 축제의 기원은 성스러운 종교적 제의에서 출발하는 경우가 많다. 민속 신앙 등 제의적 행사는 종교적 체험을 강화하고 성스러운 정화를 시도하여 신성성을 확보한다. 일례로 고대의 제천의례, 고려의 팔관회와 연등회, 조선의 종묘, 마을공동체의 민속 신앙을 들 수 있다. 둘째는 사회적 기능으로서 공동체의 성원으로서 자기 확인과 자기 인식 그리고 타인을 확인하는 장을 제공하며 이를 통해 공동체 의식을 고양하고 사회적 결속력 강화와 통합을 도모한다. 이러한 사회적 기능은 무엇보다 국가에 대한 소속감과 정체성을 확립시켜 자신이 속한 집단에 대한 자긍심 내지는 자부심을 품게 한다. 셋째는 정치적 기능으로서 기존의 질서를 파괴하고 새로운 질서를 모색하여 기존 질서의 틀을 강화하는 수단으로 개최되기도 한다. 즉 공동체의 질서 유지와 위계의 수립을 위해 활용되고 있다. 넷째는 네덜란드의 역사학자 요한 하위징아(Johan Huizinga)가 주장한 바와 같이 인간의 유희적 본성이 문화적으로 표현된 것이 문화행사인바, 이는 인간에게 있어서 즐거움과 만족감을 동시에 느끼게 하는 유희의 장이라는 것이다. 다섯째, 문화행사는 경제적 목적을 달성하기 위해 개최되기도 한다. 즉 전통적이건 현대적이건 공통으로 삶의 풍요를 기원한다는 점에서 경제적 기능을 수행한다. 특히 현대의 경우, 지역의 생산물과 특산물의 판로를 개척하고 지역경제의 활성화를 모색하기 위해 개최하는 경우가 많다. 마지막으로 공동체의 미풍양속을 진작하는 윤리적 기능, 음악과 무용 등 예술인들의 활동을 사기 진작시키는 예술적 기능, 전통문화를 계승 발전시킬 수 있는 전통문화 교육의 기능 등이 포함된다.[2] 러시아 인문학자 미하일 바흐친(Mikhil Bzkhtin)은 "축제는 시대와 공간을 뛰어넘어 항상 함축적이고 독자적인 철학적 의미를 지니는 것"으로 보고 있으며 그는 카니발(Carnival)이 단순히 먹고 마시고 노는 것으로 끝나는 것이 아니라 상생과 공존의 원리가 숨어있다고 밝혀낸다. 즉 대립적인 것들의 공존은 인간의 삶 자체가 타인과의 대화를 통해서만 유지될 수 있다는 것이다. 따라서 인간은 단독으로 존재할 수 없으며 끊임없이 다른 인간과 부딪치고 교류하고 소통하면서 살아간다는 것이다.

한반도에서 동북 3성으로, 동북 3성에서 다시 연해도시 천진으로 이주한 경우가 대부분을 차지하는 천진조선족은 디아스포라의 특징을 지니고 있다. 디아스포라로서의 천진조선족의 문화행사는 사회적 기능, 교양적 기능을 하고 있다. 문화행사는 조선족 자체의 역사와 문화, 예술을 교육시키고 보존하고 체험할 수 있는 계기를 만들어준다. 그뿐만 아니라 한 집단 혹은 개인의 문화적 정체성을 확인하고 함양하는 열린 문화의 장이기도 하다.

---

2   표인주, 『축제민속학』, 태학사, 2007. 69-75쪽.

중국은 1949년 이후 민족 평등과 민족단결, 민족공동발전 등을 중심으로 정책을 실시하여 각 민족의 주체성과 문화의 다양성을 인정하고 있다.

3. 천진조선족사회의 민족문화행사(1988-2017)

"천진조선족사회는 해방 이후 개혁개방 이전까지는 조직적으로 주최된 민족문화행사가 없었으며 명절 때 친구, 친척, 지인들이 모여 조선 노래를 부르고 춤을 추는 것이 전부였다."[3]라고 한다. 그러다가 개혁개방 이후에 천진조선족연의회(1988)[4]가 발족하고 연의회 산하소속협회인 천진조선족노인협회(1995), 중국조선족과학기술자협회, 천진지역협회(1997), 천진조선족상회(2006), 천진축구협회(2006), 천진조선족여성협회(2016), 천진배구협회(2016), 천진조선족산악회(2016) 등과 기타 단체인 천진조선족자녀교육사랑회(2012)가 설립되면서 소규모의 가정오락의 범위에서 벗어나 계획적이고 체계적이고 사회적인 문화행사로 탈바꿈하였다.

천진조선족사회의 민족문화행사는 행사 참여 대상에 따라서 세 가지로 분류할 수 있다. 즉 전반 천진조선족사회의 조선족인을 대상으로 하는 민족 대문화 행사, 각 협회의 회원 중심으로 이루어지는 협회별 소행사, 천진 한인과 함께 만나는 행사로 나눌 수 있다.

3　赵仙飞,《天津朝鲜族文化》,潘龙海，黄有福,《跨入二十一世纪的中国朝鲜族》, 延边大学出版社, 726-727页.

4　천진조선족연의회는 1988년 11월에 민족사무위원회의 비준을 거쳐 정식 성립되었다. 장정에 근거하여 제1기 이사회를 소집하여 회장과 부회장, 비서장을 선출하였다. 1993년 11월에 연의회는 『천진시 사회단체 법인등록관리 잠정규정』에 근거하여 법인사회단체로 정식 등록하여 연의회의 일체 행사는 법제관리궤도로 진입하였다. 연의회 조직기구로는 군중공작부, 경제부, 과학교육부, 문체부가 있으며 산하에 천진조선족상회, 천진조선족과학기술자협회, 천진조선족노인협회, 천진조선족배구협회, 천진조선족축구협회, 천진조선족산악회 등 단체들이 있다.

천진조선족사회민족 문화행사	ㄱ. 천진조선족사회를 대상으로 하는 문화행사
	ㄴ. 협회 회원 중심으로 이루어지는 민족문화 행사
	ㄷ. 한민족이 함께 만나는 문화행사

1) 천진조선족사회의 조선족인을 대상으로 하는 문화 대행사

천진조선족사회의 민족문화 행사 중 전체 천진조선족사회의 조선족을 대상으로 하는 대규모 행사로는 조선족연의회에서 주최하는 운동회와 문예공연, 조선족연의회가 주최하고 조선족상회에서 주관하는 천진시조선족노래자랑을 꼽을 수 있다. 그 외 천진조선족노인협회의 천진조선족 노인들을 위한 대잔치, 천진조선족자녀교육사랑회의 천진조선족 학생들을 대상으로 하는 6.1 축제도 있다.

(1) 천진조선족운동대회와 문예공연 그리고 노래자랑

"80년대 초, 일부의 열정적인 분들이 자발적으로 조직하여 시민족위원회의 협조 아래 매년 천진시조선족연환회를 조직"[5]하다가 1988년 천진시조선족연의회가 정식 설립된 후 이러한 문화행사는 정규적인 궤도에 진입하였다. 천진시조선족연의회는 매년 정월 보름과 팔월 추석에 두 차례의 연환행사를 조직하였다. 처음에는 프로배우들이 공연하던 데로부터 조선족인들이 자체로 준비한 문예 프로로 발전하였다. 정월 보름에는 실내에서 문예공연, 유희를 조직했고 추석에는 실외에서 그네뛰기, 씨름, 널뛰기, 축구, 배구 등 체육행사를 조직하여 조선족들의 문화 활동을 풍부히 하였

5 赵仙飞,《天津朝鮮族文化》,《跨入二十一世紀的中国朝鮮族》, 延边大学出版社, 2001年, 727页.

다. 여기에 관한 언론매체의 기사 보도를 검색해보니 북방넷(北方網)의 〈天津市慶祝朝鮮族聯誼會成立20周年〉(2008.10.14) , 천진일보의 〈本市慶祝朝鮮族聯誼會成立20周年〉이라는 315자의 짤막한 기사가 나왔다. 두 기사는 내용이 같았는데 "2008년 10월 14일 천진시 천여 명의 조선족 동포들이 제2노동자문화궁에서 민족복을 차려입고 화기애애한 분위기 속에서 연의회 설립 20주년을 맞이하였다."라고 행사에 대해 한 줄로 언급한 후 "천진 조선족연의회는 1988년 11월에 정식 설립되어 회원이 약 5만 명이다. 연의회는 시종 광범한 조선족 대중들이 당과 두리에 굳게 뭉쳐 조국건설에 이바지하도록 하였으며 자민족 문화의 전승을 사명으로 여기고 적극적으로 여러 행사들을 주최하였다. 설립 20년 이래 시 민족위원회의 지도 아래 광범한 조선족 대중을 위해 성심성의로 봉사하고 그들의 소원을 제때에 정부에 반영하여 조선족과 사회 기타 분야의 관계를 조화롭게 함으로써 광범위한 조선족 대중의 신뢰를 얻었고 사회 각 계층으로부터 찬양을 받았다. 그리하여 시정부로부터 '천진시민족단결모범단체'로 선정되고 시 사회단체관리국으로부터 '선진사회단체'로 선정되었다. 연의회는 또 민족 언어 연수반을 꾸리고 문체 활동을 조직하고 전통명절 행사를 조직하여 대중의 문화생활을 풍부히 하고 천진시 조선족의 결집력을 증강하였다."[6]라고 연의회의 역할에 대해 긍정적으로 평가하였다. 기사 말미에는 "본 시의 조선족은 우세를 발휘하여 천진시의 대외 개방, 해외기업의 투자유치에 중대한 공헌을 하였다"라고 전반 천진시 조선족에 대해 높이 평가하였다. 그리고 인터넷 블로그[7]에서도 2009년 9월 20일, 만족(滿族)이 쓴

---

6 同上书 , 727頁。

7 http://manzu.blog.sohu.com/132617859.html.

천진시 조선족들의 중화인민공화국 창립 60주년 경축 행사에 관한 자료를 볼 수 있었다. 이 블로그 글에서는 천진시 제2노동자문화궁에서 주최된 금번 행사는 노래, 무용, 낭송, 악기연주 등으로 이루어졌다고 소개하면서 "천진의 조선족은 인구가 적지만 결집력이 강하며 민족 특색이 분명하고 각 분야에 인재들이 많아 천진의 경제발전에 큰 기여를 했"으며 "근래에 천진조선족과 만족의 인지도가 높아지면서 조선족의 대형행사에 만족을 초청하기도 하는데 이는 민족단결 민족화합의 주류 추세를 잘 체현하고 있다"라고 하였다.

천진조선족운동회는 현재까지 천진조선족연의회에서 1년이나 2년 간격으로 단오나 추석에 개최하고 있다. 2015년 6월 20일, 조선비 회장이 조선족연의회 제3대 회장으로 당선되면서 단오에 여느 때보다 큰 규모의 운동회를 개최하였다. 행사는 문예공연, 축구, 배구, 릴레이 달리기, 널뛰기 등 여러 가지 내용으로 이루어졌다. 그리고 조선족상회에서 주최한 운동회는 협회를 중심으로 열리지만, 그 회원 수가 많고 영향력이 크다. 행사는 수백 명의 회원이 모여 문예공연과 배구, 축구, 릴레이 달리기 등 스포츠 경기로 이루어진다.

문예공연은 또 노래자랑으로 이어졌다. 2014년에 시작된 노래자랑은 처음에는 소규모로 진행되다가 2016년 10월 15일, 천진시 제2노동자문화궁에서 천진조선족연의회가 주최, 천진조선족상회 주관으로 '천진시 조선족 제3차 노래자랑(2016天津朝鮮族秋夕節文藝活動暨第3屆朝鮮族好聲音大賽)'을 개최, 1000여 명의 조선족이 참석하였다. 대회는 문예공연과 33명 선수들의 노래자랑으로 이루어졌다. 공연에는 노인협회의 장구춤, 조선족여성협회의 물동이춤, 꽃동산유치원 어린이들의 공연, 천지유치원 어린이들의 사물놀이, 하동령영무용교실의 부채춤이 있었다. 천진조선족연의회 부회장이자 천진조선족상회 김성환 회장은 개회식에서 "개혁개방 이래 동북에 거주하던 우리 조선족은 대거 연해도시로 이주하여 자신의 지혜와 땀으로 새로운 삶의 터전을 개척하였다. 우리의 생활 수준은 크게 제고되었으나 연해도시에서 우리의 문화전통이 사라져 가고 있는 안타까운 실정에서 이러한 문화행사를 조직함은 천진조선족의 문화생활을 풍부히 하고 조선민족의 우수한 문화전통을 이어나가고 계승하기 위함"이라고 행사의 목적을 밝혔다.

(2) 천진조선족 노인 대잔치

천진시조선족노인협회는 천진의 조선족 노인들을 대상으로 대잔치를 10년 넘게 개최하여 왔다. 2017년 7월 7일 연의회 위챗에 올린 "천진시 조선족 노인협회 대잔치" 기사를 보면 "2017년 6월 25일 천진 빈해신구 동강항사탄공원에서 400여 명의 어르신이 모여 대잔치를 벌였다. 행사는 전체 회원의 집체무와 각 분회 공연으로 펼쳐졌다. 〈도라지〉, 〈대장금〉, 〈금강산타령〉, 〈월화수목금토일〉, 〈건강무〉, 〈농악무〉 독창 등 다채로운 공연 절목들과 풍선 터뜨리기 이어달리기 등 운동경기로 이루어졌다."[8] 이는 대화와 교류, 공동체의 문화 정체성을 확인하는 장이기도 하였다.

(3) 천진조선족학생 6.1 축제

천진조선족자녀교육사랑회는 회원 내부에서 2013년 네 가족의 소규모 6.1절 들놀이로 시작되었는데 2017년 천진조선족사회의 학생들을 대상

---

8   천진조선족연의회 위챗, 「천진시 조선족 노인협회 대잔치」, 2017.7.7

으로 학생 61명, 무대공연 43명, 학부모 등 150명이 참석하는 '2017년 천진조선족학생 6.1 축제'를 개최하기에 이르렀다. 축제는 2017년 5월 28일 한국국제학교 체육관에서 열렸으며 문예공연, 취미운동회와 그림 그리기, 한글 쓰기 경연으로 이루어졌다. 공연은 천진한글하동령영 사물놀이팀의 사물놀이, 하동령영무용교실의 아리랑 무용, 세화홍익태권도의 태권도, 천진조선족꽃동산 유치원 어린이들의 무용〈어이〉 등으로 구성되었다. 운동회는 밧줄 당기기, 50m 릴레이, 학부모 릴레이, 학부모 배구 등으로 진행되었다. 그림 그리기의 주제는 '중국조선족', '봄', '만남과 교류'였고 한글 쓰기는 윤동주 시인의 동시 〈창구멍〉을 한글로 쓰기였다. 자녀교육사랑회 박대호 이사장은 개회사에서 "천진조선족 학생들의 만남과 교류를 위해 주최하게 되었다"라고 하였다. 조선족연의회 조선비 회장은 천진조선족 학생들을 대상으로 하는 운동회가 처음으로 열리게 되었다고 높이 평가하였다. 운동회는 천진조선족 학생들의 만남과 교류, 소통과 협력의 장이 되었고 그림 그리기와 한글 쓰기는 학생들의 실력을 점검하고 문화 정체성을 함양하는 시간이 되었다.

(4) 배구, 축구 스포츠 시합

천진조선족축구협회와 배구협회는 정기적으로 축구, 배구경기를 조직하고 있으며 천진시 조선족을 대표하여 전국 팀에 출전하기도 하였다.

2) 협회 회원 중심으로 이루어지는 문화행사

천진조선족상회는 2006년 6월에 설립되었다. 조선족상회는 매년 회원들을 대상으로 하는 골프대회, 송년회 등 문화행사를 주최한다. 2017년 10월 20일에는 제5회 골프대회와 운동회를 함께 주최하였다.

천진조선족노인협회는 1995년에 설립되었다. 매년 조선족 노인들을 대상으로 송년회, 소풍 등을 주최한다. 노인협회 산하에는 조선민족 전통무용을 위주로 무용팀을 만들어 천진조선족사회의 대행사에 문예공연의 한 몫을 담당하고 있다. 매번 운동회에서의 집체무 공연, 연의회 20주년 경축 행사, 각 협회의 행사 개막식 공연에서 질 높은 공연으로 호평을 받고 있다.

천진조선족여성협회는 2016년 6월 18일에 설립되었다. 회원들을 대상으로 하는 2016년 3월 8일 체육관을 빌려 회원들의 운동회를 개최하였고 가을 소풍, 송년회 등 다양한 문화행사를 조직하였다. 여성협회 산하에는 문체부를 두어 회원들 대상으로 예술팀이 구성되었다. 평소에 짬짬이 연습을 하여 연마한 무용을 내부 행사나 천진조선족사회의 송년회 등 각 행사에서 공연하였다. 물동이춤 등 전통무용 외에도 가야금 연주, 난타 공연 등을 하였다.

천진조선족산악회는 2016년에 설립되었으며 매주 토요일 조선족 회원들이 천진이나 북경 주변의 산을 찾아 등산한다. 2017년 10월 28일까지

61회이다.

천진조선족자녀교육사랑회는 2012년에 설립되었으며 회원들을 중심으로 소풍, 송년회를 조직하고 있다. 그 산하에 하동령영전통무용교실이 있는데 이는 2016년 3월에 박화란 교사의 헌신적인 정신으로 설립된 천진조선족 어린이들을 대상으로 하는 무료 무용 교실이다. 매주 일요일 무료로 조선족 어린이들에게 전통춤을 가르쳐 천진조선족사회의 각 행사에서 공연을 하였다. 그들이 춘 부채춤은 리얼리티 쇼 프로그램인 〈특기생 도전〉(挑戰特長生)에서 우수상을 받기도 하였다

천진조선족과학기술자협회는 정월 보름 송년회, 정기 강좌 등을 조직한다.

3) 한민족이 함께 만나는 문화행사

천진에서의 한민족 문화축제는 주로 천진한글학교에서 주최하는 중국, 한국친구와 함께하는 문화 교류와 천진한국인(상)회에서 주최하는 천진 한국문화제를 들 수 있다.

표 2 천진시 한민족 문화축제

성격	행사명	행사 내용
한민족이 함께 만나는 문화행사	중국, 한국친구와 함께 하는 문화 교류	1:1 친구 사귀기, 공연 (태권도, 부채춤, 한중연사랑, 경극, 북춤)
	천진 한국문화제	한중학생백일장/사생대회, 공연(사물놀이), 먹거리, 장터, 게임(줄다리기, 굴렁쇠), 릴레이, 행운권 추첨

천진한글학교에서 주관하는 중국, 한국친구와 함께하는 문화 교류는 2

회째 진행되었다. 우선 천진한글학교에 다니는 한국인 학생 15명과 천진조선족학생하동령영에 다니는 조선족 학생 15명이 1:1로 만나 친구를 사귄다. 친구 사귀기 행사 이후 문화교류공연이 있는데 이것도 중한문화교류의 장이라 할 수 있다. 2017년의 경우 한국무악도장태권도관의 한국인 상빈, 손계영 그리고 전문 훈련을 받는 조선족 학생 11명이 태권도 시범을 보였고 하동령영의 박화란 선생님이 지도한 8명 조선족 어린이들의 부채춤, 천진조선족노인협회 12명 출연진의 북춤, 중국 경극 〈사랑 탐모〉, 권태경의 퍼포먼스 〈한중연 사랑〉으로 한중문화 교류의 장을 마련하였다.

4. 천진조선족사회의 민족문화행사(2022-현재)

2022년 중국정부에 공식 등록된 천진시조선족친목회(1988, 원 천진시조선족연의회를 천진시조선족친목회로 변경)는 산하에 기업가협회, 과학기술자협회, 교육애심회, 여성협회, 예술단, 체육협회, 노인협회, 민속촌, 무청분회가 있었다. 2022년 심재관 회장을 중심으로 하는 제12기 천진시조선족친목회 조직기구는 친목회 산하 협회를 원래의 기초 위에서 예술단, 체육협회, 민속촌을 새로 추가 설립하였다.

1) 천진조선족 예술단

2022년 4월 24일에 정춘란 단장을 중심으로 설립된 예술단은 성악부, 무용부, 기악부 부서를 두고 있으며 회원은 40여 명이다. 예술단은 '전통을 이어받고 우수한 예술작품을 추진하자'라는 슬로건을 내걸고 민족 특색의 고수준, 고품질, 전문화의 예술발전을 추구하였다.

2023년 3월 30일, 천진시조선족친목회 주최, 천진조선족예술단 주관 하에 천진시민족문화궁에서 개최된 '중화민족공동체의식 구축' 2023년 천진조선족 공익문예공연은 그 실력을 남김없이 발휘했다.

공연에는 천진시위원회통일전선사업부, 천진시정부민족종교사업위원 회, 천진시인대민족종교화교사무실, 천진시정협민족종교사업위원회, 천진 시동려구 통일전선사업부 등 천진시 고위급 인사 63명과 천진시조선족친 목회 심재관 회장을 비롯한 천진조선족사회 각계 인사들, 여러 민족 대표 300여 명이 관중석을 빈틈없이 채웠다.

조선민족의 전통춤 〈아리랑〉으로 개막을 올리고 〈풍년 맞이〉로 폐막을 내린 공연은 총 13개 절목으로 한 시간 반 진행되었다. 공연이 지속되는 동안 관객석에서는 박수 소리와 환호 소리가 끊이지 않았고 관중들은 흥 에 겨워 덩실덩실 춤사위를 자랑했다. 공연은 다음과 같은 특징이 있었다.

첫째, 공연은 새 시대 중국의 시대적 상황에 맞춰 조선족, 한족, 몽골족, 장족 등 여러 민족 가수들과 무용수들이 함께 어울리고 화합하여 출품한 민족단결, 민족화합의 장이었다. 이를테면 조선족 차금자 가수가 부른 "장 백산 아래 과수나무가 줄지어 있고 / 해란강 변 벼꽃 향기 그윽하네 / 연 변 인민 투지가 앙양되고 / 군민이 단결하여 변방을 건설하며 / 공산당은 우리를 승리의 전방으로 이끈다네"(〈붉은 태양 변강을 비추네〉 가사), 조 선족 황현순 가수가 부른 "나의 청춘을 당신에게 바칠 것이에요 / 나의 어 머니 / 나의 조국"(〈사랑해요, 중국〉 가사), 한족 황소신 가수가 부른 "나 라가 있어야 가족이 있고 / 네가 보초를 서지 않고 내가 보초를 서지 않으 면 / 누가 우리 조국을 보위하고 누가 가족을 지킬 것인가"(〈내 속마음을 말한다면(说句心里话)〉가사), 한족 왕홍명 가수가 부른 "세월이 아무리 험난해도 / 우리는 공동한 꿈을 꾸고 있어 / 우린 오랫동안 공존하며 한마음으로 꿈을 꾼다네 / 한마음 한뜻으로 아름다운 중국의 꿈을 이루고 있다네"(가곡〈한마음 한뜻으로 꿈을 이루자(同心筑梦)〉가사), 장족 가수 써둬줘마(色朵卓玛)가 부른〈우정은 영원하리 友谊天长地久〉, 몽골족 우르가(乌日嘎) 무용수의〈초원의 바람〉등은 56개 중화민족이 석류씨와도 같이 떨어질 수 없는 하나의 대가족이고 중화민족공동체임을 확인하고 나아가서 중화민족 아들딸들의 조국에 대한 충성심, 애국심을 인지하게 하는 장이었다.

둘째, 공연은 중화민족의 대단결뿐만 아니라 조선민족 특색의 전통문화를 남김없이 보여주었다. 이를테면 차금자 가수가 부른〈사과 배 따는 처녀〉, 김택원 가수가 부른〈장백송〉과〈강원도 아리랑〉, 황현순 가수가 부른〈아리랑 감흥〉등 가곡들과 개막과 폐막을 알리는 무용〈아리랑〉과〈풍년 맞이〉, 조선족의 성급 무형문화유산인〈아박무(牙拍舞)〉, 농악무의 일종인〈소고무(小鼓舞)〉등은 모두 우리 민족 고유의 정서와 특징을 남김없이 보여주는 전통노래와 무용들이었다.

그중에서도 아박 한 쌍을 두 손에 나눠 쥐고 이를 맞부딪쳐서 명랑하고도 박자감이 있는 소리를 내며 춤동작을 연기하는〈아박무〉는 성급 무형문화유산에 등록된 무용이다. 아박은 원래 상아나 고래뼈, 소뼈, 사슴뿔 따위를 길쭉하고 정교하게 깎고 다듬어서 사슴 가죽으로 만든 끈에 꿰고 오색 명주실로 술을 달았는데 현재는 참나무로 바뀌었다. 아박무는 길림성 연변주 안도현 명월진, 만보진, 석문진, 영경향 일대에서 집단적으로 발전시켰는바 현재 대중이 즐기는 민간무용으로 조선족 민속 활동에서 중요한 역할을 발휘하고 있다.

셋째, 공연의 배우들은 고수준의 지명도 높은 가수와 무용수들로 구성되었다. 가곡 〈사랑해요, 중국〉을 불러 전 공연장을 최고의 분위기로 끌어올린 예술단 예술 고문 황현순 가수는 천진교향악단의 수석 소프라노이고 국보급 출연자다. 그는 제1회 천진시 가수대회에서 1등상을, 2022년 제20회 당대표대회맞이 공익가곡대회에서 1등상을 수상하였다. 그가 부른 〈토스카〉, 〈향촌 기사〉, 〈호접 부인〉, 〈투란도트〉는 지금까지도 청중들의 사랑을 받고 있다. 가곡 〈장백송〉, 〈강원도 아리랑〉, 〈수박 타령〉을 불러 관객을 온통 춤사위로 물들게 한 예술단 부단장이자 예술감독 김택원 가수는 국가급 2급 가수이자 성악전문가이다. 그는 흑룡강성 목단강조선민족가무단의 저명한 남중음 가수였으며 여러 차례 러시아를 포함한 해외공연, 대형 문예 프로그램, 성급 문예공연 등에 출연하였다. 가곡 〈바다의 노래〉, 〈붉은 태양 변강을 비추네〉, 〈사과 배 따는 처녀〉를 부른 차금자 가수는 원 길림성 연길시양류청예술단의 저명한 소프라노로서 2013년 길림성 연길시 대중가창시합에서 금상을, 2018년 동북 3성 아마추어가수 노래시합에서 금상을 수상하였다. 예술단 김유리 부단장은 무용을 각색하고 연출하는 지도자로서 복장설계사이기도 하다.

비록 성립한 지 1년도 채 되지 않지만, 그동안 천진시급의 문예공연에 수차례 참석하여 천진조선족사회의 존재와 위상을 알리고 민족문화를 홍보하였다.[9]

2023년 5월 28일 천진조선족예술단은 성립 1주년 경축 행사 및 표창대

---

9   전하연, 「천진시조선족예술단, '중화민족공동체의식 구축' 공익 문예공연 개최」, 『인민넷』, 2023.4.4

회를 진남구 백세시대 문화활동센터에서 가졌다. 행사는 "붉은 태양 변강을 비추네" 무용으로 대회의 막을 올렸다.

천진조선족예술단 정춘란 단장이 바쁘신 와중에도 자리를 빛내주신 친목회 영도, 사회 각 계층 귀빈, 애심기업가들, 물심양면으로 도움을 주신 단체와 개인에게 환영의 인사와 감사의 마음을 표하였다. 천진조선족기업가협회 염재윤 회장은 축사에서 "천진조선족예술단은 지난 1년간 큰 성장을 이루어왔다. 다수의 무용과 음악 작품은 전문 수준의 예술 능력과 창조적인 풍격을 보여주었고 또한 진실하게 조선족의 예술을 반영하였다. 관객들은 아름다움을 만끽하고 다채로운 문화생활을 체험하게 되었다. 희망컨대 예술단 전체 단원들의 협력으로 부단히 우수한 많은 작품을 완성하여 중화민족 예술문화사업에 중대한 공헌을 하고 휘황찬란한 내일이 있기를 바란다"라고 하였다.

경축 행사에서는 전에 보여주지 않았던 절목들을 선보였으며 대회 참석자들의 박수갈채를 받았다. 본 대회의 클라이막스는 황현순과 석광우의 2인창 〈축배를 들자〉로서 분위기를 한껏 끌어올렸다.

표창대회는 팀워크상에 무용부, 진보상에 악기 5인조, 공헌상은 황현순 등 7명, 봉사상은 원경희 등 5명, 프로정신상은 김추복 등 6명, 기술연구상은 이용석, 인기상은 이금이 수상했다.

예술단의 플랫폼은 조선족 예술 인재를 배양하고 가치 있는 예술문화를 파고들어 우리 민족의 예술미를 발양하고 전승하며 발전하는 데 있다.[10] 지난 1년간 예술단은 첫 공익 연출에서 23개 절목을 순조롭게 선보였으

---

10 천진시조선족예술단 비서처/홍보부, 「천진시조선족예술단 성립 1주년 경축 행사 및 표창대회 성황리에 개최」, 津朝藝苑, 2023.6.5. 참조

며 시 소수민족운동회 문예 경연, 시 방송국 광장무경연에 참여하여 좋은
성적을 거두었다. 앞으로 매년 한 번 공익공연은 지속될 것이며 중국 특색
사회주의 사상을 지침으로 하는 현시대에서 시대의 정신에 맞춰 전체 단
원들은 훌륭한 예술작품을 만들어갈 것이라 하였다.

2) 백세시대 민속촌

백세시대 민속촌은 천진조선족친목회 산하 조직기구로서 2021년 3월
에 정식 출범하였다. 김경세, 우봉금 부부는 2019년 9월에 천진시 진남지
역에 2만여m² 규모의 건물을 구입해 문화센터를 설립하였다. 또한, 2019
년 9월 백세시대 양로산업발전유한공사를 등록했다. 천진시조선족 민속
촌에는 조선족 아파트 60여 채와 조선족 양로센터, 천진시 조선족 단체들
이 많이 활용하는 민족 활동 중심, 결혼식, 돌, 진갑 등 민족행사를 할 수
있는 예식장, 주말 우리말학교가 있다. 그리고 현재 조선족 식당과 한식
사우나, 조선민족연구자료가 구비한 도서관도 개장을 앞두고 있다. 백세
시대 민속촌에서는 일련의 많은 민족행사를 진행해왔다.

2021년 10월 23일부터 2일간 천진백세시대문화센터(天津佰岁时代文
化中心)와 천진조선족여성협회, 천진조선족상회 진남분회(津南分会)에서
공동으로 '제1회 천진석류민속원김치축제(天津石榴民族風情園泡菜文化
節)'를 주최하였다.

축제에서는 김치 담그기, 찰떡치기, 비빔밥을 위주로 한 민족음식문화
축제와 한국 화장품, 식품, 주방용품, 한복, 치킨, 생활용품, 커피, 꽃, 의류
등 36개 업체의 제품을 현장에서 판매하는 행사를 동시에 진행했다.

2일간 총 20여만 위안의 매출액을 달성했으며 천진 700여 명 현지인과

조선족, 한국인을 비롯해 무려 1200여 명에 달하는 고객이 현장에서 함께 즐기면서 문화의 향연을 만끽했다.

축제의 전반적인 기획과 진행을 맡은 천진백세시대문화센터 우봉금 사장은 개막식 인사말에서 천진조선족여성협회(회장 김유리)와 천진조선족상회 진남분회 그리고 적극 동참과 지원을 보내준 사람과 궂은일, 힘든 일 가리지 않고 늘 함께해준 가족과 임직원들에게 고마움을 표시하였다. 그리고 "2주 동안의 짧은 시간을 이용해 준비한 이 행사가 미흡한 점이 많겠지만 현지인들에게 우리 민족 음식문화를 많이 알리고 보급시키며 더불어 현장 판매에 나선 상가 주인들의 제품 홍보와 경제창출 그리고 현지인들과 교감하는데 조금이라도 보탬이 되었으면 좋겠다"면서 "향후 이런 행사를 더 많이 조직해 천진조선족 이미지 향상과 중한문화교류에 힘을 이바지하겠다"라고 약속했다.

천진조선족연의회 이태운 회장은 주최측을 대표한 인사말에서 "이번 문화행사는 현지 정부의 지지를 받고 진행하는 것으로 중화민족이 중국에서 '석류'처럼 똘똘 뭉치자는 의미에서 '석류민속원김치축제'로 명명하게 되었다"라고 밝혔다.

축제는 현장에서 김치와 떡, 비빔밥을 만들어 현지인들에게 시식하게 했으며 저렴한 가격에 판매하면서 민족의 음식문화를 전파하는 데 주력했다. 비빔밥은 1000인분 대형 가마에 여러 가지 식자재를 넣어 즉석에서 만들어 현지인들이 맛보도록 했는데 그 많은 비빔밥이 눈 깜짝할 사이에 바닥이 나 화제가 되기도 했다.

"어기영차, 어기영차" 조선족 아저씨들이 떡을 치는 모습을 보면서 현지인들은 너무 신기해서 너도나도 핸드폰을 꺼내 동영상을 촬영하기도 했다.

빨간 고춧가루를 잘 익은 배추에 묻혀 만든 김치 또한 인기짱이었다. 빼곡히 줄을 서서 마치 김치가 없어질까 봐 안달하는 현지인들의 모습이 인상 깊었다. 800인분 김치가 순식간에 매진되었다. 한편 무대에서는 천진시조선족노인협회 쌍강분회 농악무, 천진시조선족무용전문단의 무용 '오월 단오'를 비롯한 봉사공연과 유치원 어린이들의 공연이 펼쳐졌다. 조선족 전통민요 '아리랑', 중국어 노래 '김치 찬가'가 장내에 울려 퍼지기도 해 축제를 명절의 날로 만들었으며 음식문화와 예술문화가 조화를 이루면서 참가자들에게 가슴 찡한 감동을 선사했다.

우 사장은 김치문화축제를 천진 관광코스 중 필수 항목으로 지정될 수 있도록 정기화, 규범화, 브랜드화하기 위해 한국상품관을 설치하는 등 여러 가지 프로젝트를 기획하고 있다. 더불어 문화, 예술, 양로사업, 관광 등을 일체화하여 천진에서 으뜸가는 조선족 민속촌을 만들겠다는 야심도 내

비쳤다.[11]

2023년 5월 27일, 천진시조선족연의회가 주최하고 천진시조선족 민속촌(백세시대)이 주관한 '아름다운 사랑, 행복한 동행''손잡고 반세기, 한마음 50년' 천진시 조선족 어르신 금혼부부 합동 잔치가 천진백세시대문화센터에서 성황리에 펼쳐졌다.

흑룡강조선어방송 허룡호 전임 국장이 사회를 맡은 이번 금혼합동 잔치는 천진에 거주하는 총 21쌍의 조선족 금혼부부를 모시고 자녀, 손주, 조선족사회 각계 인사 등 300여 명의 축복 속에서 3세대, 4세대가 어우러진 세기의 금혼식을 치렀다.

주관측 천진시조선족 민속촌의 김경세, 우봉금 이사장 부부의 세심한 준비로 펼쳐진 금혼식에서 이날 여주인공들은 50여 년 전 입어보기는커녕 상상조차도 못했던 여자들의 평생 로망 하얀 웨딩드레스를 입고 턱시도를 입은 낭군님과 함께 홍기 웨딩카도 타보고 부케도 받아보고 생화로 장식된 꽃길도 걸어보고 인생의 동반자랑 입맞춤도 해보고 케이크를 앞에 두고 소원도 빌어보면서 인생에서 제일 뜻깊은 시간을 보냈다.

금혼부부들의 금혼서약에 이어, 있었던 축사에서 천진시조선족연의회 심재관 회장은 "효는 부모를 섬기는 우리 민족의 아름다운 전통이고 효를 인류의 근본으로 삼아온 우리 민족에게 효의 정신은 돈으로 그 가치를 매길 수 없을 만큼 소중한 무형의 유산"이라면서 "이번 행사를 통해 효의 올바른 가치함양과 천진시 조선족사회의 효도 사상 계승 및 효에 대한 올바른 인식의 계기가 되길 바란다"라고 말했다.

---

11 김명숙, 「제1회 톈진석류민속원김치축제 성공 개최; 톈진백세시대문화센터 조선족 사업가 우봉금 사장의 쾌거」, 『해안선뉴스』, 2021.10.27

결혼 54년 차인 채인길(78세), 리숙자(76세) 부부의 장녀 채은화는 자녀대표 축사에서 "지난 '50년'은 50번의 계절의 웃음으로 자식들이 태어나 사랑 속에서 자라나고 50번의 계절의 눈물로 때론 세찬 바람과 모진 폭우를 견뎌내고 50번의 계절의 땀으로 가정과 자식들을 세상의 가운데 서서 곧게 자라도록 지켜주며 50번의 계절의 희망으로 사랑스러운 손주들이 축복 속에서 태어나 건강하게 자라도록 돌봐주며 50번의 계절의 사랑으로 서로를 반석처럼 믿고 따뜻하게 아끼고 이해하고 품어온 벅차고 감사한 시간이었다."라면서 합동 잔치에 참석한 모든 금혼부부에게 진심 어린 축복과 함께 주최측에 진심 어린 감사의 인사를 전했다.

금혼부부들이 자녀들에 대한 격려의 문구와 함께 노인들의 손도장이 찍힌 액자를 선물로 넘겨주자 자식들의 눈에는 이슬이 맺혔다. 민속촌의 우봉금 사장이 사전에 금혼부부 가정을 일일이 찾아다니면서 비록 투박하지만, 자녀교육, 손주 뒷바라지까지 하면서 열심히 살아온 금혼부부들의 손도장을 찍고 가족사진까지 넣고 액자를 맞추어 금혼부부들 집안의 대물림 가보로 만들었다.

부부로 인연을 맺어 반백 년을 서로 받들고 지켜주며 살아온 어르신들을 위해 마련한 '함께 한 50년, 함께 할 50년' 이번 금혼합동 잔치는 모든 이들에게 인생을 뒤돌아보고 사랑의 참뜻을 몸소 터득하게 해주었으며 부부란 그 어떤 시련 속에서도 서로 참고 포용하고 믿어주고 견지한다면 인생의 영원한 동반자로 되어 사랑의 결실로 태어난 자식과 가족, 더 나아가 사회를 위해 기여하는 평범하지 않은 공민이 될 수 있음을 알려주는 생동한 증명이었다.[12]

---

12 유경봉, 「50년 전에 써보지 못한 너울, 웨딩드레스로 대신한다네-천진 21쌍 조선족 '금혼부부'

2023년 6월 6일 길림신문에 21쌍의 금혼부부 사진과 함께 실린 기사

3) 한민족이 함께하는 문화행사

한민족이 함께하는 문화행사로는 2023년 제1회 중한우호 체육대회를 들수 있다. 2023년 6월 22일 목요일, 천진 남개구 링아오 축구장에서 중·한우호 체육대회가 '한마음으로 하나 되는 우리'라는 주제로 개최되었다. 이번 행사는 중·한 수교 31년 만에 최초로 중·한 간 우호를 다지기 위해 천진조선족기업가협회와 천진한국인(상)회가 공동 주최한 행사이며 천진시조선족친목회와 주중대한민국대사관 및 재외동포청이 후원하였다.

합동 잔치 성황리에」, 『길림신문』, 2023.5.31

본 행사의 개막에 앞서 양국의 국기와 행사를 공동 주최한 양측의 협회 기가 동시에 입장하였으며, 천진시조선족기업가협회 회원들과 가족들, 천진시조선족 시민과 천진 교민들이 한 팀으로 이루어진 새봄, 여름, 가을, 겨울 4개의 팀과 민속문화 공연 4팀이 웅장한 음악과 함께 행사장으로 입장하였다. 최초 양측 참가자가 약 350여 명이 참석할 것으로 예상하였으나 중한우호 체육대회에 대한 천진시조선족시민과 천진 교민들의 뜨거운 관심과 열정으로 약 600명이 참석한 가운데 모든 행사가 성황리에 마무리되었다.

　　천진조선족기업가협회 염재윤 회장은 환영사에서 "중 · 한 수교 31년 만에 처음으로 천진조선족기업가협회와 천진한국인(상)회가 공동으로 주최하는 중 · 한 우호 체육대회의 개막을 맞이하게 되어 매우 기쁘게 생각합니다. 이번 체육대회는 중 · 한 수교 이후 처음으로 천진에서 개최되는 특별한 행사입니다. 천진조선족기업가협회와 천진한국인(상)회가 공동으로 주최하여 이루어지는 이번 행사는 두 조직이 지속적인 협력과 노력의 결과입니다… 오늘 함께 모여 특별한 시간을 보내며 한민족의 단결과 번영을 위해 더욱 큰 역할을 해나갈 것을 기원합니다. 이번 체육대회의 원만한 성공을 바랍니다."라고 환영의 인사말을 전했다. 천진한국인(상)회 박홍희 회장은 환영사에서 "한 · 중 우호 체육대회 자리에 천진 교민과 기업, 중국 우호 단체와 천진조선족기업가협회 회원분들과 함께 모이는 뜻깊은 자리가 되어서 기쁩니다. 한 · 중 수교 30주년을 기념하여 천진조선족기업가협회와 천진한국인(상)회가 함께 상호 교류와 친목 도모를 위하여 행사를 진행하려 하였으나, 코로나로 부득이 여러 번 연기되어, 오늘 이제야 진행하게 되었습니다… 한 · 중 간의 우호 관계가 본 행사를 시작으로 더욱 돈독해지기를 바라며, 이제 서로 좋은 일들만 있기를 희망합니다."라고 환영의 인사말을 전했다.

천진조선족기업가협회와 천진한국인(상)회는 앞으로도 상호협력과 교류를 활성화하기 위해 협약서 서약식을 거행하였다. "천진조선족기업가협회"와 천진한국인(상)회"는 상호 존중과 신뢰를 바탕으로 경제·문화·체육 등 다양한 분야의 교류, 협력을 통한 중·한 간의 발전은 물론 두 단체 간의 발전을 위해 함께 협력해 나가기로 협약했으며, 두 단체는 공동행사의 협조 초청 시 협조하여 상호 간의 친목을 도모하고 교민과 교포의 우호 증진을 위해 적극 협조하며, 중국 교류 활성화 목적 사업에 적극 협조하기로 하였다.

개막식을 마친 후 천진조선족예술단의 〈아박춤〉 민속 무용 공연과 50명으로 구성된 대형무용팀 조선족노인협회의 〈즐거워라, 단오명절〉의 수준 높고 아름다운 민속 무용 축하공연으로 참석한 교민과 동포에게 한중 우호 체육대회 개막의 기쁨을 전했다.

본격적인 체육대회 행사에서는 천진조선족 시민과 천진 교민으로 구성된 각 팀이 손에 손잡고 협동이 필요한 다양한 조별 대항 게임인 꼬리잡기 게임, 풍선 터트리기 게임, 징검다리 건너기, 풍선 이어달리기 게임, 훌라후프 전달하기 게임, 물풍선 받기 게임, 신발 던지기 게임 등을 진행하였으며 행사장에 마련된 장기 부스에서는 장기 대회를 진행하였다. 각 게임의 우승팀에게는 푸짐한 선물을 전달하였으며, 서로가 함께 모여 즐거운 시간을 보내는 가운데, 행사장에 마련된 다양한 음식 부스에서 행사 시작전 나눠준 쿠폰을 이용하여 맛있는 음식과 음료를 즐길 수 있었다.

점심시간에는 백세시대 6학년 2반 무용팀이 〈아리랑과 모리화의 만남〉

의 아름다운 무용을 선보였으며 백세시대 6학년 2반 브라더팀의 〈진또배기〉 색소폰 연주와 조별 교민과 동포의 즐거운 장기자랑 시간이 있었다. 한국 아이들과 중국 아이들은 이번 체육대회 행사를 통해 교류하며 하나가 되었고 무더운 날씨를 피하기 위해 마련된 물놀이 도구를 이용하며 서로 즐거운 시간을 보냈다.

행사 당일 오후에는 중·한 대항 친선 축구경기와 족구경기가 진행되었다. 무더운 날씨에 못지않게 경기장의 열기는 매우 뜨거웠다. 각 팀을 응원하는 소리가 행사장을 가득 채웠으며 친선경기를 통한 상호우호와 협력의 장을 마련하였다.

폐막식에서는 진행된 〈제3회 한중우호 환경보호 캠페인 친목 등산대회〉에서 진행된 부속행사 백일장과 사생대회의 시상식을 진행하였다. 시상 내용으로는 각 부문 대상, 최우수상, 우수상, 특선 입선으로 총 43명의 학생에게 상장을 전달하였으며, 주중대한민국대사관 송선용 참사관이 대상인 대사상을 대신 전달해 주었다. 지난 5월 27일 구룡산에서 진행된 제3회 중한우호 환경보호 캠페인 친목 등산대회에 "한중우호"와 "환경보호"라는 주제로 사생대회 및 백일장을 진행한 작품 중 우수한 작품을 선별하여 본 행사에서 시상을 진행하게 되었다. 이를 통해 학생들의 환경보호 정신과 한중우호의 아름다운 가치를 일깨웠으며, 미래 꿈나무들이 남긴 글과 그림은 소중한 자연에 대한 사랑과 한·중 간 우호의 증표로 남겨졌다.

천진한국인(상)회 박홍희 회장은 본 행사를 통해 돈독해진 우호를 토대로 서로 돕고 상생하는 우리가 되기를 희망하며, 무더운 날씨에도 참석해 주신 천진 교민과 동포 여러분 그리고 내·외빈 여러분께 감사의 인사를 전하며 항상 건강하시고 하시는 일들의 순탄함을 기원해 드린다고 감사의 말을 전했다. 본 행사를 준비하는 동안 많은 봉사자들이 중한 체육운동대회 화합의 장을 마련하기 위한 뜻을 모아 힘을 쏟았으며 행사에 참여한 모든 참석자는 중·한 간 우정과 연대를 지속적으로 나누며 앞으로도 중·한 우호 정신을 기반으로 상호 협력이 지속되어 나갈 것을 기대하였다.[13]

5. 민족문화 행사의 의미와 이후의 방향

천진조선족은 1945년 한반도 광복 이후 중국에 남은 일부 한인 그리고 1949년 중화인민공화국 창립과 1980년대 중국의 개혁개방을 거치며 그리고 1992년 중한수교 이후 2000년대 이후 동북지역 등 각지에서 온 조선족들로 이루어졌다. 천진조선족사회의 문화는 디아스포라 문화로서 주로 사회적 기능과 교육적 기능이 있다. 사회적 기능을 통해 조선족 공동체의 구성원으로서의 정체성을 확인하고 공동체 의식을 고양하며 사회적 결속력 강화와 통합을 도모하고 무엇보다 국가에 대한 소속감과 정체성을 확립시켜 자신이 속한 집단에 대한 자긍심 내지는 자부심을 느끼게 한다. 그리고 교양적 기능으로서 전통문화교육의 기능이 있다.

---

13   김미화, 「2023년 제1회 중한우호 체육대회 단오날 개최」, 『흑룡강신문』, 2023.6.27.

존재하는 문제점이라면 정보의 부진, 특색의 부진을 들 수 있다.

정보 부진은 언론매체의 부재를 들 수 있다. 언론매체는 민족사회 정보의 교두보이자 동포 간 교류장의 활력소이다. 천진조선족사회의 경우, 언론매체의 부재는 민족사회의 응집력, 정보의 홍보력을 약화시킨다. 금번의 자료 수집을 위해 여러 언론매체의 기사를 검색하였지만, 소식 보도가 거의 없어 예전 행사의 상세한 정보를 수집하는 데 어려움을 겪었는데 그나마 2006년부터 연의회와 여러 협회에서 만든 위챗 계정이 있어 일부 행사를 추적할 수 있었다. 천진조선족사회 언론매체의 구축이 시급히 필요한 시점이다.

특색 부진은 천진조선족으로서의 특색이 분명하지 않다는 점이다. 천진이라는 지정학적 특색을 이용한 특색 있는 천진조선족 브랜드의 발굴과 창출, 경제 활성화를 위한 콘텐츠의 모색, 브랜드 경제 활성 방안으로서의 문화거리 조성 등은 개인 차원이 아닌 전체 천진조선족이 공동으로 모색하여 정부와 함께 손잡고 해결해 나가야 할 과제이다.

1. 디아스포라 조선족 아리랑의 서사와 담론

아리랑은 한민족의 정체성을 표상하는 민족의 노래이다. 아리랑은 적대
적 남북관계에도 동질성의 끈이 되어 '국가'의 경계를 넘어 '민족'이란 호
명으로 하나로 묶어주고 해외에 거주하는 한민족에게 민족적 정체성을 확
인시켜준다.

아리랑이 널리 확산되고 한민족의 아이콘이 된 것은 1926년 나운규의
영화 〈아리랑〉에서 비롯되었다. 영화 예술인이자 독립운동가인 나운규 감
독은 나라 잃은 설움을 영화에 간접적으로 표현하였다.

영화 스토리는 간단하다. 대학을 다니다 3.1운동의 충격으로 정신이상
이 된 주인공 영진에게 아끼는 여동생이 있었다. 일본 경찰의 앞잡이 노릇
을 하는 기호가 어느 날 여동생을 겁탈하려고 하자 영진은 기호에게 낫을
휘두른다. 영진은 일본 순경에게 붙잡혀 수갑을 찬 채 끌려간다. 이때 주
제가 '아리랑'이 흐르며 영화는 끝난다.

주인공 영진의 모습이 마치 나라를 잃고 정처 없이 헤매어 한반도를 떠
나 만주로, 연해주로 이주하는 수난당한 한민족과 같다고 생각한 관객들
은 영화의 주제가인 '아리랑'의 흐름과 함께 영화관을 울음바다로 만들었
다. 영화의 주제가는 우리가 익숙히 알고 있는 가사이다.

1 나를 버리고 가시는 님은 / 십 리도 못가서 발병 나네

2 청천 하늘엔 별도 많고 / 우리네 살림살이 말도 많다

3 풍년이 온다네 풍년이 온다네 / 이 강산 삼천리에 풍년이 온다네

4 산천초목은 젊어만 가고 / 인간에 청춘은 늙어가네

　(후렴) 아리랑 아리랑 아라리요 / 아리랑 고개로 넘어간다

예전의 지역적인 민요 아리랑은 개인적인 차원에서만 불렸고 공동체적 집단의식은 발견되지 않았다. 이 가사에서는 '우리네 살림살이' '이 강산 삼천리'라는 국토관념, 민족이라는 더 큰 대자아로 비약하게 된다. 이는 영화 안팎의 사람들을 이 강산의 일원으로 동참시켜 노래의 민족 정서적 공감 속에서 집단적 눈물을 자아내게 하고 상상의 공동체로 메아리치게 하였다.

일제는 〈아리랑〉이 민족의 얼이 깃들어있다고 하여 상영금지령을 내렸고 아리랑 노래를 부르는 것을 금지했다. 그리고 조선인 작가들을 동원하여 대동아 공영을 위한 황국신민의 친일 아리랑을 만들게 하였다. 대표적인 것이 윤해영의 〈만주 아리랑〉이다.

그러나 조국독립을 위해 항일투사들이 건너온 만주나 중국지역은 항일독립운동근거지가 되면서 독립운동을 고취하는 아리랑이 탄생하였다. 여기에는 〈광복군 아리랑〉, 〈독립군 아리랑〉, 〈혁명 아리랑〉 등이 있다. 〈독립군 아리랑〉의 "일어나 싸우자 총칼을 메고 일제 놈 쳐부숴 조국을 찾자 / … / 부모님 처자들 이별을 하고서 왜놈들 짓부숴 승리를 하자 / … / (후렴) 아리아리 스리스리 아라리 났네, 독립군 아리랑 불러를 보세" 가사에는 총칼 들고 일제 놈 싸워 이겨 조국을 되찾자는 항일의 의지, 저항의 의지가 굳게 표현되어 있다.

민요뿐만 아니라 중국지역에는 항일의식과 항전참여를 독려하기 위한 〈아리랑〉 무대가 열렸다. 그 일례로 1938년 조선의용대가 계림에서 공연한 연극 〈아리랑〉, 1940년 서안을 비롯한 전선 지역이 가까운 서북지역에서 순회공연한 한유한의 가극 〈아리랑〉 등을 들 수 있다.

조선의용대의 〈아리랑〉은 아리랑 고개를 넘어 고향을 떠나 이역을 유랑하는 조선민족의 고통스러운 삶을 표현하였다. 일제강점기 늙은 농부와 소녀가 침통한 표정으로 한번 떠나면 영원히 조국으로 돌아올 수 없는 아리랑 고개를 넘는 장면들이 나오고 극의 결말은 죽더라도 조국의 품 안에서 죽겠다고 절규하는 청년들의 굳은 의지로 끝난다.

예술가이자 독립운동가인 한유한이 창작한 가극 〈아리랑〉은 극정이 조선의용대의 〈아리랑〉에 비해 심오하다. 평화로운 조국의 품에서 살던 목동과 촌녀는 연인관계에서 부부의 연을 맺었다. 그러나 아리랑 산 정상에 일본 국기가 걸리고 강산은 혈흔으로 물들었다. 그들은 늙은 부모와 이별하고 산 아래서 보국을 맹세한 뒤 한국혁명군에 가담한다. 그 뒤로 그들은 압록강을 건너 수십 년 전 떠나온 고향에 돌아와 전투에 임한다. 그러나 적의 포화 속에서 장렬히 희생되고 한국 국기는 다시 아리랑 산 위에서 나부낀다.

이국에서 망국노로 살아가면서 독립을 위해 고군분투하는 조선인에게 아리랑은 저항의 상징이었다. 공연 이후 공연대가 지나간 서안 외곽 전쟁 구역에는 아리랑 노래가 유행할 정도로 중국인들의 호응이 대단했다고 한다. 이 공연은 항전에 참전하고 있는 독립군을 독려하였고 중국인들에게 조선인은 함께 일본을 상대로 싸울 수 있는 항일역량이라는 인식을 심어주었으며 그들을 항일투쟁으로 끌어들이는 구국 투쟁운동의 대외선전역할을 하였다.

해방 전 동북을 비롯한 중국지역에는 항일 아리랑이 있었는가 하면 일제의 수탈을 피해 두만강, 압록강을 건너 살길 찾아 북간도로 이주하는 이주 아리랑이 있었다. 여기에는 민요 〈신아리랑〉, 〈북간도〉 등을 들 수 있다. 〈신아리랑〉의 "밭 잃고 집 잃은 동포들아 어디로 가야만 좋을까 보냐 / 쓰라린 가슴을 움켜쥐고 백두산 고개를 넘어간다 / (후렴) 아리랑 아리랑 아라리요 / 아리랑 고개로 넘어간다", 〈북간도〉의 "문전옥답 다 빼앗기고 거지 생활 웬 말이냐" 등 가사들은 이주 시기의 어려움을 잘 반영하고 있다. 아리랑 고개를 넘어간다는 것은 일제에 삶의 뿌리가 뽑혀 고향을 떠나는 것을 의미한다. 아리랑 고개는 이별 고개이고 원한 고개이며 설움 고개이다. 이주 아리랑은 이산의 상징이고 민족 수난의 상징이다.

그 외에도 이주역사에 관한 아리랑으로 실제 사건에 의거한 리혜선의 논픽션 『두만강 충청도 아리랑』(2001)을 들 수 있다. 이 저서는 1938년에 충북지역에서 180여 호가 집단으로 이주하여 정착함으로써 생겨난 마을 도문시 량수진 정암촌 사람들의 이주 이야기를 담고 있다. 그들의 집단 이주, 광복, 한국전쟁, 집체화와 문화대혁명 등의 시대적 상황에 따른 이주민의 삶을 객관적으로 조명하였다. 특히 일제의 강제이주정책으로 기인한 뜻하지 않은 고향과의 이별, 그 이별의 아픔을 삭이며 살아야 했던 애절한 삶을 그려냈다. 이는 조선족 이주사의 축도로서 디아스포라 '아리랑'의 또 다른 얼굴이다.

'랩소드 오프 C 아리랑'(일명 청주 아리랑) 제작진은 이러한 사실에 근거하여 현장조사를 통해 살아 숨 쉬는 소설 속 인물들과 일일이 접촉하면서 세세한 감정까지 포착하여 다양한 예술 장르를 접목한 스팩타클한 공연을 2014년 서울 구로에서 선보였다.

1945년 한반도의 광복과 1949년 중국의 해방 이후 동북지역에 100만 명 정도 남은 조선인들은 중국의 소수민족 일원인 중국조선족으로 살아갔다. 해방 초기 조선족의 아리랑은 조선의 영향을 많이 받아오다가 중국 현지에 맞는 가사와 한국의 아리랑과 중국의 아리랑 선율을 혼합한 조선족 특색의 아리랑을 창출하였다. 여기에는 〈새 아리랑 2〉, 〈장백 아리랑〉, 〈연변 아리랑〉, 〈장백송〉, 〈장백 가요〉 등을 들 수 있다.

〈새 아리랑 2〉의 "아리랑 아리랑 아라리요 / 새로운 이 마을에 봄이 왔네 / 보슬비 내리어 땅이 녹고 흙냄새 구수하다 / … / 뻐꾹새 밭갈이 재촉한다" 가사는 중국의 건국토지개혁정책 아래 분배받은 땅에 씨앗을 뿌려가는 농민의 기쁜 심정과 삶의 활력을 표현하였다. 〈장백의 새 아리랑〉의 "장백산 마루에 둥실 해 뜨니 푸르른 림해는 / 록파만경 자랑하며 설레이누나 / 칠색 단을 곱게 펼친 천지의 폭포수는 / 이 나라 강산을 아름답게 치장하네 / 아리아리랑 스리스리랑 아리아리 스리스리 아라리가 났네 / … / 아리아리 스리스리 아라리가 났네, 장백산은 우리의 자랑일세" 가사는 백두산과 장백폭포를 통해 조국 산하의 아름다움을 찬양하였다. 여기에서 아리랑은 기쁨의 아리랑이고 행복의 아리랑이다.

연변가무단은 아리랑을 주제로 가극, 무극을 창작하였다. 1989년에 창작된 대형가극 〈아리랑〉은 민간에 유전되고 있는 '아리랑 설'을 기초로 하여 발전시킨 것이다. 2016년의 대형 무극 〈아리랑 꽃〉은 근 3년간의 세월을 들여 창작하였는데 중국조선족 무용가를 창작원형으로 하였다. 꽃의 고유한 속성인 향기에 입각하여 서막 '향기 속으로', 1막 '파란 향기', 2막 '빨간 향기', 3막 '하얀 향기', 4막 '노란 향기', 종막 '천년 향기' 등 6개 부분으로 나뉘어 입체감을 살리는 현대적이고 몽환적인 조명, 전통악기와 관현악을 결부한 음악과 판소리, 다채로운 무용 형식을 아울러 화려한 그림으로 펼쳤다. 플래시백(倒叙)형식으로 예술을 추구하는 한 중국조선족 무용가의 인생을 다루었다. 극은 무용가 순희의 해방 전부터 지금까지의 파란만장한 예술 인생과 피나는 노력으로 우수한 예술인으로 거듭나는 과정을 보여줌으로써 중화 대가정 속에서 중국조선족의 불요불굴 정신과 민족의 전통문화를 집중적으로 나타냈고 이를 통해 열정적이고 진취적인 길림성 여러 민족 군중들의 정신 면모와 번영발전하고 조화롭게 진보하는 변강의 국면을 표현했다. 제5회 전국소수민족 문예공연에서 출중한 표현으로 폭발적 인기를 누렸으며 조선족의 열의 높은 매일 투표와 함께 고득점으로 금상을 수상하였다.

이상 디아스포라로서의 조선족 아리랑은 이주역사를 반영하는 아리랑, 독립운동을 고취하는 아리랑, 내 고향과 내 조국을 찬양하는 아리랑으로 나눠보았다. 이는 한민족의 근현대역사와 함께 중국지역의 현실성이 결부된 조선족 특유의 아리랑이다. 조선족 아리랑은 조선족의 운명과 함께 울고 웃으며 살아온 노래이다. 거기에는 이주할 수밖에 없는 한이 서려 있고 침략자에 대한 저항이 표현되어 있으며 새로운 삶에 대한 신명이 체현되어 있다.

남북의 삼각점에 있는 중국조선족은 어제도 아리랑을 불렀고 오늘도 부르고 있으며 내일도 부를 것이다. 그리고 계속하여 아리랑 고개를 넘을 것이다. 국제정세에 긴장이 감도는 갈등의 현대판 아리랑 고개, 그 해법을 아리랑으로 풀었으면 한다.

아리랑은 한민족의 유전자 압축파일 같은 존재다. 현재 50여 종의 갈래에 8천여 수로 세계로 널리 퍼져있는 아리랑에는 민족 정서인 한과 대동 정신의 신명과 같은 감성, 하나가 되는 어울림 정신이 있다. 민족모순, 국가모순을 녹일 수 있는 창조적 힘과 가치가 내재되어 있다. 한국 아리랑을 대표하는 한류의 세계적 열풍, 세계 최대 규모를 자랑하는 조선의 아리랑 대집단체조, 그리고 세계스포츠대회에서 여러 차례 남북의 스포츠단일팀의 국가나 응원가로 된 아리랑은 민족과 세계 통합적 이데올로기로서 남북의 화합과 세계 화합의 가능성을 제시하고 있다.

예술을 넘어서서 아리랑을 부르며 손에 손잡고 마음을 터놓을 수 있는 대동과 상생의 한마당, 남북이 그리고 세계가 아리랑 정신으로 통섭의 장, 세계평화의 장을 열어 가는 그날을 바란다.

(인민넷, 2017.4.17)

2. 전승과 발전: 중국조선족 무형문화유산에 나래를!

　지난 10월 26일, 국무원 학위위원회에서는 천진대학에서 신청한 중국 내 최초의 비물질문화유산학(非物質文化遺産學) 융합학과(交叉學科) 석사학위과정의 개설을 허가한다고 발표하였다. 이는 2021년 3월 교육부에서 비물질문화유산보호를 대학교 학부학과목의 새로운 전공목록으로 지정한 후의 구체화 작업이며 또한 4월에 국무원 학위위원회판공실에서 내린 〈부분적 학위과정에서 비물질문화유산 방면의 인재양성사업을 시행할 데 관한 통지〉와 8월에 중공 중앙 판공청과 국무원 판공청에서 내린 〈비물질문화유산의 보호 사업을 진일보 강화할 데 관한 의견〉 문건 정신과도 맞물린다. 〈비물질문화유산의 보호 사업을 진일보 강화할 데 관한 의견〉에서는 특히 "대학교의 비물질문화유산학과 체계와 전공 건설을 강화하고 조건이 되는 대학교에서는 자주적으로 석사과정과 박사과정을 개설할 수 있다"라고 명확히 했다. 비물질문화유산학과의 공식적 설립은 중국 비물질문화유산학의 인재양성이 고차원적이고 전문적인 새로운 역사적 단계에 진입했음을 설명한다.

　비물질문화유산(非物質文化遺産)은 중국에서 쓰는 용어로 간단하게 非遺라고도 한다. 한국, 일본, 대만에서는 인류무형유산(人類無形遺産)이라는 용어를 사용하고 있다. 정식이름은 '인류 구전 및 무형유산 걸작(Masterpieces of the Oral and Intangible Heritage of Humanity)'으로 이를 줄여서 인류무형문화유산이라 부른다. 비물질문화유산과 인류무형유산은 용어상 차이를 보이지만, 모두 형체가 없는 문화유산을 뜻하고 있다. 이 글에서는 이 둘을 혼용하여 쓰되 무형유산에 치중하여 이야기하려고 한다.

인류무형문화유산은 2003년 유네스코 무형문화유산보호협약에 의거하여 문화적 다양성과 창의성이 유지될 수 있도록 대표목록 또는 긴급목록에 각국의 무형유산을 등재하는 제도이다. 2005년까지는 유네스코 프로그램사업이었으나 그 이후로 세계유산과 마찬가지로 국가 정부 간 협약으로 발전되었다. 인류무형유산에 관한 연구와 관심은 길어도 20년밖에 되지 않는다. 중국학계에서의 중시도 20세기 말 정부에서의 중시가 시작되면서 점차 가열되기 시작하여 21세기 초에 진입해서야 이 개념이 실천의 토론에 이르게 되었고 차츰 사회로 진출하여 백성들에게 알려지고 익숙해지게 되었다. 인류무형문화유산이 형체가 없는 유산이라면 세계문화유산은 인류의 보편적이고 뛰어난 가치를 지닌 부동산유산이고 기록유산은 고문서 등 귀중한 기록물을 보존하고 활용하기 위한 동산의 유산이다.

인류무형문화유산은 주로 그 다양성과 창의성에 근간을 두고 있다. 그 사례로 중국의 단오절(端吾節), 고금예술(古琴藝術), 중국조선족농악무(中國朝鮮族農樂舞), 중국그림자극(中國皮影戲) 등; 한국의 단오제, 농악무, 아리랑, 김장 문화 등; 조선의 아리랑과 김장 문화를 들 수 있다.

단오가 5월의 세시풍속을 가리키는 용어이고 단오제가 한국과 중국에 모두 있지만 각자 형성된 문화는 다르다. 2005년에 유네스코에 등재한 한국의 강릉단오제는 신화, 가면극, 제의, 무속 등 강릉단오제의 독창성을 지니고 있으며 신과 함께 인간의 애환을 풀어내고자 하였다면 2009년에 유네스코에 등재한 중국의 단오절은 위령과 치병에 기원을 두고 있다. 강릉문화제는 강릉지방에서 대관령 산길의 안전통행 또는 풍작, 풍어와 같은 청안을 기원하여 거행하는 동제이고 창포를 삶은 창포물에 머리를 감고 단오떡을 먹는 등 풍습이 있다면 중국 단오절은 용선 겨루기를 하고 쭝즈를 먹는다. 이는 인류가 창조한 문화의 다양성과 독창성을 증명하고 있다.

조선반도의 한국과 조선이 유네스코 문화재에 등재한 '아리랑'도 그렇다. 한국의 아리랑(2012)은 경기도, 충청도, 강원도, 충청도, 경상도, 전라도, 제주도 지역의 아리랑이라면 조선의 아리랑은 평양, 평안도, 황해도, 강원도, 함경도, 자강도 지역의 아리랑이다. 2009년 국가급 비물질문화유산으로 등재한 조선족의 아리랑타령도 한국, 조선과 다른 역사적, 음악적 정서가 다른 중국조선족 아리랑이다. 이는 "아리랑은 꽃씨와 같은 것이다. 꽃씨가 옷깃에 묻어 연변 땅에 뿌려지면 연변지형에 맞는 꽃이 피고 러시아에 떨어지면 러시아지형에 맞는 꽃이 피듯이 꽃씨는 같지만, 꽃은 지형에 따라 다를 수 있다."라는 어느 학자의 말과 같이 근원은 조선반도이지만 조선족의 역사적, 음악적 정서에 맞게 창조된 아리랑이다.

마찬가지로 2013년에 유네스코에 등재한 한국의 김장 문화가 한국의 남부지역을 대표하는 음식이라면 조선의 김장 문화는 북부지역을 대표하는 김장이다. 중국조선족의 경우, 성급 무형문화유산인, 길림성 도문시에서 신청한 조선족 김치담그기(2009), 흑룡강성 녕안시에서 신청한 조선족 김치(2016)는 모두 나름의 독특성과 다양성을 말해주고 있다.

2009년 유네스코 무형문화유산에 등재된 중국조선족의 농악무는 중국조선족 최초의 세계급 무형문화유산이자 중국의 유일무이한 무용 종목의 세계급 무형문화유산이다. 중국조선족의 농악무(2009)는 분명히 뿌리를 조선반도에 두고 있지만 백여 년이라는 중국의 역사 인문 자연환경 속에서 나름의 변화양상을 거쳐 조선족 농악의 대명사로 각인되어 2014년 유네스코에 등재한 한국농악과 구별된다.

민속학자들의 연구에 따르면 이주 초기 조선족의 농악무는 조선반도의 성격을 지니고 있었고 지역적 특수성이 결여되어 있었는데, 새 중국이 창건되고 문화대혁명의 단절기를 거친 후에 완전히 바뀌었다는 것이다. 즉 중국의 현실정치를 충실하게 반영하고 타악기가 자취를 감추고 관현악 반주가 등장하며 마을 단위의 종합놀이에서 상모춤 위주의 무대공연으로 바뀌는 등 더 이상 놀이가 아닌 순수 예술로 탈변했다는 것이다. 농악무의 상모춤도 조선반도의 원형을 유지하면서 조선족만의 새로운 특징을 지니고 있다는 것이다. 이를테면 대상모는 20세기 70년대에 나타났으며 형태와 색상도 검은색으로부터 중국인들이 좋아하는 붉은 색과 연분홍색으로 바뀌었고 기법도 조선족만의 천권 기법과 삼채식 띠 돌리기 등의 독특한 기법이 가미되었다는 것이다.

조선족 농악무는 조선족 문화가 지닌 특징을 단적으로 보여주고 있다. 그것은 바로 조선반도에서 이주하면서 지니고 온 조선민족의 특성과 오랜 세월 중국이란 환경에서 농경 생활하면서 지닌 대륙의 문화와 기질이 융합되어 창조되고 발전한 나름의 생산 문화적이고 공동체적이며 이중적인 독특하고 다양한 성격이다.

조선족 문화는 우리 선조들이 조선반도에서 중국으로 이주하여 생활하는 150여 년이란 정착과정에서 창조해낸 지혜의 결정체이다. 그러나 농경 생활이 중심이 되어 형성된 우리의 문화는 현재 도시화로 인한 인구 유동으로 조선족 집거지의 인구가 급격히 감소하고 시장경제로 인한 상업개발과 현대화한 생산 생활방식으로 전통문화의 생태환경이 악화하고 있다. 특히 형체가 없이 가변적 성격을 띤 무형문화유산은 잘 보호하지 않으면 언제든지 소실될 우려를 자아내고 있다.

이러한 문제점들을 해결하고 조선족 무형문화유산을 보호하고 전승하려면 일련의 계획적이고 체계적인 방안의 모색이 필요하다. 우선은 학술적으로 조선족 무형문화유산을 하나의 학문으로 혹은 학과목으로 지정하고 이에 대한 전면적이고 체계적인 자료정리와 깊이 있는 연구 작업이 선행되어야 하고 학회 설립, 학회지 만들기 등의 작업이 필요하다. 다음은 제도적으로 무형문화유산의 발굴과 경비조달, 인재양성, 저작권 보호법이 이루어져야 할 것이다. 그다음으로 시장경제의 상업적 요소와 현대화의 콘텐츠를 이용한 박물관 설립, 문화축제 활성화, 홈페이지 구축 등 일련의 홍보작업이 선양되어야 할 것이다. 그리고 조선족 문화의 근원은 조선반도에 뿌리를 두고 있기에 조선족 무형문화유산의 전승과 발전을 위한 조선반도와의 협력과 연대가 필요하다는 것을 간과할 수 없다. 조선민족문화권 내지는 동아시아 문화권에서의 국제적인 협력을 도모해야 한다.

현시대를 살아가고 있는 우리는 우리의 문화를 어떻게 이끌고 또 후손들에게 어떻게 넘겨줄 것인가를 항상 고민해야 한다. 문화가 없는 민족은 영혼이 없는 민족이다. 문화는 한 민족의 아이덴티티(특징)와 그 시대의 정체성을 대표하는 아이콘이다. 또한, 문화는 어느 민족, 어느 국가를 떠나 세계적인 것이다. 중국조선족이 특유의 문화에 나래를 달아 더욱 도약하는 민족으로 거듭나기를 바라마지 않는다.

(인민넷, 2021.12.15)

3. 중국조선족의 융합문화

중국조선족은 19세기 중엽에 한반도에서 두만강과 압록강을 건너 중국에 이주한 한민족의 후예로서 인종적으로 조선(한)반도와 뿌리가 같고 국가적으로는 중국 국적을 소유하고 있다. 이주 100여 년이 넘는 조선족은 중국 땅에서 한편으로 조선반도문화의 영향을 직접 받아오면서도(해방 이후는 조선문화의 영향을, 중한수교 이후에는 한국문화의 영향을 많이 받았다) 다른 한편 중국문화의 환경 속에서 조선반도문화와 중국문화를 혼용하고 융합하여 생활하면서 나름의 독특한 조선족 자생문화를 창출하였다. 이 글에서는 자생문화에 앞서 조선족 문화 특징 중의 하나인 융합문화에 대해 담론하고자 한다.

'융합融合'의 사전적 의미는 '다른 종류의 것이 녹아서 서로 구별이 없게 하나로 합하여지거나 그렇게 만듦, 또는 그런 일'이다. 순수한 우리말로 '비빔', '섞음'이라 말하기도 한다. 둘 이상이 모여 새롭고 유익하게 만들어진 창조적 섞임을 말하기도 한다. 민족문화와 중국문화가 공존하면서도 둘이 섞여 만들어진 조선족 특유의 혼종 문화, 융합문화는 조선족 삶의 가장 기본요소인 언어와 음식, 거주문화에 체현되어 있다.

우선 한반도에서 내려온 우리말 단어 자체에서 융합의 정신을 볼 수 있다. 외래어가 들어오면 중국의 경우는 중국식 이름으로 창씨개명을 하고 일본의 경우는 외래어를 그대로 쓴다. 그러나 우리말은 한자어나 외래어가 들어와도 조화롭게 결합시키는 융합 정신이 있다. 예로 한자어와 결합한 '황토흙', '초가집', '역전앞' 등을 들 수 있다. 한자어에 '토土', '가家', '전前'이 있음에도 고유어인 '흙', '집', '앞' 자를 추가하여 융합시켰다. 외래어와 결합한 단어로는 '닭도리탕', '모찌떡', '라인선상', '지프차' 등을 들 수 있다. 외래어인 '도리', '모찌', '라인line' '지프jeep'에 우리말인 '닭', '떡', '선', '차'를 겹쳐놓아 융합시켰다. 이는 한자어나 외래어가 들어왔을 때 그들을 배척하는 것이 아니라 끌어안아 우리말과 접목하여 한데 아우르는 융합 정신을 보여준다.

중국조선족의 경우, 일상생활에서 습관적으로 조선어(중국조선족), 한국어(한국), 문화어(조선), 한자어(중국), 외래어(외국)를 혼용하여 쓰고 있다. 예를 들면 중국조선어에 흔히 쓰는 한자어 '소학교', '공작단위(工作單位)', '견지하다'; 연변방언 '와늘', '얼빤하다', '탈망살이', '매짜다'; 문화어 '끌신', '창문보', '물보라'; 한국어 '몸짱', '얼짱', '짱짱하다' 등을 두루 쓰고 있다. 거기에 제지해야 할 사항이겠지만 '쌍발(上班)', '츠판(吃饭)', '샹차이(香菜)' 등 통째로의 중국어단어들까지 가세하여 일상용어로 혼용하여 사용한다.

단어뿐만 아니라 언어 구사에서 중국조선족은 어릴 때부터 조선어는 모국어로, 중국어는 일상용어로 하면서 이중언어를 동시에 자유자재로 구사한다. 즉 중국조선족은 태어나서부터 자연적이고 무의식적으로 우리말과 중국어, 두 개의 언어를 동시에 습득하는 조기 이중언어구사자이다. 과학자들이 12세를 기준으로 조기와 후기로 나누어 이중언어구사자들의 뇌 활성화 이미지를 관찰한 연구결과에 따르면, 12세 이전에 배운 제2 언어는 제1 언어와 뇌 활성화 부위가 같지만 12세 이후에 배운 언어는 부위가 다르다는 것이었다. 즉 12세 이전에 배운 제2 언어는 동일하게 모국어가 된다는 것이다. 조기 이중언어발달자는 단일 언어학습자에 비해 타 외국어를 습득하고 융합하는 능력이 월등히 높다.

다른 한편으로 조선족의 융합된 민족 언어 구사는 중국이란 한자문화권에서 남과 북의 삼각점에 있는 중국조선족 지역은 지리적, 문화적, 역사적 특성으로 말미암아 한국의 한국어와 조선의 문화어, 중국의 한자어의 자양분을 나름대로 섭취하는 '융합의 장'이어서 가능하지 않을까 생각해 본다. 이러한 장이 될 수 있었던 것은 조선-중국의 전통적인 우호 관계에 1992년에 이루어진 중한수교, 그리고 사회주의체재를 유지하면서 자본주의적 시장경제를 받아들이고 있는 중국에서, 원형의 민족적 정서와 문화를 잘 보존하고 있는 중국조선족 지역만이 남과 북의 사람들, 중국인, 조선족이 공존하고 여러 언어를 받아들여 혼용하고 융합할 수 있는 장이 될 수 있지 않았나 싶다.

다음으로 음식문화에서도 융합의 정신을 찾아볼 수 있다. 조선족 음식의 특징은 한국 음식과 중국 음식의 융합에 있다. 상차림을 보면 김치, 된장찌개와 같은 한식과 볶고 지지고 한 볶음 반찬 중식의 융합이다. 중국 음식만 먹으면 기름기가 많아 느끼해서 김치와 찌개를 찾게 되고, 김치와 찌개만 먹으면 속이 허해서 금방 배고프다. 그리하여 서로 다른 두 가지 성질의 음식인 한식과 중식을 한꺼번에 차려서 먹는 조화로움은 조선족만의 독특한 음식문화이다. 그러나 한식이나 중식을 그대로 두지 않고 나름대로 입맛에 맞게 조화, 융합시킨다. 조선족들이 즐겨 먹는 개장국, 동북생채무침(东北凉拌菜), 건두부무침, 양꼬치, 순대 등 음식은 모두 조화와 융합의 산물이다.

개고기는 서양에서는 기피하지만 동양에서는 즐겨 먹는 음식이다. 개고기를 된장으로 끓인 국에 말아 먹는다는 말에서 비롯된 '개장국'은 '개장'이라고도 한다. 한국에서는 '보신탕', 조선에서는 '단고기'라 부른다. 개장국은 삼계탕과 함께 삼복철의 대표적인 음식이다. 개고기의 식용에 관한 역사적인 최초의 자료는 사마천의 『사기』 진기 제5장에서의 "진덕공 2년(기원전 679)에 삼복날에 제사를 지냈는데 성내 사대문에서 개를 잡아 충재를 막았다"라는 기록으로 보고 있다. 중국은 춘추전국시대부터 명·청 시기까지 개고기는 상류층만이 향유할 수 있었던 고급음식이었다 한다. 한반도의 개고기 식용은 고구려 고분벽화에 등장하는 개 잡는 장면으로 그 시기를 추측하고 있다.

중국조선족의 개장국은 한식과 중식의 융합이다. 한반도의 개장이 대체로 삶아서 잘게 찢은 개고기와 함께 파, 고춧가루, 생강 등을 넣고 푹 끓인다면 조선족의 개장은 그 기초 위에서 중국요리의 향료인 팔각회향(大料)과 중국인이 즐겨 먹는 향 내음 나는 고수풀(香菜)을 더 넣는다. 향료는 노린내 없애는 역할을 하기도 한다. 지역에 따라 된장, 고추장, 시래기 등을 넣기도 하고 양념으로 소금, 고춧가루, 후춧가루, 간장, 깨, 파, 마늘, 고수풀 등을 넣기도 한다. 무더운 여름 복날 뜨거운 개장을 먹고 땀을 흘리고 나면 더위를 물리치고 몸의 혈맥을 다스려 허한 기운을 보충하는데 이는 건강유지에 필수음식이라 한다.

동북생채무침은 생배추, 오이, 숙주, 건두부(干豆腐), 묵랭채(拉皮), 돼지살코기, 고수풀 재료에 소금, 설탕, 미원, 간장, 후추, 향유, 기름 고춧가루 양념을 넣고 비비고 섞어 담백하고 시원하게 먹는 중식 요리 중의 하나이다. 중식이 담백하다면 조선족은 고춧가루를 듬뿍 넣고 설탕과 식초를 내서 맵고 달고 신 맛을 낸다. 건두부무침도 마찬가지로 건두부를 주재료로 파, 오이, 고수풀, 마늘 등을 넣어 맵고 새콤달콤하게 무친다. 양꼬치의 양념은 대체로 소금, 커민(孜然), 고춧가루, 생강가루, 양기름(羊油) 등을 섞는다.

국이나 무침은 색상이 다르고 성격이 다른 각 종류의 채소와 고기, 맛이 부동한 양념들이 한자리에 모여 섞고 비벼서 조화를 이루어내고 융합을 이루어 맛을 내는 것이다. 조선족 음식의 특징은 대체로 맵거나 혹은 맵고 달고 새콤하거나 혹은 향료를 써서 자극성이 있다. 이는 중국 동북 3성의 추운 기후를 이겨내기 위해 만들어진 알코올 농도가 높은 술과 궁합이 맞아떨어진다. 한식이나 중식을 토대로 나름대로 재료와 양념을 추가하여 자신들의 입맛에 맞는 새로운 음식으로 탄생시키는 것, 이는 한식과 중식을 아우르는 양극단의 통합과 융합으로 얻어낸 조화이다.

그다음으로 주거문화인 가옥에서 동북의 조선족 마을 가옥의 가장 큰 특징은 두 개의 문화를 한 공간에 구현하고 있다는 점이다. 즉 북방문화인 온돌과 남방문화인 마루를 하나의 공간에서 만나게 했다는 사례이다. 중국은 온돌이 있고 마루가 없으며 일본은 마루가 있고 온돌이 없다. 한반도는 온돌과 마루가 공존하는데 이 둘의 결합은 고려 시대부터 시작하여 한국거주문화로 자리매김하였다 한다. 한국은 대부분이 온돌은 집안에 낮고 평평하게, 마루는 바깥에 있다. 한반도에서 중국으로 이주한 우리 조상들은 한국거주문화의 기초 위에서 중국의 온돌문화를 답습하여 동북의 추운 기후에 알맞은 온돌문화와 마루문화로 변형시켰다. 온돌과 마루를 하나의 방 공간에 공존하도록 설계하였다.

온돌은 겨울을 대비하여 아궁이와 구들로 만든 난방장치이다. 조선족 가옥의 온돌은 아궁이는 집안이나 정주간에 있고, 구들은 한국처럼 신 벗고 들어가면 평평하고 낮은 것은 일부분이고 대부분이 중국 한족의 구들을 모방하여 걸터앉기 맞춤한 높이로 쌓아 올린 구들이다. 아궁이에 불을 지펴 넣어 가열하면 방 전체가 보온을 유지하고 온돌은 좌식생활의 공간으로 사용된다.

구들에는 아랫목과 윗목이 있는데 아랫목은 아궁이에서 땐 불기운으로 가장 따뜻한 곳이고 윗목은 아궁이로부터 거리가 가장 멀어 불기운이 거의 닿지 않는 가장 추운 곳이다. 이러한 아랫목과 윗목은 방 안의 공기 순환을 돕는 자연 공기청정기 역할을 한다. 즉 아랫목에서의 따뜻한 공기는 위로 올라가고 윗목에서의 찬 공기는 아래로 내려감으로써 저절로 공기 순환이 이루어지는 것이다. 이와 같은 자연적인 공기 순환은 더운 것과 찬 것을 융합시켜 집안 온도를 높인다.

마루는 여름을 대비하여 만든 더위를 식혀주고 습기를 차단하는 공간이다. 조선족 가옥의 마루는 추운 기후의 특성상 대부분이 안방의 온돌과 이어지고 온돌과 공존하며 간혹 바깥에 설치되기도 한다. 집안의 마루는 불을 지펴 음식 문제를 해결해야 하는 여름에 구들이 더워 나면 거기에서 생활하고 취침하는 공간으로 활용되고 바깥의 마루는 무더운 여름의 휴식처나 각종 곡식을 널어 말리는 등 다목적 공간으로 사용되기도 한다. 겨울과 여름이라는 계절적 수요에 따라 한집안에 공존하는 조선족 가옥의 온돌과 마루는 융합의 가치를 설명해주고 있다.

조선족 문화에서의 융합의 정신은 언어와 음식, 거주문화뿐만 아니라 수전과 한전 농사에서, 그리고 문화와 예술 등 기타 분야에도 반영되어 있다. 중국조선족의 이주역사는 한반도에서 만주(동북 3성)로, 동북 3성에서 연해도시로 다시 한국이나 일본 혹은 기타 세계로 이어지는 중첩된 디아스포라이다. 조선족 특성이 융합의 문화를 만들어내고 나아가서 조선족 삶을 반영하는 독특한 자생의 문화(조선족 문학, 조선족 예술 등)를 창출하지 않았나 싶다.

21세기는 통합과 융합의 시대이다. 섞여야 아름답고 섞여야 강해지며 섞여야 살아남는다. 중국조선족의 언어와 음식, 거주문화에 담긴 융합의 정신은 화해와 공생으로 나아가는 길에서 나눔, 어울림 등 의미의 글로벌 가치가 담겨있다고 할 수 있다.

(인민넷, 2017.8.28.)

중국소수민족 특색마을 문화 연구

중국에서 『한국문화』와 『조선어문』
교과서 분석 및 수업의 실제

1. 들어가며

문화란 의미를 한마디로 정의하기는 어렵고 시각, 연구자에 따라 다양하게 정의될 수 있지만, 간단히 정의하면 문화란 "사회의 구성원으로서 개인이 획득하는 지식, 신념, 예술, 도덕, 법률, 관습 등의 총체" 또는 "한 집단을 이루는 사람들의 독특한 생활방식과 생활을 위한 모든 설계"라고 정의된다.[1] 따라서 문화는 사회적으로 학습되고 구성원들에 의해 공유되는 모든 것이며, 비물질적 요소와 물질적 요소를 포함한다.

중국에서 한국어를 학습하는 학생들에게 한국문화교육은 필수적이다. 한국어를 공부한다는 것은 그 언어가 살아 숨 쉬고 있는 새로운 한국문화를 만나는 일이기 때문이다. 중국대학의 한국학과에서 이루어지는 한국문화교육의 경로는 대체로 두 가지 측면이 있다.

하나는 '기초한국어', '고급한국어', '한국어회화' 등 한국어 기초과목을 통해 한국어 의사소통과 글쓰기 능력 신장을 일차적 목표로 하는 전제하에서 이루어지는 문화교육이다. 다른 하나는 '한국개황(韓國槪況)'[2], '중한

1　http://terms.naver.com/entry.nhn?docId=2272641&cid=51299&categoryId=51304 네이버 지식백과에서 재인용

2　한국개황(韓國槪況)에서 개황은 대개의 상황 또는 대강의 형편과 모양을 가리키는 것으로 중국대학에서는 문화강의과목의 이름을 개황이라 명한다. 예: 한국개황, 일본개황, 러시아개황 등이다.

문화교류사' 등의 '문화' 학과목을 통하여 문화를 습득하고 인식하며 문화 능력 신장을 위한 문화교육이다. 여기에서 문화습득이나 인식은 문화 내용 요소나 그와 관련이 있는 지식 이해와 습득을 목적으로 하는 것이고 문화 능력은 문화에 대한 이해뿐만 아니라 문화적 행동으로 실천할 수 있는 능력을 말한다.

중국의 4년제 대학에서 대개 2학년 1학기 내지는 3학년에서 일주일에 2교시(90분) 수업으로 또 필수과목으로 개설되는 '한국개황'은 중국인 학습자들이 한국문화를 집중적으로 배우는 학과목이라 할 수 있다. 보통 한학기 16~17주로 수업이 진행된다.

수업에서 교재는 흔히 수업목표를 구현하는 중요한 수단이다. 교재에는 교수 목표, 교수 내용, 교수 방법, 교수 원칙들이 내포되어 있다. 또한, 교재는 해당 학과목의 발전 수준을 가늠하는 하나의 척도로 되기도 한다. 중국인 학습자를 위한 중국에서 출판된 한국개황교재의 편찬 상황을 살펴보면 여섯 종에 불과하며 한국에 비해 교재편찬 수량이 많이 뒤떨어졌다.[3] 또한, 국내에서 기타 과목인 '기초한국어', '한국어회화' 등 기초학과목에 비해서도 뒤떨어진 상황이다. 중국에서의 한국개황 교재의 편찬이 저조한 데는 지금까지 지역학으로서의 한국개황 교재의 편찬에 관한 연구의 소홀, 교재개발의 부진과 교수진의 지식구조 미흡 또는 한국어학과 특성에 대한 이해 부족 등을 원인으로 들 수 있다.

중국에서의 중국인 학습자를 대상으로 한국문화교육을 위한 기존의 연

이 글에서는 중국에서 자주 쓰는 학과목이름, 교재이름인 '한국개황'과 한국에서 쓰는 '한국문화' 용어를 혼용하여 쓰기로 한다.

3 나찬연·박영미의 「외국인을 위한 '문화교재'의 유형 분석과 개발 방향」(『인문학 논총』 제30집, 2012, 317~326쪽)에서는 2000년부터 2011년까지 한국에서 외국인을 위한 문화교재가 60여 종 출판되었다고 하였다.

구논문을 살펴보면 한국어교육과 관련된 한국문화교육의 논문은 많지만 분리된 한국개황 교재의 논문은 근근이 최수진[4]의 논문이 있었다. 여기에서는 교재의 형식적인 구성분포(쪽, 연습문제 배정 등)의 분석에만 그쳤다. 그러므로 중국에서의 문화교육을 위한 문화교재 내용분석에 관한 연구와 지역화 연구는 아직 찾아보기 어려운 상황이다.

이 글에서는 중국인 학습자를 대상으로 중국에서 출판된 한국문화교육용 한국개황 교재의 내용을 분석, 검토하고자 한다.

문화의 분류에 관해 체스테인(Chastain, 1978)과 헬렌(Henlon, 1980)은 문화를 '소문자문화'와 '대문자문화'로 분류하였고 레이먼드 윌리엄스(Raymond Williams, 1983)는 문화를 예술과 예술적 활동으로서의 문화, 삶의 방식으로서의 문화, 과정과 발전으로서의 문화로 구분[5]하였으며 해머(Hammerly, 1986)는 문화를 성취문화, 정보문화, 행동문화로 분류한 바 있다. 토말린 스템플리스키(Tourmaline Stemplerskiy)는 문화를 성취문화, 행위문화로 나누고 행위문화를 다시 산물, 관념, 행위로 나누었다. 모란(Moran)은 문화의 세 개 요소가 문화의 구성원들인 공동체나 개인 등과 분리되지 않는다고 하면서 이를 포함하여 문화의 5차원-산물, 실행, 관점, 공동체, 개인[6]을 제시하고 각 요소는 상호작용한다고 설명하였다.

---

4 최수진, 「对以学习者为中心的韩国概况教材的分析」, 『인문학연구』 제36집, 조선대학교 인문학연구원, 2008, 171~181쪽.

5 Williams. R. "Keywords: A Vocabulary of Culture and Society", 2nd, London: Fontana, 1983년. 네이버 지식백과에서 재인용 http://terms.naver.com/entry.nhn?docId=2272641&cid=51299&categoryId=51304

6 문화의 5차원에서 산물은 동식물과 같이 환경 안에 있는 것을 포함하며 문화의 구성원에 의해서 생산되고 채택되는 모든 인공산물이다. 실행은 문화구성원이 개인적으로 혹은 상호적으로 수행하는 활동과 상호작용의 전체 범위를 말한다. 관점은 문화를 실행하는 개인과 공동체의 지침이 되는 것으로 문화 산물의 기저에 깔린 인식, 신념, 가치, 태도를 나타낸다. 관점은 명확한 경우도 있

한국 내에서의 한국어 문화교육 내용의 체계적인 범주화의 작업 가운데서 위의 논의와 관련되는 논의를 주목해보면 조항록(2002)[7]은 언어, 신념, 가치관, 태도 등 사회구성원의 행위의 모든 것을 포함하는 생활문화와 사회구성원이 성취한 문물로 문학, 예술, 무용, 음악, 제도, 건축물 등을 포함하는 성취문화로 나누었다. 그리고 조항록(2002)[8]은 문화항목을 비교적 순수한 전통문화, 비교적 전통을 기반으로 하는 현대 일상문화, 비교적 순수한 현대문화로 분류하였다. 강현화(2011)[9]는 해머(Hammerly, 1986)의 분류에 따라 성취문화, 정보문화, 행동문화로 분류하였는데 국립국어원(2011)[10]에서도 대분류와 맥을 같이하여 분류하였다. 권오경(2009)[11], 김해옥(2014)[12]은 모란의 분류에 따라 성취문화, 행동문화, 관념문화로 분류하였다.

지만 대개 함축적이고 명확하지 못하다. 공동체는 문화를 실행하는 사람들이 속한 집단과 환경, 특정한 사회 상황을 포함한다. 개인은 문화나 공동체를 독특한 방식으로 만들어가는 구성원을 말한다. 개인은 공동체와 경험이 섞여지는 혼합체이며 다른 문화구성원과 분리되고 동시에 연결되는 문화적 주체성을 가지고 있다. P. R. Moran, Teaching Culture: Perspectives in Practice, 정동빈 외 옮김, 『문화교육』, 경문사, 2004, 31~43쪽; 윤여탁, 『문화교육이란 무엇인가?』, 태학사, 2013, 159~160쪽에서 재인용.

7   조항록, 「초급단계에서의 한국어교육과 문화교육」, 『한국어 교육』 11-1집, 국제한국어교육학회, 2000, 153~173쪽.

8   조항록, 「한국어 문화 교육론의 주요 쟁점과 과제」, 박영순 외, 『한국어 문화 교수학습론, 21세기 한국어 교육학의 현황과 과제』, 한국문화사, 2002, 441~472쪽.

9   강현화, 「한국문화 교육 항목 선정에 관한 기초연구-선행연구, 교재, 기관 현황 조사 자료의 비교를 통하여」, 『외국어로서의 한국어 교육』 36권 0호, 2011, 1-35쪽.

10   국립국어원, 『국제통용 한국어 교육 표준모형개발』, 국립국어원, 2011.

11   권오경, 「한국어 교육에서의 한국문화교육의 구축 방안」, 『언어와 문화』 5권 2호, 한국언어문화교육학회, 2009, 62~68쪽.

12   김해옥, 「한국문화교육교재 개발현황과 과제-국내 학습자 및 교수자용 교육 교재를 중심으로」, 『언어와 문화』 8권 3호, 2012, 123~145쪽.

이 글은 모란(Moran)의 문화 5차원 산물을 성취문화로, 실행을 행동문화로, 관점을 관점문화라는 항목으로 채택하고 세 가지로 분류하여 중국에서의 한국문화 교재를 분석함으로써 중국지역에서의 한국문화에 관한 교육내용의 실태를 파악하고자 한다. 또한, 교재편찬에서 존재하는 문제점을 논의함과 동시에 향후 중국에서 개발될 문화교육 교재의 개선 방향과 해결 방향을 제시하고자 한다.

2. 기존 '한국문화' 교재의 교육내용 분석

1) 연구대상 설정

중국 내 중국인을 대상으로 출판한 한국개황 및 한국문화 교육 중심 교재들을 살펴보면 박영호 · 윤윤진 · 최희수(2006, 2009, 2016)[13], 이승매 · 이용해(2007)[14], 장광군(2009)[15], 지수용 · 김철(2010)[16], 진계방(2010)[17], 남명철(2011)[18], 박은숙 · 주명애 · 우영란(2017)[19]이 있다.

---

13 박영호 · 윤윤진 · 최희수 편저, 『한국개황』, 연변대학출판사, 2009.

14 이승매 · 이용해, 『한국사회와 문화』, 중국해양대학출판사, 2007.

15 呂春燕 · 趙岩 편저 , 『한국의 신앙과 민속』, 북경대학출판사, 2010.
    김영금 편저, 『한국의 문학』, 북경대학출판사, 2009.
    장광군 · 강과 · 이상익 편저, 『한국의 언어』, 북경대학출판사, 2009.
    류길문 편저, 『한국의 지리와 여행』, 북경대학출판사, 2009.
    조신건 · 마회하 편저, 『한국의 사회』, 북경대학출판사, 2009.
    장문강 편저, 『한국의 정치와 외교』, 북경대학출판사, 2009.

16 지수용 · 김철 주필, 『한국개황』, 세계도서출판회사, 2010.

17 진계방 주필, 『한국문화개론』, 산동대학출판사, 2010.

18 남명철, 『한국사회와 문화』, 북경어언문화대학교출판사, 2011.

19 주명애 · 우영란 주필, 『한국사회와 문화』, 외어교학과 연구출판사, 2017.

여기에서 교재의 표지나 서문, 후기를 살펴보면 아래와 같다. 지수용 · 김철(2010)의『한국개황』교재는 한국어 독학학력인정시험총서(韓國語自學考試叢書)[20]로 그 시험을 보는 수험생을 대상으로 편찬한 것이다. 남명철(2011)의『한국사회와 문화』는 중국의 3년제 전문대(高職高專) 한국어계열교재로서 학습대상은 3년제 한국어학과 학생들이다. 진계방의『한국문화개론』은 한국어를 공부하고 유학을 준비하고 중한 양국의 협력 프로젝트를 준비하는 일군들의 생활지침서로 펴낸 교재이다. 박영호 · 윤윤진 · 최희수의『한국개황』은 대학의 한국어 학습자를 대상으로 편찬한 것이다. 이승매 · 이용해의『한국사회와 문화』는 "대학교 한국어학과 학생들과 한국어를 자습하는 사회 각 계층 인사들 그리고 한국어 석사, 박사연구생 수험생과 한국 유학을 희망하는 여러 분야의 인사들, 한국 관련 외사사업과 무역에 종사하는 여러 부류 사업 일군"[21]을 염두에 두고 편찬한 교재라 밝히고 있다. 박은숙 · 주명애 · 우영란(2017)의『한국사회와 문화』는 "우리나라는 현재 한국어 전공 대학이 150여 개이고 한국어를 학습하는 인원도 부단히 늘어나는 추세"라고 하면서 "중국의 한국어 학습자"[22] 혹은 "한국어능력시험과 국내 한국어 전공 4급과 8급을 보는 대학생"[23]들을 대상으로 한다고 하였다.

---

20 중국에서 독학학력인정시험(自学考试)의 전칭은 '대학교 교육 독학 학력 인정 시험(高等教育自学试验考试)'이다. 개인이 독학하여 국가시험에 응시하는데 신청 시 연령, 호적, 지역의 제한을 받지 않는다. 졸업 후 보통대학교 졸업장의 동등한 자격에 해당하는 독학학력인정 졸업장을 발급받는다. http://yida2008.net/nei/index.html

21 이승매 · 이용해,『한국사회와 문화』, 중국해양대학출판사, 2007, 436쪽.

22 박은숙 총주편, 주명애 · 우영란 주편,『한국사회와 문화』, 외어교학과 연구출판사, 2017. 머리말 1쪽.

23 위의 책, 머리말 2쪽.

류길문의 『한국의 지리와 여행』, 장광군 · 강파 · 이상익의 『한국의 언어』, 김영금의 『한국의 문학』, 장문강의 『한국의 정치와 외교』, 조신건 · 마회하의 『한국의 사회』, 여춘연 · 조암의 『한국의 신앙과 민속』은 한국 국정(國情)에 관한 열독 교재로서 총 7권으로 된 계열교재[24]이다.

비록 편찬 시 각기 다른 대상들을 목적으로 하였지만, 교재의 내용은(장광군의 7권의 계열서를 제외) 대학의 한국학과에서 한국문화교재로 사용되고 있다. 본 논문의 연구대상을 도표로 정리하면 아래와 같다.

〈표 1〉 중국 내 출판된 한국문화 교재 목록[25]

교재	저자	교재 이름	출판사	연도	학습자 대상
교재 1	박영호 · 윤윤진 · 최희수	한국개황	연변대학출판사	2006 2009	4년제 대학생
교재 2	이승매 · 이용해	한국사회와 문화	중국해양대학출판사	2007	4년제 대학생 및 일반인
교재 3	지수용 · 김철	한국개황	세계도서출판회사	2010	독학인정시험 준비학생
교재 4	진계방	한국문화개론	산동대학출판사	2010	유학준비 학생
교재 5	남명철	한국사회와 문화	북경언어문화대학교출판사	2011	전문대 학생
교재 6	박은숙 · 주명애 · 우영란	한국사회와 문화	외어교학과연구출판사	2017	4년제 대학생 및 일반인

---

24 장광군 총 주필로 펴낸 책이다.

25 교재의 모든 표기는 한국어교재 원문 그대로 인용하여 서술 부분에서도 원래 표기 그대로 하기로 한다.

도표에서 보다시피 한국문화 교재는 2006년부터 집필되었음을 확인할 수 있다. 이는 일정한 단계로 발전한 중국대학 한국학과에서의 중국인 학습자를 위한 문화 분리교재가 필요하다는 것을 알 수 있으며 한국의 국제화와 한류의 시대적 현상의 반영으로 해석할 수 있다. 집필인은 중국대학의 한국학과에 재직하는 교수들로 구성되었는데 이는 제3자의 외부자 시선에서 에틱(etic, 비주체) 문화론의 관점에서 접근했음을 말한다.

2) 교재의 목차 분석

책 내용에 대한 일종의 메뉴판과 같은 목차는 제목이나 목록, 조항 따위의 차례로서 그 관점의 흐름을 알 수 있다. 목차는 보통 편 제목, 장 제목과 절의 제목으로 구성된다. 6종 교재에 대한 편 제목과 장 제목을 나열하면 아래와 같다. 편 제목은 굵고 짙게 표시를 했고 장 제목은 제1장, 제2장 등으로 나열하지 않고 편의를 위해 /부호로 대체한다.

도표에서 보다시피 교재 2와 교재 5는 편으로 나누어 대분류하였고 기타 교재는 직접 장으로 나누어 분류하였다. 교재 2와 5의 대분류는 '한국개황-한국역사-한국정치-한국경제-한국문화, 한국민속'으로서 내용은 같았다. 다만 교재 2가 '정치와 경제'를 합쳐 4편으로 나뉘었다면 교재 5는 갈라서 5편으로 나누었다.

<표 2> 교재 목차의 편 제목과 장 제목

교재	저자	제목(출판연도)	목차/편 제목과 장 제목
교재 1	박영호 · 윤윤진 · 최희수	한국개황 (2006, 2009)	지리/정치/경제/언어와 문학/예술/교육과 과학기술/스포츠/신문, 출판, 문화시설/생활습관
교재 2	이승매 · 이용해	한국사회와 문화 (2007)	**제1편 한국개황**/자연지리/상징/인구와 자원/행정구역 **제2편 한국역사**/한민족의 형성과 고조선/삼국 시기/ 통일신라 시기/고려 시기/조선 시기/ 일본강점기/광복과 남북분단 **제3편 정치 · 경제**/정권 연혁/헌법과 통치구조/정당/ 국제관계/통일외교/군대/경제 **제4편 문화 · 민속**/문화와 예술/교육/ 과학 · 기술/체육/종교/생활문화/의례 생활
교재 3	지수용 · 김철	한국개황 (2010)	지리/역사/정치/경제/언어/문학/예술/교육과 과학기술/스포츠/신문 · 방송 · 출판 · 문화시설/생활문화/명승고적
교재 4	진계방	한국문화개론 (2010)	자연환경/상징/역사/정치/경제/문화예술/대중매체/교육/체육/종교/생활문화/한국 유학
교재 5	남명철	한국사회와 문화(2011)	**제1편 한국개황**/자연지리/행정구역/인구/상징/언어와 문자 **제2편 한국역사**/고대사/중세사/근대사/현대사 **제3편 한국정치**/헌법과 헌법재판소/국가기구, 정당과 정치문화/국방과 외교 **제4편 한국경제**/한국경제의 발전과정/한국사회의 계급과 계층/복지와 노동/산업과 무역 **제5편 한국문화**/교육/과학기술/문학/예술/대중매체 및 문화시설/민간신앙과 종교/스포츠/관광 명소/생활문화/민속문화
교재 6	박은숙 · 주명애 · 우영란	한국사회와 문화(2017)	지리/역사/정치/경제/사회/교육/종교/민속

장 분류를 살펴보면 내용이 '지리-정치-경제-역사-사회-언어-문학-예술-교육-과학기술-스포츠 · 체육-신문 · 출판 · 문화시설—종교-명승고적-대중매체-민속-생활문화 · 생활습관-의례생활-사회-상징-한국유학' 등 18개의 핵심어로 종합해볼 수 있다. 6종 교재의 목차 내용의 빈도를 통계해보면 아래와 같다.

순서	장 제목	차	순서	장 제목	차
1	자연지리, 자연환경	6	11	대중매체, 신문 · 출판 · 문화시설	4
2	정치	6	12	종교	6
3	경제	6	13	명승고적	3
4	역사	5	14	사회	1
5	언어	4	15	민속	3
6	문학	3	16	생활문화, 생활습관, 의식주	6
7	예술	5	17	상징	4
8	교육	6	18	한국유학	1
9	과학기술	4			
10	스포츠(체육)	5			

교재에 구현된 장 제목의 빈도를 보면 6종의 교재 모두 '자연지리(자연환경), 정치, 경제, 교육, 종교, 생활문화(생활습관, 의식주)'를 다루었고 그 다음으로 '역사, 예술, 스포츠(체육)'는 5차로; '언어, 과학기술, 상징, 대중매체(신문 · 출판 · 문화시설)'는 4차로; '문학, 명승고적, 민속'은 3차로 다루었다.

목차의 분류를 살펴보면 대분류와 소분류가 혼란스럽게 사용되어 있음을 발견할 수 있다. 그 일례로 '종교'를 보면 교재 4와 교재 6에서는 장 제목으로 다루었다면 교재 1에서는 생활습관의 하위로, 교재 2에서는 문화 · 민속의 하위로, 교재 5는 한국문화의 하위로 다루었다. 그리고 '한국의 국호, 국가, 국기, 국화'를 교재 2, 4, 5에서는 '한국의 상징'이란 장 제목으로 다루었다면 교재 1, 3은 정치의 하위분류로 다루었다. 이러한 분류의 혼란은 과학적이고 체계적이며 논리적인 분류기준이 필요하다.

3) 문화구성 내용 비율과 고빈도 문화 교육내용

6종의 한국개황 교재를 대상으로 교재의 목차와 각 장, 절, 소제목에 나오는 단어들을 중심으로 주제어로 설정하여 성취문화, 행동문화, 관점문화로 나누어 문화비율을 계산해보았다.

<표 3> 6종 교재의 문화 요소 구성 비율

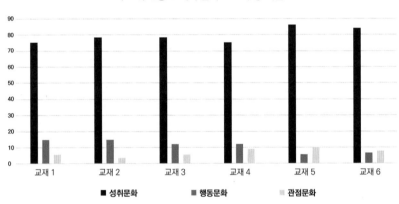

■ 성취문화   ■ 행동문화   ▨ 관점문화

도표에서 보다시피 교재 1은 성취문화 77%, 행동문화 15%, 관점문화 6%; 교재 2는 성취문화 79%, 행동문화 16%, 관점문화 4%; 교재 3은 성취문화 79%, 행동문화 13%, 관점문화 6%; 교재 4는 성취문화 77%, 행동문화 12%, 관점문화 9%; 교재 5는 성취문화 85%, 행동문화 5%, 관점문화 10%; 교재 6은 성취문화 84%, 행동문화 7%, 관점문화 8%이다. 6종 교재의 문화구성 내용 비율을 평균으로 계산해보면 성취문화 80.1%, 행동문화 11.3%, 관점문화 7.1%이다. 성취문화가 행동문화와 관점문화에 비해 월등히 높았다. 이로써 6종의 교재가 성취문화 중심의 문화교재임을 알 수 있다.

<표 4> 고빈도 문화 교육내용

차수	성취문화	행동문화	관점문화
고빈도문화내용	지리, 인구, 기후, 자연, 행정구역 한국의 상징, 국호, 국가, 국기, 국화 경제, 교통수단, 과학기술, 신문출판문화시설 정치: 통치구조, 민주주의. 국민, 정당, 투표, 헌법, 외교 교육: 유아교육, 학교 교육, 성인교육, 특수교육 스포츠(체육): 학교체육, 사회체육, 전통 운동 종목(축구, 씨름, 태권도), 현대운동 종목(골프) 예술: 희곡, 음악(국악), 무용, 미술, 건축, 공예 문학: 장르별, 시대별 한복, 김치, 온돌, 한옥 역사: 시대별 고조선, 삼국 시기, 통일신라 시기, 고려 시기, 조선 시기, 일본강점시기, 광복과 남북분단 관광지 및 명소: 자연경관, 인문 경관 생활문화: 의식주 문화 민속놀이: 그네, 널뛰기, 씨름, 윷놀이	한국어, 표준어 민속 명절: 설날,정월대보름, 추석, 단오 인생의례: 결혼,돌,결혼, 회갑, 장례	한민족, 한국어의 특성 훈민정음 창제 원리 종교: 불교, 유교, 샤머니즘

6종의 교재에서 3번 이상 등장하는 고빈도 문화 내용을 추출해보았다.

성취문화에는 지리, 정치, 경제, 예술, 문학, 대중매체, 교육에 관한 내용이 자주 등장하였고 한국의 상징인 태극기, 무궁화 등과 전통문화인 한복, 김치, 온돌, 한옥에 대한 어휘와 정보들이 고빈도로 등장하였다. 전통예술로서 미술과 국악, 민속놀이, 태권도 등도 소개되었다. 행동문화에는 민속명절, 인생의례에 관한 내용이 소개되었다. 관점문화에는 종교와 한국어의 특징, 훈민정음의 창제원리 등이 소개되었다.

이상 고빈도 문화 내용을 살펴보면 한국을 소개하는 성취문화에 비중을 많이 두고 정보문화, 관점문화를 소홀히 하는 한계를 보여주고 있다.

고빈도 외에 1-2차 추출된 내용을 보면 성취문화로서의 '한류, 한국영화, 드라마'; 행동문화로서의 '한국 유학; 관점문화로서의 높은 교육열, 휴학 자유, 사교육'; 한국인의 '민간신앙, 한국인을 지배하는 사상, 조기교육,

교육이민, 과열과외' 등을 들 수 있다. 그러나 성취문화에서 '찜질방'이라든가 '붉은 악마, 군입대, 대학문화, 회사문화'; 관점문화에서의 한국의 '가족주의, 집단주의, 공동체, 효의 사상, 다문화' 등 내용은 찾아보기 어려웠다.

시대별 분류로 전통문화와 현대문화의 비중을 보면 전통문화에 치우치고 대중문화나 현대 한국인의 일상 생활문화는 많지 않음을 발견할 수 있다.

3. 교재분석에서 존재하는 문제점 및 해결방안

1) 에틱 문화론의 관점에서 학습자의 모문화를 고려한 교재의 필요성 제기

중국대학에서 중국 국적의 교수들이 중국인 학생들을 대상으로 전수하는 한국의 문화는 에틱의 관점으로 접근했다고 할 수 있다. 에틱이란 비중심의 제3자, 외부자의 시선을 말한다. 6종의 교재는 성취문화를 중심으로 일방적인 한국문화의 정보 전달에 주력했음을 알 수 있다. 이러한 내용은 학습자들의 흥미를 불러일으키기 어려운데 외부자의 관점을 고려한 교재 개발 필요성이 제기된다. 즉 한국문화를 전수함에 중국 문화와의 차이나 문화충돌의 원인 규명, 상호 문화의 비교, 대조를 통하여 한국문화를 기술하는 교재가 필요하다.

2) 문화이론에 입각한 문화교재 개발

체계적인 문화이론에 입각한 문화교재 개발이 필요하다. 기존의 한국개황 교재들은 문화이론이 제대로 정립되지 않은 상태에서 단편적인 한국문화 정보를 소개하고 있다. 분류의 혼란은 과학적이고 체계적이며 논리적인 분류기준이 필요한데 문화이론에 따라 교육내용을 체계적으로 구성하여 제시한 문화교재가 필요하다.

이를테면 대분류로 '사회, 문화, 정치, 경제, 역사, 지리' 등으로 할 수 있다. 그리고 하위분류로 사회에는 '한국의 상징, 가족, 교통과 통신, 대중매체, 복지체계, 인구, 학교, 교육열, 평생교육' 등을 다룰 수 있다. 문화에는 한국의 '전통 의식주, 명절, 종교 주거문화, 여러 가지 의례, 대중문화, 전통가치' 등을 다룰 수 있다. 정치에는 '정치제도, 정치형태, 정치과정, 국제관계, 민주주의' 등을 다룰 수 있다. 경제에는 '경제성장, 한강의 기적, 한국경제, 금융기관' 등을 다룰 수 있다. 역사에는 '한국의 역사(고대, 중세, 근대), 지폐 속의 위인들이나 영웅적인 인물들, 역사 속의 문화예술, 주요 문화재' 등을 다룰 수 있다. 지리에는 한국의 '위치, 기후, 지형, 행정구역, 수도권과 지역, 지역특산물, 지역축제' 등으로 다룰 수 있다.

3) 중한 양국의 우의나 교류를 전제로 한 역사문화교육의 필요성

중한관계는 지난 3천여 년 전부터 역사적, 지리적, 정치적, 문화적으로 긴밀한 관계를 유지해왔다. 그러나 고대역사문제가 논란이 되면서 문화교재의 역사 부분 편찬에도 애로사항으로 되었다. 교재 1은 후기에서 "고대

역사 부분에 쟁론이 있기에 역사 부분을 편찬하지 않았다"[26]라고 밝히고 있다. 한국역사에 대한 교육은 한국문화교육에서 필수의 과제로 부각되어 있는 만큼 응당 보완되어야 할 부분이다. 이춘호[27]는 고조선 역사에서의 '기자조선'설과 고조선 영역문제, 그리고 삼국사에서의 고구려 역사 귀속 문제는 민감한 사안이기에 역사연구 차원이 아닌 역사 교양 차원에서 예전의 통사체나 간사체에서 완전히 탈피한 전문 강좌식의 강의를 제안하였다. 중국대학의 한국어학과에서 진행되는 한국역사교육은 한중 양국 간의 우의나 교류를 추진하기 위한 것이긴 하지만 역사에서 민감한 문제들은 아예 회피하기보다는 객관적인 입장에서 간단하게 중국과 한국의 입장, 문화를 바라보는 시각의 차이 등을 이야기할 필요가 있다.

4) 중국인 학습자의 요구조사를 바탕으로 문화 내용을 구성한 교재개발의 필요성

학습자의 대상이 다름에 따라 그 목표와 내용도 달라진다. 그러므로 교재도 학습자의 요구조사를 바탕으로 성취, 행동, 관점문화의 구성 비율과 현대와 전통문화의 비중을 고려하여 문화교육내용을 구성해야 한다. 중국인 학습자의 경우, 한국의 한류, 드라마, 영화 등 대중문화뿐만 아니라 현대 한국인의 가족이나 인간관계에 대한 관심이 많고 '정치 민주화, 대통령제, 경제성장, 가족주의, 집단주의' 등에 대해서도 높은 관심을 보인다. 이

---

26   박영호 · 윤윤진 · 최희수 편저, 『한국개황』, 연변대학출판사, 2009, 287쪽.

27   이춘호, 「중국에서의 한국역사 교육에 대하여」, 『CHINA 연구』 제3집, 부산대학교 중국연구소, 2007, 377~394쪽.

를 고려한 중국문화권 학습자의 특성을 고려한 문화교재의 집필과 편성이 필요하다. 이를 위해서는 다양한 표본집단을 고려한 학습자의 요구에 대한 설문조사를 통하여 학습 내용을 구성할 수 있다.

5) 문화 교육프로그램이나 시청각자료를 활용한 문화교육교재 개발의 필요성

문화교육은 현장경험이 중요한 교육과정이다. 언어와 문자만이 아닌 시각적인 이미지, 동영상, 드라마, 영화, 대중가요 등을 동원한 현장교육이 필요하다. 공감각적인 문화 경험을 가능하게 하고 멀티미디어, 시청각자료를 활용한 교재개발의 필요성이 제기된다.

4. 나가며

이상 중국에서 출판된 기존의 중국 학습자를 위한 한국문화 6종의 교재를 문화구성비율, 고빈도어휘에 대해 개괄적으로 살펴보고 분석을 통해 존재하는 문제점 및 해결방안을 제시하였다. 문화구성의 내용 비율은 성취문화, 행동문화, 관점문화로 나누어 살펴보았는데 6종 교재는 평균 성취문화가 80.1%, 행동문화가 11.3%, 관점문화가 7.1%로 성취문화가 행동문화와 관점문화에 비해 월등히 높았다. 이로써 6종의 교재가 성취문화 중심의 문화교재임을 알 수 있었다. 그리고 고빈도어휘를 통해서 내용이 현대문화보다 전통문화에 치우쳤음을 알 수 있었다. 교재분석의 결과, 에틱의 관점에서 한국의 성취문화를 일방적으로 전달하는 문제점, 문화이론의 정립 없이 나름대로 분류하여 단편적으로 소개한 문제점들이 나왔으며 이를 위해 학습자의 모문화(母文化)를 고려하고 학습자의 설문조사를 통해 그 요구를 반영한 교재, 시청각을 결합한 교재개발의 필요성과 역사에서의 민감한 사건집필에 대한 방안 등이 제기되었다. 교재분석의 결과에 나타난 여러 가지 문제점을 보완한다면 교육의 효율성을 높일 수 있는 중국 학습자를 위한 보다 이상적인 한국문화교재의 출간을 기대할 수 있을 것이다.

9장

중국조선족 중고등학교 「조선어문」 교과서 내용분석 (2014~2019)

1. 들어가며

중국조선족 교육은 1906년 이상설, 이동녕, 여준 등 반일지사들이 용정촌에 세운 첫 근대교육기관인 서전서숙을 시작으로 110년이 넘는 역사를 지니고 있다. 그동안 조선족은 나름의 민족문화와 전통을 보존하고 있으며 중국 내에서도 문화적으로 발달한 선진민족으로 손꼽히고 있다. 이러한 조선족의 위상에는 조선족 특유의 민족교육이 한몫을 담당하였다고 할 수 있다.

중국조선족학교는 주로 동북 3성에 자리 잡고 있다. 불완전한 통계에 의하면 1916년에 동북 각지에는 238개소의 조선족 사립학교가 설립되었고[1] 1949년 3월 동북민정국의 통계자료에 의하면 당시 동북 3성 경내의 조선족 소학교는 1,500여 개, 중학교는 70여 개이다.[2] 2021년 동북 3성의 조선족 초등학교, 중학교, 고등학교는 225개이다.[3] 현재 학제는 초등학교 6년, 중학교 3년, 고등학교 3년이다. 교재는 통일적으로 연변교육출판사에서 출판한 것을 사용하고 있다.

---

1   박금해, 『중국조선족 교육의 역사와 현실』, 경인문화사, 2012, 468쪽.

2   위의 책, 316쪽.

3   「현재 국내 조선족학교 수는?」, 『요녕조선문보』, 2021.01.14.

교과서는 교육과정을 근거로 하여 만들어진 것으로 특히 조선어문 교재는 사회의 변화발전, 교육의 현황, 당대 중국의 핵심적 관점 등을 엿볼 수 있는 창구라 할 수 있다. 최근 중국조선족 중고등학교 조선어문 교재는 2014년에서 2019년에 거쳐 완성 출간된 신편교재를 사용하고 있는데 연변교육출판사 조선어문편집실과 동북조선문교재연구개발센터에서 편찬한 것이다. 중국에서는 초등학교에서 중학교까지 9년은 의무교육으로서 교재는 1학년용부터 9학년용으로 되어있다. 고등학교는 3년제인데 교재는 필수 1 · 2 · 3 · 4 네 권과 선택교재인 소설 감상, 시가와 수필 감상, 신문과 전기, 습작, 희곡감상, 문법 등으로 되어있다.

신편 조선어문 교재편찬의 지침은 중국교육부의 의무교육학교 어문과정표준에 근거하여 요녕성교육청, 길림성교육청, 흑룡강성교육청에서 제정한『의무교육 조선족학교 조선어문 과정표준』을 따른 것이다. 조선어문 과정표준은 과정의 성격, 기본특징, 기본이념, 과정목표, 학년별 교육내용, 과정 방법, 과정 평가를 밝히고 있다. 그중에서 조선어문 과정의 성격과 과정목표는 아래와 같다.

조선어문 과정의 성격은 "어문은 가장 중요한 교제 도구이고 인류문화의 중요한 조성 부분이다. 조선어문과는 우리 민족의 삶이 배어있는 조선 말과 글을 사용하는 능력과 태도를 길러 정보화 사회에서 조선어문 생활을 바르게 해나가고 올바른 민족의식과 건전한 공민 정서를 함양하여 민족문화를 이어가려는 뜻을 갖게 하는 학과목"[4]이다.

조선어문 과정의 기본특징은 "도구성과 인문성의 통일이다. 조선어문

<hr />

4 요녕성교육청 · 길림성교육청 · 흑룡강성교육청 제정,『의무교육 조선족학교 조선어문 과정표준』, 연변교육출판사, 2017, 2쪽.

과정에서 힘을 들여 길러주는 조선어문 소양은 학생들이 기타 과정을 잘 배우는 기초이고 또 학생들의 전면발전과 평생발전의 기초이며 조선민족의 일원으로 살아감에 있어서 반드시 갖추어야 할 기본적인 자질이다. 이러한 역할로 하여 조선어문 과정은 의무교육단계에서 중요한 지위를 차지한다. 조선어문 과정의 학습은 학생들의 학습능력과 성취수준을 고려하여 정확하고 해석적이며 실천적으로 조선어문을 사용하는 경험이 확대되도록 하는 학습활동에 중점을 둔다."[5]

과정목표는 "언어 활동과 언어, 문학의 본질을 총체적으로 이해하고 언어 활동의 상황에 맞게 조선어문을 사용하는 능력을 기르며 조선어문 학습에서 애국주의 사상 감정과 사회주의 도덕 품성을 기르고 기본적인 인문 소양을 갖추며 평생 학습과 발전을 위한 조선어문의 토대를 마련하고 민족문화를 이어가는 조선민족의 일원으로 되는 능력과 태도를 기른다. ① 언어 활동과 언어, 문학에 대한 기본적인 지식을 익혀 다양한 조선어문 사용상황에서 활용하는 능력을 기른다. ② 정확하고 효과적인 조선어문 사용의 원리를 익혀 다양한 조선어문 자료를 이해하고 사상과 정서를 효과적으로 표현하는 능력을 기른다. ③ 중화민족의 우수한 문화와 외국의 진보문화의 영양을 섭취하여 기본적인 인문 소양을 갖추고 점차 양호한 개성과 건전한 인격을 형성한다. ④ 조선말과 글을 소중히 여기고 언어문자 능력을 발전시킴과 동시에 사유능력을 발전시키고 조선어문 학습의 양호한 습관과 기본적인 학습방법을 갖추어 평생 학습과 발전의 양호한 조선어문 토대를 마련한다."[6]이다.

---

5   위의 책, 2쪽.

6   위의 책, 6~7쪽.

여기에서 조선어문 교과과정은 조선족 학습자로 하여금 조선어라는 언어문자 습득뿐만 아니라 애국주의 사상 감정, 사회주의 도덕 품성, 조선민족, 중화민족, 그리고 세계의 우수하고 진보적인 문화를 수용할 수 있도록 하는 인문 교양의 역할을 지니고 있다.

교재의 구조는 중학교 교재는 목표별 종합단원으로 구성되었는데 '읽기'와 '쓰기' 영역을 핵심으로 '듣기 말하기', '종합성 학습'을 제시하였다. '읽기'는 단원마다 2편의 정독 과문과 1편의 자습 과문으로 구성되었다. 그리고 단원마다 '쓰기'를 배치하고 '듣기 말하기'는 3차, '종합성 학습'은 2차 배치하였다. 단원의 제일 마지막에 '우리 말 교실'이라는 란을 설치하여 세 가지 내용(우리말 어원, 성구와 속담, 한자어 성구)을 두 번씩 교차적으로 배치하였다. 매 단원은 '읽기', '듣기 말하기', '쓰기', '종합성 학습'의 순서로 배열하였다.

고등학교 필수교재 1~4는 단원별로 구성되었는데 매 단원은 3편의 정독 과문에 '문법 지식', '습작', '우리 말 교실', '전통문화교실'로 구성되었다. 여기에서 '문법 지식'과 '습작'은 교차적으로 배치하였다. 그리고 단원마다 학습내용안내를 제시하였다.

2014년에서 2019년에 걸쳐 완성 출판된 신편 중국조선족 중고등학교 조선어문 교재에 관한 연구는 아직 미비한 상황으로서 연구 성과를 찾아보기 어렵다. 기존의 조선족 조선어문 교재에 관한 연구로는 이종순, 윤여탁, 이홍매, 최미숙, 김흠, 오현아 등의 논문[7]을 들 수 있다. 이들의 논문

---

7 이종순, 『중국조선족 문학과 문학교육』, 신성출판사, 2005.
   윤여탁, 「이중언어교육으로서의 조선족 문학교육 연구」, 『다문화교육 연구와 실천』 제6권, 2014.
   이홍매, 「중국조선족 문학교육연구 – 조선족 초급중학교 '조선어문'에 수록된 조선족 작품을 중심으로」, 『제22차 국제한국어교육학회 국제학술대회논문집』, 국제한국어교육학회, 2012.

은 조선족 작품에, 시가작품에, 소설작품에 대해 분석하고 있다. 이 글은 2014년에서 2019년에 걸쳐 출판된 조선어문 중고등학교 신편교재를 연구대상으로 신편교재에 수록된 218편의 작품[8]을 국적별, 장르별, 주제별로 나누어 분석하고자 한다. 그럼으로써 당대 중국의 교육이념, 교육 현황, 조선어문 교육의 핵심적 관점, 변화발전에 대해 살펴보고자 한다.

2. 국적별 작품 분류

국적은 국가의 구성원임을 나타내는 자격이다. 사람은 국적에 의해 특정 국가에 소속되고 국가의 구성원이 된다. 조선반도에서 이주한 중국조선족은 1953년 제1차 전국인구보편조사 및 그와 병행된 인민대표대회선거에서 조선인들은 선거인 등록을 통하여 법적으로 중국 공민의 범주에 귀속되고 중국의 소수민족인 조선족 신분을 확립하였다. 조선족의 명칭은 1953년 9월 3일, '연변조선민족자치구'가 설립될 당시에도 '조선인'으로 쓰다가 1955년 '연변조선족자치주'로 변경되면서 '조선족'으로 통용되었다. 중국조선족의 경우, 중국 공민이라는 중국 국적에 한민족이라는 혈통을 지니고 있다.

신편교재의 작품을 각주에 설명된 것에 의거하여 국적, 인명 등을 표기

최미숙, 「문학 교과서와 재외동포 문학교육 – 조선족 문학작품을 중심으로」, 『독서연구』 제26호, 2011.

김흠, 「중국조선족 고급중학교 문학교육 평가 현황과 과제」, 『국어교육』 제153호, 2016.5

오현아 · 오지혜 · 진가연 · 신명선, 「재외동포 현지 교과로서의 '조선어' 교과의 복합적 위상 분석 연구를 위한 시론」, 『국어국문학』 177호, 2016.12

8 작품 218편은 중학교 조선어문 7학년 상하권, 8학년 상하권, 9학년; 고등학교 조선어문 필수 1~4, 선택교재 소설 감상, 시가와 수필 감상, 희곡감상을 대상으로 한 것이다.

하는데[9] 국적별로 보면 중국(조선족, 대만, 미국적 중국인 포함), 남북한, 미국, 프랑스, 러시아, 독일, 영국, 일본, 노르웨이, 그리스 등이었다. 이 글은 중국작품, 남북한작품, 외국작품, 무소속작품 네 개 층위로 나누어 살펴보고자 한다.

1) 중국작품

중국은 조선족에게, 이주하여 정착한 정착지이자 태어나고 성장해오고 국민의 권리를 인정받은 조국이다. 중국문화는 직접 조선족에게 많은 영향을 주었는바 그만큼 조선족 교재에 가장 많이 체현되었다.

---

9 국적에 관해서는 신편교재의 각주에 설명된 것에 의거한다. 미국적 중국인 양진녕, 정조중, 대만 작가 림해음을 중국작품에 포함시킨다. 그리고 인명도 조선족 표기법의 원칙에 따라 원문 그대로 표기하도록 한다.

[표1] 중고등학교 교재에 실린 중국작품들

국적(편)	학교(편)	학년(편)	학기(편)	작가와 작품
중국 115	중학교 (46)	7 (15)	1-1 (8)	석화(石华, 조선족)〈어머님 생각〉, 유영호(조선족)〈교정의 종소리〉, 노신(鲁迅)〈사소한 사건〉, 철응(铁凝)〈주삿바늘에 깃든 이야기〉, 위외(魏巍)〈나의 선생님〉, 막언(莫言)〈어머니〉, 원가〈녀와가 사람을 만들다〉, 〈천지〉
			1-2 (7)	조룡남(赵龙男, 조선족)〈고향 생각〉, 락설(落雪)〈유일한 청중〉, 양경서(杨轻抒)〈축구경기를 듣다〉, 주자청(朱自清)〈봄〉, 준청(峻青)〈가을빛〉, 양삭(杨朔)〈려지꿀〉, 진영림(陈永林)〈새하얀 무궁화〉
		8 (13)	2-1 (5)	방지민(方志敏)〈사랑스러운 중국〉, 손세개(孙世恺)〈웅위한 인민대회당〉, 길조영〈베르사유궁전〉, 김학송(金学松, 조선족)〈태산에 오르며〉, 류백우(刘白羽)〈장강삼협〉
			2-2 (8)	서정(舒婷)〈조국이여, 친애하는 나의 조국이여〉, 엽영렬(叶永烈)〈과학을 위하여 헌신하자〉, 림가잠(林家箴)〈근면에 대하여〉, 김의천(金毅泉, 조선족)〈푸른 잔디〉, 림해음(林海音, 대만)〈무말랭이의 맛〉, 양진녕(杨振宁)〈등가선〉, 노신(鲁迅)〈고향〉, 허춘희(조선족)〈선생님의 사춘기〉
		9 (18)	3 (18)	박화(조선족)〈산향의 샘물〉, 풍기재(冯骥才)〈산만한 천성〉, 소설림(苏雪林)〈차 마시기〉, 계범(启凡)〈질문하는 정신〉, 량계초(梁启超)〈직업에 전심하고 직업을 즐기자〉, 마남촌(马南邨)〈셋으로부터 만에 이르기까지〉, 최영옥(조선족)〈수필 같은 인생을 살고 싶다〉, 허련순(许莲顺, 조선족)〈가출 풍파〉, 순자(荀子)〈권학편〉, 량계초(梁启超)〈가장 큰 고통과 가장 큰 쾌락〉, 정조중(丁肇中, 미국적)〈사물의 리치를 파고들어 지식을 얻어야 한다〉, 진군(陈群)〈리상의 계단〉, 가조장(贾祖璋)〈꽃은 어찌하여 그렇듯 붉은가〉, 라회명〈바다의 빛〉, 왕원견(王愿坚)〈성냥일곱 가치〉, 조문헌(曹文轩)〈고독한 려행〉, 유민홍(俞敏洪)〈두려움을 떨쳐버리자〉, 신빈〈생활은 아흔아홉 번의 접전이다〉

중국 115	고 등 학 교 (69)	1 (15)	1-1 (6)	가평요(贾平凹)〈못난 돌〉, 〈장백산‘중국 10대 피서명승지’5위〉, 장청령〈좋은 사람의 이름을 만방에 널리-도덕 모범들을 올해 『음력설야회 프로에 모시기로』〉, 장정일(조선족)〈지게 효자〉, 교자곤(乔子鲲)〈효성은 역경 속에서 더더욱 빛을 발한다〉, 엽성도(叶圣陶)〈경태람 제작〉, 엽영렬(叶永烈)〈기묘한 초저온세계〉
			1-2 (9)	김철(金哲, 조선족)〈대장간 모루 우에서〉, 리상각(조선족)〈물빛으로 살고 싶다〉, 두보(杜甫)〈봄을 맞으며〉, 백거이(白居易)〈숯 파는 늙은이〉, 리백(李白)〈꿈에 천모산을 유람하고 벗들과 작별하며〉, 곽금영(郭金荣)〈위인의 눈물〉, 김호웅(金虎雄, 조선족)〈불굴의 투혼-김학철 선생〉, 여지견(茹志娟)〈나리꽃〉, 로사(老舍)〈차집〉
		2 (11)	2-1 (4)	리성권(조선족)〈태항산맥은 바래지 않는다〉, 노신(鲁迅)〈아Q정전〉, 허련순(许莲顺, 조선족)〈고리〉, 림원춘(林元春, 조선족)〈몽당치마〉
			2-2 (7)	곽계굉(郭启宏)〈부족함의 아름다움〉, 조광명(赵光明, 조선족)〈한 점의 도자기에도 미치지 못해라〉, 서강(徐刚)〈깨달음〉, 풍기재(冯骥才)〈피라미드가 주는 계시〉, 임범송(任范松, 조선족)〈자연미의 민족색채〉, 전학삼(钱学森)〈사유과학에 대하여〉, 첨극명(詹克明)〈자연을 경외하라〉
		선택 (43)	소설 (9)	포송령(蒲松龄)〈화피〉, 풍몽룡(冯梦龙)〈두십랑〉, 로사(老舍)〈단혼창〉, 노신(鲁迅)〈광인일기〉, 손리(孙犁)〈련꽃 늪〉, 철응(铁凝)〈오, 향설이!〉, 류경방〈신발〉, 왕봉린〈늑대가 출몰하던 산골짜기〉, 팽견명〈그 산, 그 사람, 그 누렁이〉
			시가 (12)	〈시경, 동산〉, 류종원(柳宗元)〈냇가에 살며〉, 리상은(李商隐)〈금슬〉, 모택동(毛泽东)〈정강산에 다시 올라〉, 하경지(贺敬之)〈연안으로 돌아왔네〉, 곽말약(郭沫若)〈난로 안의 석탄〉, 서지마(徐志摩)〈노니는 구름〉, 곽소천(郭小川)〈청송의 노래〉, 왕국진(汪国真)〈살며 생각하며〉, 애청(艾青)〈나는 이 땅을 사랑해〉, 서정(舒婷)〈참나무에게〉, 해자(海子)〈바다를 마주하고 봄빛을 만끽하며〉

| 중국 115 | 고등학교 (69) | | 수필 (13) | 공자(孔子)〈론어〉, 범중엄(范仲淹)〈악양루기〉, 도연명(陶淵明)〈귀거래사〉, 제갈량(诸葛亮)〈출사표〉, 구양수(欧阳修)〈추성부〉, 림어당(林语堂)〈인생담〉, 엽성도(叶圣陶)〈5월 31일 소낙비 속에서〉, 정진탁〈감상과 연구〉, 진목(땅), 림망〈바다의 명상〉, 주자청(朱自清)〈푸른 빛〉, 서가〈배추〉, 여추우(余秋雨)〈지난 세월을 간직하시라〉 |
| | | | 희곡 (9) | 관한경(关汉卿)〈두아원〉, 왕실보(王实甫)〈서상기〉, 고명(高明)〈비파기〉, 홍승(洪升)〈장생전〉, 공상임(孔尚任)〈도화선〉, 조우(曹禺)〈일출〉, 〈백모녀〉, 〈붉은 바위〉, 황봉룡〈장백의 아들〉 |

[표1]에서 보다시피 중국작품은 총 115편으로서 전체 작품의 52.7%를 차지한다.

첫째로, 중국작품은 중학교에 46편, 고등학교 69편이 실렸다. 이는 중학교 40%, 고등학교 60%로서 고등학교에 중국작품이 많음을 발견할 수 있다. 중학교에서는 상대적으로 인문성을 중시하여 인문 소양을 위한 글을 많이 수록하다 보니 중국작품이 상대적으로 높은 비율을 차지 못했지만, 고등학교는 문학사적으로 접근하다 보니 중국 문학작품을 많이 실었다고 해석할 수 있다.

둘째로, 고전작품에 비해 현대작품의 편수가 우위를 차지하고 있음을 발견할 수 있다. 중국 고전작품은 총 19편으로서 중학교는 순자의 〈권학편〉으로 1편뿐이고 고등학교는 당나라 3대 시인 두보, 백거이, 리백의 시 3수와 포송령의 〈화피〉, 풍몽룡의 〈두십랑〉, 시경 1편, 류종원의 〈냇가에 살며〉, 리상은의 〈금슬〉, 공자의 〈론어〉, 범중엄의 〈악양루기〉, 도연명의 〈귀거래사〉, 제갈량의 〈출사표〉, 구양수의 〈추성부〉, 관한경의 〈두아원〉, 왕실보의 〈서상기〉, 고명의 〈비파기〉, 홍승의 〈장생전〉, 공상임의 〈도화선〉

으로 18편이다.

중국 근현대작품은 96편이고 작가는 83명이다. 그중에서 중국적 중국 근현대 작가들로는 노신, 철웅, 위외, 막언, 원가, 락설, 양경서, 주자청, 준청, 양삭, 진영림, 방지민, 손세개, 길조영, 류백우, 서정, 엽영렬, 림가잠, 풍기재, 소설림, 계범, 량계초, 정조중, 진군, 가조장, 라희명, 왕원견, 조문헌, 유민홍, 신빈, 가평요, 장청령, 교자곤, 엽성도, 정진탁, 엽영렬, 곽금영, 여지견, 로사, 곽계굉, 서강, 풍기재, 전학삼, 첨극명, 손리, 류경방, 왕봉린, 팽견명, 모택동, 하경지, 곽말약, 서지마, 곽소천, 왕국명, 애청, 해자, 림어당, 진목, 림망, 서가, 여추우, 조우 등 62명이다. 중국적 소수민족인 조선족 작가들로는 석화, 유영호, 조룡남, 김학송, 김의천, 허춘희, 박화, 최영옥, 허련순, 장정일, 김철, 리상각, 김호웅, 리성권, 허련순 림원춘, 조광명, 임범송, 황봉룡 19명이다. 그리고 미국적 중국인 양진녕,[10] 정조중; 대만 작가 림해음이다.

셋째로, 중국작품에서 작품이 가장 많이 실린 작가로는 노신으로서 4편이 실렸고 로사, 량계초, 철웅, 주자청, 서정, 엽영렬, 엽성도, 풍기재, 허련순 등 9명의 작가는 2편이 실렸다.

가장 많이 실린 노신의 작품은 중학교에 〈고향〉, 〈사소한 사건〉, 고등학교에 〈아Q정전〉 〈광인일기〉 4편으로서 중국 현대문학의 창시자 노신의 문학적 위상과 영향력을 확인할 수 있었다. 2편이 실린 작가작품으로는 극작가 로사의 고등학교에 실린 〈차집〉과 〈단혼창〉; 량계초의 중학교

---

10 양진녕(1922~)은 미국적 중국인 물리학자이다. 1957년에 리정도와 함께 노벨물리학상을 수상했다. 114쪽. 교재가 전국조선문교재심사위원회를 심사 통과한 2015년에는 미국적 중국인이었으나 2017년 8월 26일 95세의 나이로 중국 국적을 회복하여 중국 공민이 되었다.
참조 https://baike.baidu.com/item/%E6%9D%A8%E6%8C%AF%E5%AE%81/121170?fr=aladdin

에 실린 논설문 〈직업에 전심하고 직업을 즐기자〉와 〈가장 큰 고통과 가장 큰 쾌락〉; 중국 작가협회 주석 철응의 중학교에 실린 〈주삿바늘에 깃든 이야기〉, 고등학교에 〈오, 향설이!〉; 수필가 주자청의 중학교에 실린 〈봄〉, 고등학교에 〈푸른 빛〉; 시인 서정의 중학교에 〈조국이여, 친애하는 나의 조국이여〉, 고등학교에 〈참나무에게〉; 엽영렬의 중학교에 〈과학을 위해 헌신하자〉, 고등학교에 〈기묘한 초저온세계〉; 풍기재의 중학교에 〈산만한 정신〉, 고등학교에 〈피라미드가 주는 계시〉; 엽성도의 고등학교에 〈경태람 제작〉, 〈5월 31일 소낙비 속에서〉; 조선족 작가 허련순의 중학교에 〈가출 풍파〉, 고등학교에 〈고리〉이다.

넷째로, 중국소수민족인 조선족의 작품은 20편(중10, 고10)으로서 중국문학의 17%를 차지하고 전체 작품의 9.1%이다. 그리고 대만작품으로는 림해음 소설 〈무말랭이의 맛〉으로 1편이다.

요컨대 중국작품은 총 115편으로 전체 작품의 52.7%를 차지한다. 중학교 46편, 고등학교 69편으로 고등학교 작품비율이 더 높다. 이는 고등학교에서 문학사적으로 접근하면서 '중화민족의 우수한 문화'를 널리 알리는 차원에서 중국 문학작품을 많이 실은 것으로 볼 수 있다. 고전작품 19편(중1, 고18), 근현대작품 96편이다. 그중 중국소수민족으로서 조선족 작품은 20편(중10, 고10), 대만작품은 1편이다. 그중 노신의 작품이 4편, 로사, 량계초, 철응, 주자청, 서정, 엽영렬, 엽성도, 풍기재, 허련순의 작품이 2편 실렸다. 중국작품은 고등학교교재에 더 많이 실려 있으며 고전작품보다 근현대작품이 더 많이 실렸음을 볼 수 있다.

[표2] 교재에 실린 남북한작품들

국적(편)	학교(편)	학년(편)	학기(편)	작가와 작품
한국 | 조선 문학 59	중 학 교 (44)	7 학 년 (16)	1-1 (5)	엄기원(한국)〈우리말〉, 조기천(조선)〈흰 바위에 앉아서〉, 박동규(한국)〈보이지 않는 선물〉, 정채봉(한국)〈별명을 찾아서〉, 김보일(한국)〈대지를 경작하는 지렁이〉
			1-2 (11)	양사언〈태산이 높다 하되〉, 정철〈이고 진 저 늙은이〉, 김천택〈잘 가노라 닫지 말며〉, 조병화(한국)〈해마다 봄이 오면〉, 박문하(한국)〈약손〉, 리철환(한국)〈마음의 보름달〉, (조선)〈티끌 모아 태산〉, 로천명〈여름밤〉, 정진권(한국)〈작은 운동회의 큰 가르침〉, 류달영(한국)〈누에와 천재〉, 곽재구(한국)〈그림엽서〉
		8 학 년 (16)	2-1 (9)	리순원(한국)〈희망등 선생님〉, 도종환(한국)〈도마뱀의 사랑〉, 리경연〈따뜻한 커피 한잔〉, 리시형(한국)〈축복받은 성격〉, 송용길(한국)〈물, 21세기의 푸른 황금〉, 장수근(조선)〈우산〉, 강학태(조선)〈금강산을 찾아서〉, 정현종(한국)〈모든 순간이 꽃봉오리인 것을〉, 박원순(한국)〈아무나 가져가도 좋소〉
			2-2 (7)	신혜림(한국)〈숲은 어머니의 마음〉, 정호승(한국)〈내가 사랑하는 사람〉, 김태길(한국)〈가정교육의 어제와 오늘〉, 조은(한국)〈알맹이만 달라〉, 최재천(한국)〈동물들은 모두가 서정시인〉, 리병도(한국)〈세종대왕〉, 리설(조선)〈벗을 사귐에〉
		9 학 년 (12)	3 (12)	김동환〈산 너머 남촌에는〉, 박팔양〈진달래 – 봄의 선구자를 노래함〉, 최서해〈담요〉, 리어령(한국)〈빵과 밥〉, 리창배(한국)〈생활의 기쁨〉, 류경환(한국)〈틀이〉, 오승희(한국)〈할머니와 매주〉, 윤선도〈오우가〉, 박지원〈량반전〉, 박완서(한국)〈꼴찌에게 보내는 박수갈채〉, 현덕(조선)〈하늘은 맑건만〉, 김종성(한국)〈잠은 왜 잘까〉

한국| 조선 문학 59	고 등 학 교 (15)	1 학 년 (5)	1-1 (5)	김소월〈진달래꽃〉, 한룡운〈님의 침묵〉, 정철〈관 동별곡〉, 류안진(한국)〈지란지교를 꿈 꾸며〉, 김 정의(한국)〈민들레찬가〉
			1-2	---
		2 학 년 (4)	2-1 (3)	법정(한국)〈무소유〉, 탁석산(한국)〈사람은 왜 일 을 하는가?〉, 리기백(한국)〈민족문화의 전통과 계승〉
			2-2 (1)	리규태(한국)〈탈 여가의 문화〉
		선택 (6)	소설 (2)	〈장화홍련전〉, 최인호〈타인의 방〉
			시가 (2)	〈청산별곡〉, 김영건〈뿌리 깊은 나무〉
			수필 (1)	리인로〈월등사 죽루죽기〉
			희곡 (1)	〈꽃 파는 처녀〉

2) 남북한작품

조선족은 1860년대 중엽부터 조선반도에서 중국으로 이주하였다. 한국과 조선은 조선족에게 조상들의 숨결이 숨 쉬는 모국이고 동일한 혈연의 한민족이다. 교재에서는 남북한작품이 두 번째 순위로 나타났다.

첫째로, 남북한 문학작품은 총 59편으로서 전체 작품의 27%를 차지한다. 중학교에 44편(74.5%), 고등학교에 15편(25.4%)으로 중학교에 작품비율이 압도적으로 많다.

둘째로, 고전문학 작품은 8편, 분단 이전 작품은 근현대작품은 6편, 해방 이후 작품은 45편인데 그중 한국(남한)작품은 38편, 조선(북한)작품은 7편이다.

고전문학은 중학교에 양사언〈태산이 높다 하되〉, 정철〈이고 진 저 늙은이〉, 윤선도〈오우가〉, 박지원〈량반전〉으로 4편, 고등학교에 정철〈관동별곡〉, 리인로〈월등사 죽루죽기〉; 〈청산별곡〉; 〈장화홍련전〉으로 4편, 모두 8편이다.

분단 이전 작품으로는 로천명〈여름밤〉, 김동환〈산 너머 남촌에는〉, 김소월〈진달래꽃〉, 한룡운〈님의 침묵〉, 최서해〈담요〉, 박팔양〈진달래 – 봄의 선구자를 노래함〉으로 6편이다.

해방 이후 한국작가와 작품은 중학교에 엄기원〈우리말〉, 박동규〈보이지 않는 선물〉, 정채봉〈별명을 찾아서〉, 김보일〈대지를 경작하는 지렁이〉, 김천택〈잘 가노라 닫지 말며〉, 조병화〈해마다 봄이 오면〉, 박문하〈약손〉, 리철환〈마음의 보름달〉, 정진권〈작은 운동회의 큰 가르침〉, 류달영〈누에와 천재〉, 곽재구〈그림엽서〉, 리순원〈희망등 선생님〉, 도종환〈도마뱀의 사랑〉, 리경연〈따뜻한 커피 한잔〉, 리시형〈축복받은 성격〉, 송용길〈물, 21세기의 푸른 황금〉, 정현종〈모든 순간이 꽃봉오리인 것을〉, 박원순〈아무나 가져가도 좋소〉, 신혜림〈숲은 어머니의 마음〉, 정호승〈내가 사랑하는 사람〉, 김태길〈가정교육의 어제와 오늘〉, 조은〈알맹이만 달라〉, 최재천〈동물들은 모두가 서정시인〉, 리병도〈세종대왕〉, 리어령〈빵과 밥〉, 리창배〈생활의 기쁨〉, 류경환〈틀이〉, 오승희〈할머니와 메주〉, 박완서〈꼴찌에게 보내는 박수갈채〉, 김종성〈잠은 왜 잘까〉으로 30편; 고등학교에 류안진〈지란지교를 꿈꾸며〉, 김정의〈민들레찬가〉, 법정〈무소유〉, 탁석산〈사람은 왜 일을 하는가〉, 리기백〈민족문화의 전통과 계승〉, 리규태〈탈 여가의 문화〉, 김영건〈뿌리 깊은 나무〉, 최인호〈타인의 방〉로 8편, 모두 38편이다. 중학교에 30편으로 고등학교 8편에 비해 월등히 많다. 중학교에 한국작품이 유난히 많은 이유는 해방 이후의 한국문학작품이 '취미성과 인문성을 강조하는 목적'[11]과 어울려있기 때문이다.

---

11 중학교 매 교수참고서의 편집설명에는 교재의 특점을 '도구성과 인문성의 통일을 염두에 둔 교

해방 이후 조선 작가와 작품은 중학교에 조기천⟨흰 바위에 앉아서⟩, 장수근⟨우산⟩, 강학태⟨금강산을 찾아서⟩, 리설⟨벗을 사귐에⟩, 현덕⟨하늘은 맑건만⟩, 작가 미상⟨티끌 모아 태산⟩으로 5명의 작가에 6편의 작품이고 고등학교는 가극⟨꽃 파는 처녀⟩ 1편으로 모두 7편이다.

셋째로, 정철의 작품이 중학교에 시조 ⟨이고 진 저 늙은이⟩와 고등학교에 ⟨관동별곡⟩이 실렸다.

요컨대 남북한작품은 59편으로서 전체 작품의 27%를 차지한다. 중학교 44편, 고등학교 15편으로 중학교의 작품비율이 압도적으로 많다. 그중 고전문학이 8편, 분단 이전 작품이 6편, 해방 이후 한국작품이 38편, 조선작품이 7편이다. 정철의 작품이 2편 실렸다.

중학교에 해방 이후 한국문학작품이 38편으로 압도적으로 많이 선정된 이유는 해방 이후 한국작품 수필이나 소설에서 교육목표인 '취미성과 인문성을 강조하는 목적'을 만족할 수 있는 작품을 찾기 수월하였기 때문으로 풀이된다.

3) 외국작품

중국과 남북한작품을 제외한 기타 나라의 작품을 외국작품으로 하였다. 조선어문 과정표준의 총체적인 목표에는 "중화민족의 우수한 문화와 외국의 진보문화의 영양을 섭취하여 기본적인 인문 소양을 갖추고 점차 양호한 개성과 건전한 인격을 형성한다."라고 명시되어 있다. 외국의 진보문화로 대표되는 작품들로는 아래와 같다.

과서, 새로운 교수 목표 체계를 세운 교과서, 종합성을 띤 교과서, 취미성과 인문성을 강조한 교과서로' 기술하고 있다.

[표3] 교재에 실린 외국작품들

국적(편)	학교(편)	학년(편)	학기(편)	작가와 작품
외국 문학 42	중 학 교 (21)	7 (8)	7-1 (6)	파트 비그안(미국)〈월요일 아침의 기적〉, 도데(프랑스)〈마지막 수업〉, 오또다께 히로따다(일본)〈내 인생의 스승님〉, 끄릴로브(러시아)〈매와 닭〉, 이소프(그리스)〈헤르메스와 조각가〉, 부퐁(프랑스)〈다람쥐〉
			7-2 (2)	길매르 쎄이스브롱(프랑스)〈말라버린 두 눈〉, 폴 빌라드(미국)〈이해의 선물〉
		8 (7)	8-1 (4)	헬렌 켈러(미국)〈내 생애 처음으로 다가올 새 날〉, 구리 료헤이(일본)〈우동 한 그릇〉, 모리스 오웬(미국)〈나와 승냥이의 우정〉, 체호프(러시아)〈뚱뚱보와 말라깽이〉
			8-2 (3)	피트 하미르(미국)〈노란 손수건〉, 호시 싱이찌(일본)〈여보게 - 나오라구!〉, 안데르센(덴마크)〈내 인생의 동화〉
		9 (6)	9 (6)	오 헨리(미국)〈매치의 선물〉, 모파상(프랑스)〈결투〉, 셰익스피어(영국)〈베니스 상인〉, 체호프(러시아)〈관리의 죽음〉, 레브 톨스토이(러시아)〈가난한 사람들〉, 엥겔스(독일)〈맑스 묘 앞에서 한 연설〉
	고 등 학 교 (21)	1 학 년 (4)	1-1 (0)	--
			1-2 (4)	프랭클린(미국)〈사랑하는 아들에게〉, 모파상(프랑스)〈목걸이〉, 오 헨리(미국)〈경찰과 찬송가〉, 입센(노르웨이)〈인형의 집〉
		2 학 년 (9)	2-1 (5)	롱펠로(미국)〈인생 예찬〉, 윌리엄 블레이크(영국)〈호랑이〉, 괴테(독일)〈들장미〉, 죠지 가디너(영국)〈모자 철학〉, 고리끼(구쏘련)〈시계〉
			2-2 (4)	발자크(프랑스)〈가문의 불행〉, 체호프(러시아)〈갑 속에 든 사람〉, 마크 트웨인(미국)〈주장선거경쟁〉, 쇼펜하우어(독일)〈사색에 대하여〉
		선 택 (10)	소설 (2)	헤밍웨이(미국)〈로인과 바다〉, 고골리(러시아)〈외투〉
			시가 (4)	외젠 뽀띠에(프랑스)〈국제가〉, 뻬뙤피(헝가리)〈사랑과 자유〉, 푸시킨(러시아)〈삶이 그대를 속일지라도〉, 프로스트(미국)〈가지 않은 길〉
			수필 (2)	헬렌 켈러(미국)〈사흘만 볼 수 있다면〉, 짐 로져즈(미국)〈아버지의 충고〉
			희곡 (2)	셰익스피어(영국)〈로미오와 줄리엣〉, 아서 밀러(미국)〈세일즈맨의 죽음〉

첫째로, 외국 문학작품은 총 42편으로 전체 작품의 19.2%이며 제3위를 차지한다. 중학교에 21편, 고등학교에 21편으로 각각 50%를 차지한다.

둘째로, 외국 문학에서 가장 많은 작품을 차지하는 국가의 순위는 미국 15편, 프랑스와 러시아 각 7편, 독일, 영국, 일본 각 3편, 노르웨이, 덴마크, 그리스 각 1편 순이다.

우선, 작품 수가 가장 많은 미국은 파트 비그안, 폴 빌라드, 헬렌 켈러, 모리스 오웬, 피트 하미르, 오 헨리, 프랭클린, 롱펠로, 마크 트웨인, 헤밍웨이, 프로스트, 짐 로져즈, 아서 밀러 13명 작가에 15편의 작품이었다.

다음, 공동 순위로 프랑스와 러시아이다. 프랑스는 도데, 부퐁, 길매르 쎄이스브롱, 모파상, 발자크, 외젠 뽀띠에 6명 작가에 7편의 작품이었다. 러시아는 체호프, 레브 톨스토이, 고리끼(구쏘련), 고골리, 푸시킨 5명 작가에 8편의 작품이었다.

그다음, 공동 순위로 3편의 작품이 소개된 나라로는 독일, 영국, 일본이다. 독일은 엥겔스, 괴테, 쇼펜하우어; 영국은 셰익스피어, 윌리엄 블레이크, 죠지 가디너; 일본은 오또다께 히로따다, 구리 료헤이, 호시 싱이찌 작가에 그들의 작품들이다.

마지막으로, 노르웨이(입센), 덴마크(안데르센), 그리스(이소프), 헝가리(뻬뙤피)는 1편씩 소개되었다.

셋째로, 3편이 실린 작가와 작품으로는 러시아 체호프의 〈뚱뚱보와 말라깽이〉, 〈관리의 죽음〉, 〈갑 속에 든 사람〉; 2편씩 실린 작가와 작품으로는 미국 오 헨리의 〈매치의 선물〉, 〈경찰과 찬송가〉; 헬렌 켈러의 〈내 생애 처음으로 다가올 새날〉, 〈사흘만 볼 수 있다면〉; 프랑스 모파상의 〈결투〉, 〈목걸이〉, 영국 셰익스피어의 〈베니스 상인〉, 〈로미오와 줄리엣〉 등

소설작품들이다. 이러한 작품들은 중고등학교에 각각 1편씩, 모두 2편이 실렸다.

요컨대, 외국 문학작품은 총 42편으로 전체 작품의 19.2%로 제3위를 차지한다. 중학교 21편, 고등학교 21편씩 반반씩 실렸다. '외국의 진보문화의 영양을 섭취'하는 목적하에 가장 많이 실린 국가 순위는 미국 15편, 프랑스와 러시아 8편, 독일, 영국, 일본 각 3편, 노르웨이, 덴마크, 그리스, 헝가리 각 1편이다. 중학교와 고등학교에 각각 1편씩 실린 작가로는 미국의 오 헨리, 미국의 헬렌 켈러, 프랑스 모파상, 영국의 셰익스피어 문학 대가들이다.

4) 무소속작품

교재에서는 작가 미상에 출처가 없이 소개된 작품이 2편 있다. 고등학교 1학년 〈3D 인쇄를 아시나요?〉(필수1), 중학교 1학년 〈락타〉(7-1)로서 설명문이다.

요컨대 중고등학교 교재에 나타난 작품은 총 218편이다. 중국작품 115편, 남북한작품 59편, 외국작품 42편, 무소속작품 2편이다.

3. 장르별 작품 분류

르네 웰렉과 오스틴 워렌이 정확히 천명하고 있는 것처럼, 문학의 형식은 하나의 제도이다. 제도로서의 문학은 개별적인 작가를 규제하기도 하고 동시에 작가에 의해 규제받기도 하면서 다양한 양식으로 분화, 정립되어왔는데 이것을 장르라고 한다.

중고등학교 교재의 작품은 시, 소설, 수필, 희곡, 논설문, 설명문, 기행문, 연설문, 인물전기, 신화, 전설, 우화, 칼럼, 통신, 소식 보도 등 장르의 작품들이 실렸다. 여기에서는 문학 장르인 시, 소설, 수필, 희곡을 중심으로 분류하고 나머지는 기타 장르에 포함시켜 간략하게 살펴보고자 한다.

1) 시 작품

시란 현실 생활이나 시인의 사상 감정을 정서적이고 운율적인 언어로 표현하는 문학의 한 형태이다. 시는 강렬한 감정과 풍부한 상상, 세련된 언어와 율동적인 운율로 사회생활을 고도로 집중하고 개괄하여 반영한다. 운율성, 함축성, 형상성은 시의 가장 중요한 특징이다. 중고등학교의 교재에는 아래와 같은 시작품들이 수록되어 있다.

[표4] 교재에 실린 시 작품들

장르(편)	학교(편)	학년(편)	작가와 작품	단원 학습목표
시 45	중 학 교 (16)	7-1 (4)	엄기원〈우리말〉, 석화〈어머님 생각〉, 유영호〈교정의 종소리〉, 조기천〈흰 바위에 앉아서〉	시인의 감정 정서를 알아보고 시를 감상하기
		7-2 (5)	양사언, 정철, 김천택〈시조 3수〉, 조병화〈해마다 봄이 오면〉, 조룡남〈고향 생각〉	시의 언어와 구성상의 특점 알아보기
		8-1 (3)	신혜림〈숲은 어머니의 마음〉, 정호승〈내가 사랑하는 사람〉, 서정〈조국이여, 친애하는 나의 조국이여〉	시에서의 서정 토로의 방법을 알아보기
		8-2	---	---
		9 (4)	김동환〈산 너머 남촌에는〉, 박팔양〈진달래〉, 박화〈산향의 샘물〉	시의 이미지에 대하여 알아보기
			윤선도〈오우가〉	고전 문학작품에 대해 알기
	고 등 학 교 29	1-1 (3)	김소월〈진달래꽃〉, 한룡운〈님의 침묵〉, 정철〈관동별곡〉	1. 우리 말 시의 고유한 시적 정서와 조선어의 '멋'과 '맛'을 터득해보기 2. 반복적인 낭송을 통해 서정적 주인공의 사상 감정과 전편 시에 관통된 기본정서를 알아보기
		1-2 (5)	김철〈대장간 모루 우에서〉, 리상각〈물빛으로 살고 싶다〉, 두보〈봄을 맞으며〉, 백거이〈숯 파는 늙은이〉, 리백〈꿈에 천모산을 유람하고 벗들과 작별하며〉	1. 중국조선족 시인들의 시 세계를 흔상해 보기 2. 당시를 중심으로 중국 고대 시가를 료해해 보기
		2-1 (3)	롱펠로〈인생 예찬〉, 윌리엄 블레이크〈호랑이〉, 괴테〈들장미〉	1. 외국 시인들의 시 세계를 흔상해 보기 2. 낭만주의 시문학에 대해 알아보기
		2-2	--	-

			〈시경, 동산〉, 류종원〈냇가에 살며〉, 리상은〈금슬〉, 〈청산별곡〉, 외잰 뽀띠에〈국제가〉, 뻬뙤피〈사랑과 자유〉, 푸시킨〈삶이 그대를 속이더라도〉, 모택동〈정강산에 다시 올라〉, 하경지〈연안으로 돌아왔네〉, 곽말약〈난로 안의 석탄〉, 서지마〈노니는 구름〉, 곽소천〈청송의 노래〉, 왕국진〈살며 사랑하며〉, 애청〈나는 이 땅을 사랑해〉, 서정〈참나무에게〉, 해자〈바다를 마주하고 봄빛을 만끽하며〉, 프로스트〈가지 않은 길〉, 김영건〈뿌리 깊은 나무〉	
시 45	고등학교 29	3 선택 시가 (18)		

시는 도합 45편인데 전체 작품의 20.6%이다. 중학교 16편, 고등학교 29편이다. 중국 시 22편(고전 6편, 현대 중국 10편, 조선족 6편), 남북한 시 16편(고전 6편, 한국 9편, 조선 1편), 외국 시 7편이다.

중국 시는 총 22편이다. 첫째, 고전 시는 총 6편인데 당나라 시인 두보〈봄을 맞으며〉, 백거이〈숯 파는 늙은이〉, 리백〈꿈에 천모산을 유람하고 벗들과 작별하며〉〈시경, 동산〉, 류종원〈냇가에 살며〉, 리상은〈금슬〉이다. 둘째, 중국 현대시는 16편인데 그중 중국 시인 서정〈조국이여, 친애하는 나의 조국이여〉, 모택동〈정강산에 다시 올라〉, 하경지〈연안으로 돌아왔네〉, 곽말약〈난로 안의 석탄〉, 서지마〈노니는 구름〉, 곽소천〈청송의 노래〉, 왕국진〈살며 사랑하며〉, 애청〈나는 이 땅을 사랑해〉, 서정〈참나무에게〉, 해자〈바다를 마주하고 봄빛을 만끽하며〉로 10편이다. 그리고 중국조선족 시인 석화〈어머님 생각〉, 유영호〈교정의 종소리〉 가사 2수, 조룡남〈고향 생각〉, 박화〈산향의 샘물〉, 김철〈대장간 모루 우에서〉, 리상각〈물빛으로 살고 싶다〉으로 6편이다.

남북한 시는 총 16편이다. 첫째, 고전 시는 6편이다. 양사언〈태산이 높다 하되〉, 정철〈이고 진 저 늙은이〉, 김천택〈잘 가노라 닫지 말며〉, 윤선도〈오우가〉 시조 4수; 정철의 고전 가사〈관동별곡〉; 〈청산별곡〉이다. 둘째, 한국 시로 엄기원의 동시〈우리말〉; 한국현대시 김소월〈진달래꽃〉, 한룡운〈님의 침묵〉, 김동환〈산 너머 남촌에는〉, 박팔양〈진달래 - 봄의 선구자를 노래함〉, 조병화〈해마다 봄이 오면〉, 정호승〈내가 사랑하는 사람〉, 신혜림〈숲은 어머니의 마음〉, 김영건〈뿌리 깊은 나무〉으로 9편이다. 셋째, 조선 시로 조기천〈흰 바위에 앉아서〉 1편이다.

외국 시로는 미국의 롱펠로〈인생 예찬〉, 영국의 윌리엄 블레이크〈호랑이〉, 독일의 괴테〈들장미〉, 외잰 뽀띠에〈국제가〉, 뻬뙤피〈사랑과 자유〉, 푸시킨〈삶이 그대를 속이더라도〉, 프로스트〈가지 않은 길〉 7편이다.

중학교 교재에서 시는 단원별로 되어있고 시 단원의 학습 목표를 제시하고 있다. 중학교에서의 학습 목표가 시인의 감정 정서, 시의 언어와 구성상의 특점, 시의 서정 토로 방법, 시의 이미지, 고전 문학작품에 대해 알아보는 시의 기초적 지식을 장악하는 단계라 할 수 있다.

고등학교 교재에서 필수과목 1~4는 단원별로 되어있고 시 단원의 학습 목표를 제시하고 있다. 그리고 고등학교 조선어문 선택교재 시 감상은 18편의 시를 다루고 있다. 학습 목표는 우리말 시의 고유한 시적 정서와 조선어의 '멋'과 '맛'을 터득하기, 서정적 주인공의 사상 감정과 전편 시에 관통하는 기본정서, 중국조선족 시인들의 시 세계, 중국 고대 시가, 외국 시인들의 시 세계, 낭만주의 시문학에 대해 알아보기 등 문학사적으로 접근하는 시도로 이루어졌다.

[표5] 교재에 실린 소설작품들

장르(편)	학교(편)	학년(편)	작가와 작품	단원 학습목표
소설 50	중학교 (28)	7-1 (4)	제2단원 노신〈사소한 사건〉, 파트 비그안〈월요일 아침의 기적〉, 철응〈주삿바늘에 깃든 이야기〉	인물과 사건을 쓴 글에서 서술의 요소를 찾아보기
			제4단원 도데〈마지막 수업〉	인물의 성격 특징을 표현한 방법을 알아보기
		7-2 (6)	제2단원 리철환〈마음의 보름달〉	제목의 의미를 알아보기
			제3단원 락설〈유일한 청중〉, 양경서〈축구경기를 듣다〉, 길배르 쎄이스브롱〈말라버린 두 눈〉	사건의 전개과정을 알아보기
			제5단원 진영림〈새하얀 무궁화〉	서두와 결말의 조응을 알아보기
			제6단원 폴 빌라드〈이해의 선물〉	상세한 서술과 간략한 서술에 대하여 알아보기
		8-1 (2)	제4단원 구리 료헤이〈우동 한 그릇〉	여러 가지 서술방법을 알아보기
			제6단원 체호프〈뚱뚱보와 말라깽이〉	문학작품을 감상하기
		8-2 (5)	제2단원 피트 하미르〈노란 손수건〉, 호시 싱이찌〈여보게-나오라구!〉	글을 쓴 의도나 목적을 알아보기
			제4단원 림해음〈무말랭이의 맛〉	개괄적 서술과 구체적 서술에 대하여 알아보기
			제6단원 노신〈고향〉, 허춘희〈선생님의 사춘기〉	글을 읽고 작자의 사로를 알아보기
		9 (11)	제2단원 오 헨리〈매치의 선물〉, 모파상〈결투〉, 최서해〈담요〉	소설의 3요소 알아보기
			제6단원 오승희〈할머니와 메주〉, 허련순〈가출 풍파〉	문학작품에서의 갈등을 알아보기
			제7단원 박지원〈양반전〉	
			제9단원 현덕〈하늘은 맑건만〉, 체호프〈관리의 죽음〉	인물의 심리변화과정을 알아보기
			제11단원 왕원견〈성냥 일곱 가치〉, 레브 톨스토이〈가난한 사람들〉, 조문헌〈고독한 여행〉	환경묘사의 역할을 알아보기

소설 50	고등학교 (22)	1-1	---	---
		1-2 (3)	제3단원 모파상〈목걸이〉, 오헨리〈경찰과 찬송가〉, 여지견〈나리꽃〉	1. 소설의 3요소를 분석하고 주제를 개괄해보기 2. 소설에서 사용되는 주인공의 형상 부각 방법을 알아보기
		2-1 (3)	제3단원 노신〈아Q정전〉, 허련순〈고리〉, 림원춘〈몽당치마〉	1. 소설에서 등장인물의 전형성 이해하기 2. 소설의 사회적 기능을 알아보기
		2-2 (3)	제2단원 발자크〈가문의 불행〉, 체호프〈갑 속에 든 사람〉, 마크 트웨인〈주장선거경쟁〉	1. 소설의 인물 성격 부각에서 일으키는 세부묘사와 풍자적 수법의 작용을 알아보기 2. 불후의 명소설로 되자면 어떤 요건을 갖추어야 하는지 알아보기
		3 선택소설 (13)	포송령〈화피〉,〈장화홍련전〉, 헤밍웨이〈로인과 바다〉, 고골리〈외투〉, 풍몽룡〈두십랑〉, 로사〈단혼창〉, 노신〈광인일기〉, 최인호〈타인의 방〉, 손리〈련꽃 늪〉, 철응〈오, 향설이!〉, 류경방〈신발〉, 왕봉린〈늑대가 출몰하던 산골짜기〉, 팽견명〈그 산, 그 사람, 그 누렁이〉	

2) 소설작품

소설이란 인물형상을 부각하는 것을 중심으로 완전한 이야기 얽음새와 구체적인 환경묘사를 통하여 사회생활을 반영하는 문학작품이다. 인물, 이야기 얽음새와 환경은 소설의 3요소이다. 중고등학교의 교재에는 아래와 같은 소설작품이 수록되어 있다.

소설은 도합 50편으로 전체 작품의 22.9%이다. 중학교 28편, 고등학교 22편이다. 중국소설 24편, 외국소설 19편, 남북한소설 7편이다.

첫째로, 중국소설작품은 24편이다. 그중 고전소설은 포송령〈화피〉 1편이다. 현대소설은 총 23편이다. 그중 중국 작가의 소설작품은 18편으로서 노신〈사소한 사건〉, 〈고향〉, 〈아Q정전〉, 〈광인일기〉, 철응〈주삿바늘에 깃든 이야기〉, 〈오, 향설이!〉, 락설〈유일한 청중〉, 양경서〈축구경기를 듣다〉, 진영림〈새하얀 무궁화〉, 왕원견〈성냥 일곱 가치〉, 조문헌〈고독한 여행〉, 여지견〈나리꽃〉, 풍몽룡〈두십랑〉, 로사〈단혼창〉, 손리〈련꽃 늪〉, 류경방〈신발〉, 왕봉린〈늑대가 출몰하던 산골짜기〉, 팽견명〈그 산, 그 사람, 그 누렁이〉이다. 중국조선족 소설은 4편으로 허춘희〈선생님의 사춘기〉, 허련순〈가출 풍파〉, 〈고리〉, 림원춘〈몽당치마〉이다. 대만소설은 1편으로 림해음〈무말랭이의 맛〉이다.

둘째로, 남북한소설은 7편이다. 고전소설은 2편인데 〈장화홍련전〉과 박지원의 〈양반전〉이다. 해방 이전 소설은 1편인데 최서해의 〈담요〉이다. 해방 이후 한국소설은 3편인데 리철환의 〈마음의 보름달〉, 오승희의 〈할머니와 메주〉, 최인호의 〈타인의 방〉이다. 조선소설은 1편으로 현덕의 〈하늘은 맑건만〉이다.

셋째로, 외국소설은 19편이다. 파트 비그안의 〈월요일 아침의 기적〉, 도데의 〈마지막 수업〉, 길배르 쎄이스브롱의 〈말라버린 두 눈〉, 폴 빌라드의 〈이해의 선물〉, 피트 하미르의 〈노란 손수건〉, 호시 싱이찌의 〈여보게 - 나오라구!〉, 오 헨리의 〈매치의 선물〉, 〈경찰과 찬송가〉, 모파상의 〈결투〉, 〈목걸이〉, 체호프의 〈관리의 죽음〉, 〈뚱뚱보와 말라깽이〉,〈갑 속에 든 사람〉, 구리 료헤이의 〈우동 한 그릇〉, 레브 톨스토이의 〈가난한 사람들〉, 발자크의 〈가문의 불행〉, 마크 트웨인의 〈주장선거경쟁〉, 헤밍웨이의 〈로인과 바다〉, 고골리의 〈외투〉이다.

넷째로, 작품 수가 많은 작가로는 노신이 4편인데 작품으로 〈사소한 사건〉, 〈고향〉, 〈아Q정전〉, 〈광인일기〉이다. 체호프는 3편인데 〈관리의 죽음〉, 〈뚱뚱보와 말라깽이〉, 〈갑 속에 든 사람〉이다. 2편인 작가의 작품으로는 철웅의 〈주삿바늘에 깃든 이야기〉, 〈오, 향설이!〉, 허련순의 〈가출 풍파〉, 〈고리〉, 오 헨리의 〈매치의 선물〉, 〈경찰과 찬송가〉, 모파상의 〈결투〉, 〈목걸이〉이다.

중학교의 경우, 중학교 교재의 단원학습목표를 보면 인물과 사건을 쓴 글에서 서술의 요소, 인물의 성격 특징을 표현한 방법, 제목의 의미, 사건의 전개과정, 서두와 결말의 조응, 상세한 서술과 간략한 서술, 여러 가지 서술방법, 문학작품 감상, 글을 쓴 의도나 목적, 소설의 3요소, 문학작품에서의 갈등, 인물의 심리변화과정, 환경묘사의 역할 등에 대한 학습으로 설정되어 있다. 작품선정에서도 "도구성과 인문성의 통일"을 강조하여 "학생들의 실생활과 가깝고 그들의 심리에 알맞으며 학습 목표 도달을 목적으로 한 도구성 원칙을 충분히 체현하면서도 인문성 교양에 적합한 과문을 선정하였다"라고 밝히고 있다. 목표별 종합단원을 구성하는 원칙하에 많은 단원은 체제별로 구성하지 않았다. 예를 들면 1-2 교재의 6단원은 상세한 서술과 간략한 서술을 알아보기 위한 단원학습 목표하에 소설 〈이해의 선물〉과 수필 〈누에와 천재〉, 수필 〈그림엽서〉를 배치하였다. 2-1 교재의 제6단원에서는 문학작품 감상하기라는 목표하에 정현종의 시 〈모든 순간이 꽃봉오리인 것을〉, 체호프 소설 〈뚱뚱보와 말라깽이〉, 박원순 수필 〈아무나 가져가도 좋소〉를 배치하였다고 밝히고 있다.[12] 여기에서 중학교 교재는 수필과 소설 등 장르에 구애받지 않고 선정하였음을 알 수 있다.

고등학교 교재의 경우, 고등학교 1학년 1학기(필수 1) 교재에는 소설이 수록되지 않았지만, 기타 교재는 제2단원 혹은 제3단원에 소설 단원을 설정하였고 학습 목표를 제시하였다. 그리고 조선어문 선택교재에 소설 감상이 있다. 학습 목표로는 문학적으로 소설의 3요소, 주제, 주인공 형상 부각 방법, 등장인물의 전형성, 사회적 기능, 세부묘사, 풍자적 수법 등에 대한 체계적 지식의 전수를 학습 내용으로 안내하고 있다.

소설작품은 중국작품은 고전소설이 1편, 남북한 고전소설은 2편을 수록했는데 대부분 현대소설에 초점이 맞추어져 있다. 비록 난해하긴 하지만 고대의 시대 상황을 이해할 수 있고 철리성이 깊은 고전소설의 작품 수가 적은 것은 아쉬움으로 남는다.

3) 수필 작품

수필이란 생활 속에서 얻어진 생각이나 체험을 형식의 제한이나 내용

---

12 연변교육출판사 조선어문편집실 동북조선문교재연구개발센터 편저, 『의무교육 조선족학교 교과서 조선어문 교수참고서』 8학년 상권, 연변교육출판사, 2015, 2쪽.

의 제약이 없이 자유롭게 쓴 글이다. 그러므로 수필은 흔히 필 가는 대로 쓴 글이라고 한다. 수필에는 이야기를 위주로 한 이야기성 수필(서사 수필), 서정을 위주로 한 서정 수필, 자연 경물을 노래한 경물 수필, 의론성을 띤 의론성 수필 등 다양한 종류의 수필이 있다. 중고등학교 교재에서의 수필 작품은 아래와 같다. 수필은 총 60편으로 전체 작품의 27.5%이다. 중학교 34편, 고등학교 26편이다. 중국수필 28편(고전 5편, 현대 19편, 조선족 4편), 남북한수필 25편(고전 1편, 해방 이전 1편, 현대 한국 21편, 조선 2편), 외국수필 7편이다.

첫째로, 중국수필은 28편이다. 고전 수필은 5편인데 공자〈논어〉, 범중엄〈악양루기〉, 도연명〈귀거래사〉, 제갈량〈출사표〉, 구양수〈추성부〉이다. 중국현대수필은 23편인데 그중 중국인의 수필은 19편이다. 위외〈나의 선생님〉, 막언〈어머니〉, 주자청〈봄〉, 준청〈가을빛〉, 양삭〈려지꿀〉, 방지민〈사랑스러운 중국〉, 풍기재〈산만한 천성〉, 소설림〈차마 시기〉, 가평요〈못난 돌〉, 곽계굉〈부족함의 아름다움〉, 서강〈깨달음〉, 림어당〈인생담〉, 엽성도〈5월 31일 소낙비 속에서〉, 정진탁〈감상과 연구〉, 진목〈땅〉, 림망〈바다의 명상〉, 주자청〈푸른 빛〉, 서가〈배추〉, 여추우〈지난 세월을 간직하시라〉이다. 중국조선족 수필은 4편인데 김의천〈푸른 잔디〉, 최영옥〈수필 같은 인생을 살고 싶다〉, 리성권〈태항산맥은 바래지 않다〉, 조광명〈한 점의 도자기에도 미치지 못해라〉이다.

[표6] 교재에 실린 수필 작품들

장르(편)	학교(편)	학년(편)	작가와 작품	단원 학습 목표
수필 (60)	중학교 (34)	7-1 (5)	제3단원 위외〈나의 선생님〉, 박동규〈보이지 않는 선물〉, 정채봉〈별명을 찾아서〉	중심사상과 글감의 관계를 알아보기
			제4단원 막언〈어머니〉, 오또 다께 히르따다〈내 인생의 스승님〉	인물의 성격 특징을 표현한 방법을 알아보기
		7-2 (9)	제2단원 박문하〈약손〉, 〈티끌 모아 태산〉	제목의 의미를 알아보기
			제4단원 주자청〈봄〉, 준청〈가을빛〉, 로천명〈여름밤〉	경물의 특점을 알아보기
			제5단원 양식〈려지꿀〉, 정진권〈작은 운동장의 큰 가르침〉	서두와 결말의 조응을 알아보기
			제6단원 류달영〈누에와 천재〉, 곽재구〈그림엽서〉	간략한 서술과 간략한 서술에 대하여 알아보기
		8-1 (9)	제1단원 리순원〈희망등 선생님〉, 도종환〈도마뱀의 사랑〉, 리경연〈따뜻한 커피 한잔〉	작자의 체험과 감수를 알아보기
			제2단원 방지민〈사랑스러운 중국〉, 리시형〈축복받은 성격〉, 헬렌 켈러〈내 생애 처음으로 다가올 새날〉	중점단어와 구절을 찾아보기
			제4단원 모리스 오웬〈나와 승냥이의 우정〉, 장수근〈우산〉	여러 가지 서술방법을 알아보기
			제6단원 박원순〈아무나 가져가도 좋소〉	문학작품 감상하기
		8-2 (4)	제2단원 김태길〈가정교육의 어제와 오늘〉	글을 쓴 의도나 목적을 알아보기
			제4단원 김의천〈푸른 잔디〉, 최재천〈동물들은 모두가 서정시인〉	개괄적 서술과 구체적 서술에 대하여 알아보기
			제6단원 리설〈벗을 사귐에〉	글을 읽고 작자의 사로를 알아보기

중학교 (34)	9 (7)		제3단원 풍기재〈산만한 천성〉, 리어령〈빵과 밥〉, 소설림〈차마 시기〉	다양한 문화에 대해 알아보기
			제5단원 리창배〈생활의 기쁨〉, 최영옥〈수필 같은 인생을 살고 싶다〉, 류경환〈틀이〉	수필에 대해 알아보기
			제9단원 박완서〈꼴찌에게 보내는 박수갈채〉	인물의 심리변화과정을 알아보기
수필 (60)	고등학교 (26)	1-1 (3)	제2단원 가평요〈못난 돌〉, 류안진〈지란지교를 꿈꾸며〉, 김정의〈민들레찬가〉	1. 다양한 수필을 접촉하면서 수필 장르의 특점을 터득해보기 2. 서사성 수필, 의론성 수필, 서정성 수필의 습작 특점 알아보기
		1-2	---	---
		2-1 (4)	제2단원 법정〈무소유〉, 죠지 가디너〈모자 철학〉, 리성권〈태항산맥은 바래지 않다〉	1. 다양한 수필을 접촉하면서 수필 장르의 특점을 터득해보기 2. 경수필과 중수필의 개념과 차이점을 알아보기
			제4단원 고리끼〈시계〉	
		2-2 (3)	제1단원 곽계굉〈부족함의 아름다움〉, 조광명〈한 점의 도자기에도 미치지 못해라〉, 서강〈깨달음〉	1. 다양한 수필을 접촉하면서 수필 장르의 특점을 터득해보기 2. 사색적인 수필, 교훈적인 수필을 알아보기
		선택 (16)	공자〈논어〉, 범중엄〈악양루기〉, 도연명〈귀거래사〉, 제갈량〈출사표〉, 구양수〈추성부〉, 리인로〈월등사 죽루죽기〉, 헬렌 켈러〈사흘만 볼 수 있다면〉, 림어당〈인생담〉, 엽성도〈5월 31일 소낙비 속에서〉, 정진탁〈감상과 연구〉, 진목〈땅〉, 림망〈바다의 명상〉, 주자청〈푸른 빛〉, 서가〈배추〉, 짐 료져즈〈아버지의 충고〉, 여추우〈지난 세월을 간직하시라〉	

중국인의 수필 19편은 한어문 교재의 번역문이다.

둘째로, 남북한수필은 25편이다. 고전 수필은 1편인데 리인로〈월등사 죽루죽기〉이다. 해방 이전 수필도 1편인데 로천명〈여름밤〉이다. 해방 이후 한국현대수필은 21편인데 박동규〈보이지 않는 선물〉, 정채봉〈별명을 찾아서〉, 박문하〈약손〉, 정진권〈작은 운동장의 큰 가르침〉, 류달영〈누에와 천재〉, 곽재구〈그림엽서〉, 리순원〈희망등 선생님〉, 도종환〈도마뱀의 사랑〉, 리경연〈따뜻한 커피 한잔〉, 리시형〈축복받은 성격〉, 장수근〈우산〉, 박원순〈아무나 가져가도 좋소〉, 김태길〈가정교육의 어제와 오늘〉, 최재천〈동물들은 모두가 서정시인〉, 리어령〈빵과 밥〉, 리창배〈생활의 기쁨〉, 류경환〈틀이〉, 박완서〈꼴찌에게 보내는 박수갈채〉, 류안진〈지란지교를 꿈꾸며〉, 김정의〈민들레찬가〉, 법정〈무소유〉이다. 조선수필은 2편인데 〈티끌 모아 태산〉, 리설〈벗을 사귐에〉이다.

해방 이후 한국현대수필이 21편으로 많은 이유는 해방 이후 한국현대수필이 취미성과 인문성을 두루 갖추었고 교재편찬 시 번역이 필요 없는 점도 한몫한 것으로 사료된다.

셋째로, 외국수필은 7편이다. 오또다께 히르따다〈내 인생의 스승님〉, 헬렌 켈러〈내 생애 처음으로 다가올 새날〉, 〈사흘만 볼 수 있다면〉, 모리스 오웬〈나와 승냥이의 우정〉, 죠지 가디너〈모자 철학〉, 고리끼〈시계〉, 짐 툐져즈〈아버지의 충고〉이다.

중학교의 경우, 앞에서도 설명하였지만, 목표별 종합단원을 구성하는 원칙하에 일부 단원은 체제별로 구성하지 않았다. 중학교 교재의 단원학습목표를 보면 중심사상과 글감의 관계, 인물의 성격 특징을 표현한 방법,

제목의 의미, 경물의 특징, 서두와 결말의 조응, 상세한 서술과 간략한 서술, 작자의 체험과 감수, 중점단어와 중점구절, 여러 가지 서술방법, 문학작품 감상, 글을 쓴 의도나 목적, 개괄적 서술과 구체적 서술, 작자의 사로, 다양한 문화, 수필이란, 인물의 심리변화과정 등에 대한 학습으로 설정되어 있다.

고등학교는 문학 장르 수필 단원을 분류하여 수필 장르의 특징, 서사성 수필, 의론성 수필, 서정성 수필의 습작 특점, 경수필, 중수필의 개념과 차이점, 사색적 수필, 교훈적 수필 알아보기 등 철리성 수필, 학습 내용을 안내하였다.

수필은 전체 60편으로 장르 중 가장 많은 편수를 차지한다. 그중에서도 한국현대수필이 21편으로 가장 많았는데 이는 한국수필작품이 취미성과 인문성을 두루 갖추고 있는 특징으로 많이 선정된 것으로 사료된다.

4) 희곡 작품

희곡이란 작자가 상상한 이야기를 무대공연을 전제로 하여 인물의 대사, 동작, 표정 등을 통해 인생을 현재의 사실로 표현한 문학작품이다. 중고등학교 교재에는 아래와 같은 희곡 작품이 실렸다.

[표7] 교재에 실린 희곡 작품

장르(편)	학교(편)	학년(편)	작가와 작품	단원 학습 목표
희곡 (15)	중 (1)	9 (1)	셰익스피어〈베니스 상인〉	문학작품에서의 갈등을 알아보기
	고 (14)	1-2 (2)	로사〈차집〉, 입센〈인형의 집〉	희곡의 사작 특점을 이해하고 인물형상 부각과 주제 표달에서 소설과의 차이점 알아보기
		선택 (12)	관한경〈두아원〉, 왕실보〈서상기〉, 고명〈비파기〉, 홍승〈장생전〉, 공상임〈도화선〉, 셰익스피어〈로미오와 줄리엣〉, 아서 밀러〈세일즈맨의 죽음〉, 조우〈일출〉, 〈백모녀〉, 〈꽃 파는 처녀〉, 황봉룡〈장백의 아들〉	

　　희곡은 모두 15편으로 전체 작품의 6.8%를 차지한다. 중학교에 1편, 고
등학교에 14편(필수교재 2편, 선택교재 12편) 실렸다. 중국 10편, 남북한
1편, 외국 4편이다. 단원학습목표를 보면 중학교에서는 문학작품에서
의 갈등 알아보기로 갈등에 중점을 두었다면 고등학교에서는 문학
으로서의 희곡 장르로 인물형상 부각, 주제표현, 습작 특점에서 소
설과의 차이점 알아보기로 되어있다.

5) 기타 장르 작품

　　기타 장르에는 문학 장르인 시, 소설, 수필, 희곡을 제외한 기타를 포함
시켰다. 교재에는 전설, 우화, 신화, 통신, 칼럼, 소식, 기행문, 설명문, 논설
문, 인물전기, 자서전 등 장르들이 있었다.

[표8] 교재에 실린 문학 이외 기타 장르의 작품들

장르(편)	학교	학년(편)	작가와 작품	단원 학습 목표
전설 (1)	중	7-1	천지	여러 가지 표현수법
우화 (2)	중	7-1	끄릴로브〈매와 닭〉, 이소프〈헤르메스와 조각가〉	여러 가지 표현수법
신화 (1)	중	7-1	원가〈녀와가 사람을 만들다〉	여러 가지 표현수법
기행문(3)	중	8-1	강학태〈금강산을 찾아서〉, 김학송〈태산에 오르며〉, 류백우〈장강삼협〉	기행문의 3요소 알아보기
연설문 (3)	중	9	유민홍〈두려움을 떨쳐버리자〉, 신빈〈생활은 아흔아홉 번의 접전이다〉, 엥겔스〈맑스의 묘 앞에서 한 연설〉	연설에 대해 알아보기
설명문 (12)	중	7-1 (3)	부풍〈다람쥐〉, 김보일〈대지를 경작하는 지렁이〉, 〈락타〉	설명대상의 특점을 알아보기
		8-1 (3)	손세개〈웅위한 인민대회당〉, 길조영〈베르사유궁전〉, 송용길〈물, 21세기의 푸른 황금〉	설명순서와 설명방법 알아보기
		9 (3)	가조장〈꽃은 어찌하여 그렇듯 붉은가〉 라회명〈바다의 빛〉, 김종성〈잠은 왜 잘까〉	사물이나 현상의 이치를 알아보기
	고	필수1(3)	엽성도〈경태람 제작〉, 〈3D 인쇄를 아시나요?〉, 엽영렬〈기묘한 초저온세계〉	설명문에 쓰인 설명방법 알아보기
론설문 (18)	중	8-2 (3)	엽영렬〈과학을 위하여 헌신하자〉, 림가잠〈근면에 대하여〉, 조은〈알맹이만 달라〉	글을 읽고 론점 알아보기
		9 (7)	계범〈질문하는 정신〉, 량계초〈직업에 전심하고 직업을 즐기자〉, 마남촌〈셋으로부터 만에 이르기까지〉	글을 읽고 론거에 대해 알아보기
			순자〈권학편〉	고전 문학작품에 대해 알기
			량계초〈가장 큰 고통과 가장 큰 쾌락〉, 정조중〈사물의 리치를 파고들어 지식을 얻어야 한다〉, 진군〈이상의 단계〉	글을 읽고 론증 방법 알아보기
	고	필수3 (2)	탁석산〈사람은 왜 일을 하는가〉, 리기백〈민족문화의 전통과 계승〉	1. 의론성 글에서의 론리적 흐름을 알아보기 2. 과문 열독을 통해 비판적 사고능력 키우기

론설문 (18)	고	2-2 필수4 (6)	풍기재〈피라미드가 주는 계시〉, 리규태〈탈 여가의 문화〉, 임범송〈자연미의 민족색채〉	1. 다양한 문화를 접촉하면서 세상을 바라보는 넓은 안목 키우기 2. 전통 문화에 대한 습득을 통해 민족 자긍심을 가지기
			전학삼〈사유과학에 대하여〉, 첨극명〈자연을 경외하라〉, 쇼펜하우어〈사색에 대하여〉	1. 론리성이 강한 글을 접촉하면서 론리적 사유능력 키우기, 2. 론리적 사유와 철학적 사고에 대해 알아보기
통신 (1)	고	1-1 필수1	장정일〈지게 효자〉	상용신문문체 통신에 대해 알아보기
칼럼 (1)	고	1-1 필수1	교자곤〈효성은 역경 속에서 더더욱 빛을 발한다〉	칼럼의 문체적 특성, 습작특점 료해하기
소식 (2)	고	1-1 필수1	소식 2편〈장백산 중국 10대 피서명승지 5위〉, 장청일〈좋은 살마의 이름을 만방에 널리〉	상용신문문체 소식에 대해 알아보기
인물전기 (3)	고	1-2 필수2	프랭클린〈사랑하는 아들에게〉(자서전), 곽금영〈위인의 눈물〉, 김호웅〈불굴의 투혼 – 김학철 선생〉	부동한 류형의 전기문의 사작 특점을 알아보기

중고등학교 조선어문 교재에 실린 작품들의 문학 장르를 제외한 기타 장르의 순위를 살펴보면 론설문 18편, 설명문 12편, 기행문 3편, 전기 3편, 연설문 3편, 소식 2편, 우화 2편, 신화, 통신, 칼럼 각 1편이다. 총 46편이다.

비문학 장르들은 대개 연설문, 소식, 칼럼, 전기문, 통신, 기행문의 3요소 등 기초적 개념이나 그 특징들을 이해하는 데 목적을 두고 있다. 설명문은 설명대상의 특점, 설명순서와 설명방법, 사물의 이치나 현상에 대해 알기 등으로 목표를 설정하였고 의론문은 글을 읽고 론점, 론거, 론증 방법 알아보기를 중학교에서 체계적으로 배운 후, 고등학교에서는 의론성 글에서의 론리적 흐름 알아보기, 비판적 사고능력 키우기, 론리적 사유능력 키우기 등 능력 신장으로 이어졌다.

요컨대 장르별 작품들로 보면 시는 모두 45편(중학교 16편, 고등학교 29편)이다. 중국 시 22편(고전 6편; 현대 중국 10편, 조선족 6편), 남북한 시 16편(고전 6편, 한국 9편, 조선 1편), 외국 시 7편이다. 소설은 도합 50 편(중학교 28편, 고등학교 22편)이다. 중국소설 24편, 외국소설 19편, 남북한소설 7편이다. 작품 수가 많은 작가로는 노신이 4편, 체호프 3편, 철옹, 허련순, 오 헨리, 모파상이 2편이다. 고전소설은 3편뿐이었다. 수필은 총 60편(중학교 34편, 고등학교 26편)으로 장르 중 가장 많은 편수를 차지한다. 중국수필 28편(고전 5편, 현대 19편, 조선족 4편), 남북한수필 25 편(고전 1편, 해방 이전 1편, 현대 한국 21편, 조선 2편), 외국수필 7편이다. 그중에서도 한국현대수필이 21편으로 가장 많았는데 이는 한국수필작품이 취미성과 인문성을 갖춘 특징을 갖고 있어 선정된 것으로 사료된다. 희곡은 모두 15편(중학교 1편, 고등학교 14편)이다. 중국희곡 10편, 남북한희곡 1편, 외국희곡 4편이다. 기타 장르로는 론설문 18편, 설명문 12편, 기행문 3편, 전기 3편, 연설문 3편, 소식 2편, 우화 2편, 신화, 통신, 칼럼 각 1편이다.

4. 주제별 작품 분류

『조선어문 과정표준』에 제기된 조선어문 학습의 총체적인 목표는 "언어 활동과 언어, 문학의 본질을 총체적으로 이해하고 언어 활동의 상황에 맞게 조선어문을 사용하는 능력을 기르며 조선어문 학습에서 애국주의 사상 감정과 사회주의 도덕 품성을 기르고 기본적인 인문 소양을 갖추며 평생 학습과 발전을 위한 조선어문의 토대를 마련하고 민족문화를 이어가는 조선민족의 일원으로 되는 능력과 태도를 기른다."이다. 조선어문 교재에 수록된 작품들은 크게 애국, 혁명, 민족, 사랑, 믿음, 감사, 관용, 효, 문명, 우애, 분투, 노력 등 내용과 주제로 이루어져 있다. 이는 중국의 새로운 사회주의 건설 시기에 국가, 사회, 개인 측면으로 설정한 "부강, 민주, 문명, 화합和諧, 자유, 평등, 공정, 법치, 애국, 프로 정신敬業, 성실 신용誠信, 우호友善" 등 24개 자의 핵심가치관과도 맞물려있다. 이 글은 국가, 사회, 개인 세 가지 측면으로 주제의식을 고찰하고자 한다. 작품 내용에 관한 해석은 교수참고서[13]에 의거했음을 밝힌다.

1) 국가

국가는 통치계급의 도구이다. 국가는 영토, 인민(민족, 주민), 문화, 정부 4개 요소로 이루어졌다. 넓은 의미에서 국가는 공동의 언어, 문화, 종족, 혈통, 영토, 정부 혹은 역사적 사회 군체이다. 좁은 의미에서 국가는 일정한 범위에서 사람들이 형성한 공동체 형식이다. 국가에는 애국, 법치, 민주, 부강 등이 포함된다. 국가는 단일민족과 다민족으로 이루어지는데 중국은 56개 다민족 국가이다. 중국의 중화민족에는 소수민족이 포함되어 있다. 국가란 키워드로 교재에 나타난 작품들은 주로 애국주의, 혁명전통

---

13 중학교 『의무교육 조선족학교 교과서 조선어문 교수참고서』는 연변교육출판사 조선어문편집실과 동북조선문교재연구개발센터에서 편저하였고 2014~2017년 사이 연변교육출판사에서 출판되었으며 7학년 상권, 하권, 8학년 상권, 하권, 9학년용으로 총 5권으로 되어있다. 고등학교 『조선족 고급중학교 교과서 조선어문 교수참고서』는 연변교육출판사 조선어문편집실과 동북조선문교재연구개발센터에서 편저하였고 2017~2019년 사이 필수 1~4 네 권으로 연변교육출판사에서 출판되었다.

계승, 조선민족의 문화 등이다.

(1) 애국주의

애국주의는 개인이나 집단이 조국에 대한 적극적이고 지지의 태도이다. 집중적으로 민족 자존심과 민족 자신감으로 표현되며 조국을 보위하고 조국의 독립과 부강을 위해 헌신하는 분투의 정신이다. 애국주의교육은 조국을 직접 찬미하거나 조국의 산천을 노래하는 것으로 표현되었다.

첫째, 직접 조국을 찬미한 작품으로는 서정의 〈조국이여, 나의 친애하는 조국이여〉, 방지민의 〈사랑스러운 중국〉, 류백우의 〈장강삼협〉 등이 있다. 중국 당대 여류시인 서정의 서정시 〈조국이여, 친애하는 나의 조국이여〉(8-2)에서는 서정적 주인공의 강렬한 애국심과 역사적 책임감을 표현하였다. 중국의 무산계급혁명가 방지민의 수필 〈사랑스러운 중국〉(8-1)은 조국을 무한히 사랑하고 제국주의와 국민당 반동파를 무한히 증오하는 작자의 선명한 애증의 감정과 혁명적 낙관주의 정신을 표현하였다. 중국 현대 걸출한 문학가 류백우의 기행문 〈장강삼협〉(8-1)은 장강삼협의 풍경을 서술하면서 조국 산천에 대한 열애의 감정과 더없는 긍지, 자호감을 토로하였다.

둘째, 조국의 산천이나 경물, 사물, 인물에 대해 노래한 작품들로는 〈천지〉, 손세개의 〈웅위한 인민대회당〉, 양진녕의 〈등가선〉 등이 있다. 중국 작가 손세개의 설명문 〈웅위한 인민대회당〉(8-1)에서는 인민대회당의 웅위롭고 아름다운 특점을 틀어쥐고 공간의 순서와 다양한 설명방법으로 인민대회당의 웅장함과 복잡함을 설명하였다. 양진녕의 전기문 〈등가선〉(8-2)은 등가선의 성품과 업적을 몇 개 소제목으로 나누어 씀으로써 저명한 물리학자이고 중국 원자탄과 수소탄 개발의 창시자이자 개척자인 그의 특별한 공헌을 소개하고 있다.

(2) 혁명전통 계승

중화인민공화국 새 중국의 성립은 혁명 열사들의 선혈로 바꿔온 것이다. 교재에서는 항일전쟁과 해방전쟁 시기의 홍군 전사, 인민 군중, 조선의용군 등 인물이나 인물 군상들이 등장한다. 중국 작가 왕원견의 소설 〈성냥 일곱 가치〉(9)는 홍군 전사들의 굳센 의지와 동지애, 혁명사업에 무한히 충성하는 숭고한 품성을 열정적으로 노래했다. 중국 작가 여지견의 소설 〈나리꽃〉(고1-2)은 항전 시기 새색시를 대표로 하는 인민 군중들의 홍군 전사들에 대한 존경과 순수하고 순결한 정을 노래했다. 중국조선족 작가 리성권의 수필 〈태항산맥은 바래지 않는다〉(고 2-1)는 항일전쟁과 해방전쟁 시기 혁혁한 공훈을 세운 조선족의 투쟁역사, 태항산맥 끝자락에 자리 잡은 하북성 호가장의 마을 사람들이 1941년 12월에 자신들을 엄호해낸 29명의 조선의용군을 잊지 않고 항일열사기념비를 세워 그들을 기념하는 이야기를 쓰고 있다. 김호웅의 인물전기 〈불굴의 투혼 - 김학철〉(고1-2)은 최후의 분대장으로 남아 조선의용군의 역사를 재생시키고 파란만장한 일생과 강철같은 의지, 칼날 같은 지성과 비판력을 지닌 불굴의 투사 김학철의 인격과 문학을 이야기하고 있다.

(3) 조선민족문화

조선민족의 문화는 고유의 조선족 문화와 역사, 위인들, 문화풍속뿐만 아니라 조선반도 문화에 관한 소개도 하고 있다. 림원춘 소설 〈몽당치마

〉(고 2-1)는 조선민족 고유의 결혼잔치, 생일잔치의 풍속습관, 예의범절, 민족 복장 등을 소개하고 있으며 조선족 여성의 근면하고 선량하고 순박한 전통적인 미덕과 외유내강의 성격에 관해 이야기하고 있다. 엄기원의 시 〈우리말〉(7-1)은 우리 말의 유창하고 아름다우며 표현이 풍부하고 다양한 좋은 점을 노래하였다. 한국 역사학자이며 교육자인 리병도의 인물전기 〈세종대왕〉(8-2)은 그의 훌륭한 성품과 우리 민족문화에 기여한 업적을 소개하여 세종대왕은 그 업적이 후세에 길이 남은 걸출한 임금이며 역사에 길이 빛날 위인이라고 소개하고 있다. 리기백의 〈민족문화의 전통과 계승〉(고 2-1)은 민족문화를 창조적인 태도로 계승해나가야 할 필요성에 관해 이야기하고 있다.

고등학교 교재의 경우 단원마다 '전통문화 교실'란을 설치하였다. 필수 1은 전통혼례(1-2), 현대식 혼례(1-2); 필수 2는 중국조선족 전통혼례 개황, 조선족 전통혼례의 옷차림, 환갑잔치, 돌잔치; 필수 3은 중국조선족 상례(1-2), 중국조선족의 세시풍속과 전통명절(1-2); 필수 4는 중국조선족 제례(1-2), 중국조선족 주택(1-2)에 대해 체계적으로 소개하고 있다.

2) 사회

사회는 사람과 사람이 형성한 관계 총합이다. 사회는 특정 환경에서 공동생활한 사람들이 장기적으로 유지하는 서로 떠날 수 없고 서로 의지하며 살아가는 쉽게 개변될 수 없는 구조이다. 인류 최초의 사회관계는 가족관계, 공통문화, 전통습성 등이 포함된다. 사회관계는 개인 간의 관계, 개인과 집단의 관계, 개인과 국가와의 관계가 포함된다. 그뿐만 아니라 공동체와 공동체 사이의 관계, 집단과 국가와의 관계도 포함된다. 사회는 사람뿐만 아니라 물질로도 조성되었다. 공동 향유할 수 없는 세계는 사유의 동보나 정의 화합이 없다. 사회는 하나의 인간관계이자 물질기초, 정보기술이 가깝거나 멀리, 촘촘하거나 느슨하게 혹은 많거나 적게 이루어진 하나의 집성이다. 사회는 사람과 사람 관계, 사람과 사회관계, 사람과 환경 관계 등으로 분류하여 볼 수 있다.

(1) 사람과 사람 관계

교과과정에는 학생들의 실생활과 가깝고 그들의 심리에 알맞은 과문들을 선정하였다고 밝혔다. 교재에 선정된 작품들은 사람과 사람 관계의 작품들이 가장 많았다. 사람과 사람 관계의 이야기는 사랑과 나눔의 따뜻한 이야기와 이기적이고 어두운 이야기로 나눌 수 있다.

첫째, 사랑과 나눔의 서사

사랑과 나눔의 따뜻한 이야기는 나와 선생님, 부모, 친구, 마을 사람들 혹은 타인들의 이야기들로 아름다운 풍경을 그리고 감동을 주고 있다.

위외의 수필 〈나의 선생님〉(7-1)은 실생활을 글감으로 선생님에 대한 존경과 그리움, 학생들에 대한 채운지 선생님의 사랑을 쓰고 있다. 한국 소설가 리순원의 수필 〈희망등 선생님〉(8-1)은 어린 시절 선생님의 가르침에서 희망을 품고 노력하여 작가로 된 인생체험을 쓰면서 선생님에 대한 다함 없는 고마움과 존경의 마음을 그리고 있다. 중국 작가 락설의 소설 〈유일한 청중〉(7-2)은 뜻하지 않게 나타난 유별난 선생님의 가르침으로 하여 바이올린을 잘 켤 수 있게 되었음을 보여주었다. 한국작가 박문하의 수필 〈약손〉(7-2)은 어머니의 깊은 사랑과 정성을 소박한 소재에 담아

그려냈다. 박동규의 수필 〈보이지 않는 선물〉(7-1)에서는 부모와 자식 간에 서로 사랑하고 이해하는 것이 얼마나 행복한 일인가를 알려주고 있다. 허련순의 소설 〈고리〉(고 2-1)는 냉정하고 담담하게 아버지라는 고리로 이어지는 3대의 혈육의 정을 그리고 있다.

리철환의 수필 〈마음의 보름달〉(7-2)은 남을 배려하는 따뜻한 사랑의 마음을 노래하였다. 중국 작가 진영림의 소설 〈새하얀 무궁화〉(7-2)는 가난한 사람들을 도와주면서도 자존심을 상하지 않게 하는 료의사의 착한 마음씨와 약자를 존중하는 고상한 품성을 노래하였다. 미국 작가 폴 빌라드의 소설 〈이해의 선물〉(7-2)은 세상에서 가장 좋은 선물은 돈이나 금은보화가 아니라 상대방의 마음을 충분히 이해해주고 그를 편하게 해주는 사랑의 마음임을 보여준다. 일본의 소설가 구리 료헤이의 소설 〈우동 한 그릇〉(8-1)은 어려움 속에서도 기죽지 않고 꿋꿋하게 살아가는 세 모자의 끈끈한 혈육의 정과 당찬 삶의 용기를 보여주고 우동집 주인 내외의 따뜻한 인간애를 보여주었다. 한국작가 곽재구의 수필 〈그림엽서〉(7-2)는 장애인이지만 생활을 사랑하고 소중하게 가꾸는 맹인 부부의 모습이 아름다운 그림엽서처럼 포근히 가슴에 안겨 온다고 하였다. 대만 여류작가 림해음의 소설 〈무말랭이의 맛〉(8-2)은 어린 나이에도 다른 사람을 동정하고 이해하며 방조해주려는 진이의 선량한 마음씨와 넓은 흉금을 표현하였다. 한국 시인 정호승의 시 〈내가 사랑하는 사람〉(8-2)과 미국 저명한 소설가 피트 하미르의 소설 〈노란 손수건〉(8-2)에서는 다른 사람의 슬픔과 아픔을 동정해주고 다른 사람의 잘못에 대해 용서하고 기다려주는 아름다운 품성을 노래했다.

조선 작가 장수근의 수필 〈우산〉(8-1)은 우산에 관한 이야기를 통하여 친혈육처럼 서로 도우며 화목하게 살아가면서 인정과 사랑을 나누어야 한다고 가르치고 있다. 파트 비그안의 소설 〈월요일 아침의 기적〉(7-1)은 함께 사는 세상에서 서로가 서로에게 마음을 열고 믿음과 관심을 나눌 때 비로소 밝은 생존환경이 창조된다는 보편적인 진리를 보여주었다. 한국 시인 도종환의 수필 〈도마뱀의 사랑〉(8-1)은 도마뱀의 가슴 찡한 사랑 이야기를 통하여 사랑과 우정을 중히 여기는 인간사회에 대한 열망의 심정을 토로하였다.

한국 리경연의 수필 〈따뜻한 커피 한잔〉(8-1)은 자원봉사로 가서 일하는 과정에서 겪은 아주 평범한 사실로부터 받은 계시-나눔과 베풂은 풍족할 때의 일이나 금전적, 물질적 도움만이 아니라 따뜻한 눈길과 진실한 관심에도 깃들어있다는 깨달음을 반영했다. 한국의 작가 박원순의 수필 〈아무나 가져가도 좋소〉(8-1)는 중국과 서양, 우리 선조들의 '나눔 문화'를 소개하는 것을 통하여 가진 사람은 없는 사람에게 나누며 사는 것이 인간답게 사는 것이라는 주제를 설득력 있게 표현하면서 '나눔'의 미덕을 계승, 발전시키려는 마음을 키우게 한다.

둘째, 이기적인 어둠의 서사

프랑스 작가 길배르 쎄이스브롱의 소설 〈말라버린 두 눈〉(7-2)에서는 다른 사람의 고통과 불행, 가난을 소일거리로 여기면서 추호의 동정심도 없는 자사자리하고 이기적인 억만장자의 이야기로 그의 추악한 형상을 보여주었다. 프랑스 작가 발자크의 소설 〈가문의 불행〉(고 2-2)은 자본주의 사회에서 사람과 사람 사이의 관계가 금전 관계라는 것을 심각하게 폭로하며 흉포하고 교활하며 탐욕스럽고 인색한 신흥자산계급 벼락부자인 그랑데 영감의 형상을 성공적으로 그리고 있다. 오 헨리의 소설 〈경찰과 찬송가〉(고 1-2)는 미국 실업자들의 비참한 생활 처지와 불행한 운명을 진실하게 보여주는 동시에 미국법률의 허위성과 시비가 뒤섞이고 흑백이 전도되는 기형적인 자본주의사회의 현실을 적나라하게 표현하고 무자비하게 견책하였다.

(2) 사람과 사회관계

사회는 사회제도와 연결되어 있다. 사회제도는 정치제도, 경제 제도, 교육제도 혹은 가족제도, 사회보장제도 등과 같은 사용방법으로 다양한 사회의 분야나 영역에서 볼 수 있는 관습이나 규범, 법 등의 복합체를 말한다. 이것은 인간의 행동 양식을 보장하거나 한쪽에서 일탈하려는 행동에 대한 사회적 제재를 가하는 사회구조이다. 교재에서 인간과 사회와의 관계는 대부분 작품이 사회제도의 비판으로 나타나고 있다. 한국작가 박완서의 수필 〈꼴찌에게 보내는 박수갈채〉(9)에서는 일등만 추구하는 지나친 경쟁 위주의 사회를 비판하였다. 중국 소설가 노신의 소설 〈고향〉(8-2)은 고향과 고향 사람들의 변화를 통해 구 중국 농촌의 파산과 그 원인을 밝히면서 구 중국 사회제도를 비판하고 있다. 노신의 소설 〈아Q정전〉(고 2-1)은 모욕을 받아도 저항할 줄을 모르고 오히려 머릿속에서 '정신적 승리'로 탈바꿈시켜 버리는 아Q의 정신구조를 희화화하였는데 당시 사람들이 자기가 바로 모델이 아닌가 하고 생각했을 정도로 중국 구 중국사회의 병근(病根)을 적나라하게 제시하고 있다. 러시아 작가 체호프의 소설 〈뚱뚱보와 말라깽이〉(8-1)는 정거장에서 우연히 만난 두 친구 - 뚱뚱보와 말라깽이의 극적인 상봉 이야기를 통하여 짜리 전제 통치하에서의 러시아의 사회현실을 생동하게 보여주면서 불합리한 사회제도를 신랄하게 규탄하였다. 체호프의 소설 〈갑 속에 든 사람〉(고 2-2)은 변혁을 두려워하고 전전긍긍하는 소인물 벨리꼬브의 형상을 통하여 이러한 인간을 낳는 부패한 러시아 사회현실과 짜리 전제제도를 날카롭게 비판하고 있다. 이는 구 중국, 구 러시아의 사회제도를 비판하고 있다.

(3) 사람과 환경 관계

환경은 인간에게 직간접으로 영향을 주는 자연적 조건이나 사회적 상황이다. 여기에서는 자연조건, 생태환경에 관하여 이야기하고자 한다. 생태환경에는 동식물, 자연환경, 환경보호 등이 포함된다.

첫째, 자연환경, 자연 경물과 관련된 작품이다. 중국 작가 주자청의 수필 〈봄〉(7-2)은 봄의 아름다운 경치를 생동하게 묘사하면서 사람들에게 희망을 안겨주는 봄의 줄기찬 생명력을 노래하였다. 중국 작가 준청의 수필 〈가을빛〉(7-2)은 무르익은 가을빛을 노래하는 것을 통해 생기와 희망으로 차 넘치는 가을을 사랑하는 작자의 사상 감정을 표현하였다. 한국작가 로천명의 수필 〈여름밤〉(7-2)은 무르녹는 시골 마을의 평화로운 여름밤을 노래하였다. 조선의 소설가 강학태의 기행문 〈금강산을 찾아서〉(8-1)는 세계의 명승지인 금강산을 돌아보고 금강산의 다양하고도 수려한 자연경치를 생동하게 보여주었다.

둘째, 동식물과 관련된 작품이다. 한국생물학자이며 교수인 최재천의 수필 〈동물들은 모두가 서정시인〉(2-2)은 동물들의 울음소리를 시에 비유하였다.

셋째, 환경보호, 공존과 관련된 작품이다. 한국 시인 도종환의 수필 〈도마뱀의 사랑〉(8-1)은 자연환경을 함부로 파괴하는 인간의 행위를 견책하였다. 한국수자원공사 교육원 송용길 교수의 설명문 〈물, 21세기의 푸른 황금〉(8-1)은 지구상의 물에 대한 정보를 바탕으로 물의 가치에 관해 설명하면서 물의 중요성을 깨닫고 물을 절약하려는 의식을 갖출 것을 요구하였다. 한국 사회학자이며 교수인 조은의 〈알맹이만 달라〉(8-2)는 과대 포장에 대해 비판하면서 건강한 소비관념을 가질 것을 권고하고 있다. 한국 시인 신혜림의 시 〈숲은 어머니의 마음〉(8-2)과 일본 소설가 호시 싱이찌의 과학환상소설 〈여보게 - 나오라구!〉(8-2)는 자연을 사랑하고 환경을 보호해야 한다는 주제를 보여주었다. 미국 작가 모리스 오웰의 수필 〈나와 승냥이의 우정〉(8-1)은 알래스카 승냥이와 우정을 맺는 이야기를 통해 동물과 인간의 공생공존 가능성을 진실한 사실적 근거로 보여주었다.

3) 개인

개인은 개체라고도 칭하는데 한 사람 혹은 한 단체 속의 특정한 주체를 가리킨다. 교재에서 개인으로서의 내용은 성장의 아픔과 고민 서사, 내면의식을 통한 자아 성찰 서사, 노력과 분투를 통한 성공 서사 등으로 재현되었다.

(1) 성장의 아픔과 고민 서사

중고등학교 학생들은 저마다 사춘기라는 성장통을 겪는다. 교재에는 사춘기 관련 작품이 2편 있었다. 중국조선족 여류작가 허춘희의 소설 〈선생님의 사춘기〉(8-2)는 선생님이 자기의 사춘기의 이야기를 해주는 것으로 사춘기를 잘 넘기도록 준호를 도와주는 이야기다. 허련순의 소설 〈가출 풍파〉(9)는 주인공 은지가 사춘기에 이성에 대한 고민으로 학업성적이 하락하고 부모와 모순을 겪으면서 가출하는 풍파를 그리고 있다. 그러면서 청춘기의 아픔과 그 고민을 어떻게 잘 딛고 넘겨야 하는가 하는 답을 주고 있다.

(2) 내면의식의 자아 성찰 서사

인간은 흔들리고 넘어지고 일어서면서 성장을 거듭한다. 내면은 실수, 실패와 함께 자아 성찰하고 반성하게 되면서 더욱 탄탄해진다. 한국 리시형 교수의 수필 〈축복받은 성격〉(8-1)은 자신의 내면적인 성격을 부끄럽게 생각하던 일화로부터 독자들에게 진정으로 축복받은 성격이란 어떤 성격인지 생각해보게 한다. 한국작가 류달영의 수필 〈누에와 천재〉(7-2)는 천재가 된다는 말을 듣고 징그럽게 꿈틀거리는 누에를 산채로 삼킨 철없던 어린 시절의 이야기를 통하여 인생을 어떻게 살아가야 하는가를 보여주었다. 철응의 소설 〈주삿바늘에 깃든 이야기〉(7-1)는 주인공이 아주 익숙하고 자신 있는 일을 만만하게 보다가 실수한 이야기를 통하여 자신 있는 일이라도 최선을 다해야 성공할 수 있으며 또한 잘못을 저질렀다 하더라도 자신의 착오를 덮어 감추려 하지 말고 일을 그르치게 된 원인을 찾고 반성할 줄 알아야 하며 타인의 잘못을 무턱대고 나무라기보다는 관용의 마음으로 보듬어 주어야만 존경을 받을 수 있고 넓은 마음가짐으로 세상만사를 대해야만 더욱 넓은 세상을 바라보면서 큰 뜻을 펼칠 수 있다는 깨달음을 전달해 주고 있다. 조광명의 수필 〈한 점의 도자기에도 미치지 못해라〉(고 2-2)는 평범한 한 점의 도자기가 불 속에서 재탄생하는 인고 정신, 세파에 물들지 않고 고독을 감내하는 청고함을 바라보면서 자기 자신을 포함한 인간의 경박함, 소총명함, 근시안 등 병폐를 지적하면서 자아 성찰과 자아 반성에 이르고 있다.

(3) 노력과 분투를 통한 성공 서사

조선작품 〈티끌 모아 태산〉(7-2)은 공부하는 비결과 생활의 진리를 발견하고 큰 결심과 강한 의지력으로 게으름 없이 배우는 정신으로 독학하여 성공한 것을 보여주었다. 한국 소설가 리순원의 수필 〈희망등 선생님〉(8-1)은 어린 시절 선생님의 가르침에서 희망을 품고 노력하여 작가로 된 인생체험을 쓰면서 희망을 잃지 않고 목표를 향해 꾸준히 노력한다면 누구나 성공할 수 있다는 도리를 말하였다. 덴마크 저명한 동화작가 안데르센의 자서전 〈내 인생의 동화〉(8-2)는 자신의 일생을 시간의 흐름에 따라 쓰면서 어려운 고난을 이겨내면서 세계적인 동화작가로 될 수 있었던 이유에 관해 쓰고 있다.

중국조선족 시인 김학송의 기행문 〈태산에 오르며〉(8-1)는 험난한 태산길에 관한 서술과 웅위롭고 거창한 대자연에 대한 생동한 묘사로 태산의 진면모를 펼쳐 보이며 태산에 오르는 길을 분투와 성공의 인생길에 비유하였다. 중국 과학보급문예작가 엽영렬의 론설문 〈과학을 위해 헌신하자〉(8-2)는 과학자들의 자아 희생적 분투 정신과 고심참담한 탐구 정신을 따라 배울 것을 호소하고 있다.

주제별로 작품을 보면 사랑과 나눔의 서사, 내면의식의 자아 성찰 서사가 가장 많음을 볼 수 있다. 반면 조선민족 문화에 관련된 작품은 상대적으로 적었는데 아쉬움으로 남는다. 민족문화의 유래나 정체성, 창조적 계승 등을 다룬 작품들을 추가할 필요가 있다.

5. 나가며

중국조선족 교육은 1906년 서전서숙을 효시로 110년이 넘는 역사를 지니고 있다. 현재 동북 3성을 중심으로 이루어지고 있는 조선족 교육에서 조선어문 교재는 사회의 변화발전, 교육의 현황, 당대 중국의 핵심적 관점 등을 엿볼 수 있는 창구라 할 수 있다. 이 글은 최근 2014년에서 2019년에 거쳐 완성 출간된 중고등학교 신편 조선어문 교재의 수록 작품을 대상으로 자료소개의 차원으로 국적별, 장르별, 주제별로 나누어 분석하였다. 중고등학교 교재에 나타난 작품은 총 218편이다.

첫째로 국적별로 보면 중국작품 115편(52.7%), 남북한작품 59편(27%), 외국작품 42편(19.2%), 무소속 2편(0.91%) 순이다. 제1위인 중국작품은 총 115편으로 전체 작품의 52.7%를 차지한다. 중학교 46편, 고등학교 69편으로 고등학교 작품비율이 더 높다. 이는 고등학교에서 문학사적으로 접근하면서 '중화민족의 우수한 문화'를 배우고 널리 알리는 차원에서 중국 문학작품을 많이 수록한 것으로 볼 수 있다. 고전 작품 19편(중1, 고18), 근현대작품 96편이다. 그중 중국소수민족으로서 조선족 작품은 20편(중10, 고10), 대만작품은 1편이다. 중국작품은 고등학교교재에 더 많이 실려 있으며 고전 작품보다 근현대작품을 더 많이 수록했음을 볼 수 있다. 중국작품이 가장 많이 수록된 작가로는 노신으로서 4편의 작품이 실렸고 로사, 량계초, 철웅, 주자청, 서정, 엽영렬, 엽성도, 풍기재, 허련 순 등 9명의 작가는 2편의 작품이 실렸다. 2위인 남북한작품은 59편으로서 전체 작품의 27%를 차지한다. 중학교 44편, 고등학교 15편으로 중학교의 작품비율이 압도적인 비중을 차지한다. 그중 고전문학이 8편, 분단 이전 작품이 6편, 해방 이후 한국작품이 38편, 조선작품이 7편이다. 정철의 작품이 2편 실렸다. 중학교에 해방 이후 한국문학작품 38편이 선정된 이유는 해방 이후 한국 수필이나 소설에서 교육목표인 '취미성과 인문성을 강조하는 목적'을 만족할 수 있는 작품을 찾기 수월하였기 때문으로 풀이된다. 제3위인 외국 문학작품은 총 42편으로 전체 작품의 19.2%를 차지한다. 이는 '외국의 진보문화의 영양을 섭취'하는 교육목적과 맞물린다. 중학교에 21편, 고등학교에 21편씩 반반씩 실렸다. 가장 많이 실린 국가 순위는 1위 미국 15편, 2위 프랑스와 러시아 7편, 3위 독일, 영국, 일본 각 3편, 4위 노르웨이, 덴마크, 그리스, 헝가리 각 1편이다. 총 2편으로 중학교와 고등학교에 각각 실린 작가로는 미국의 오 헨리, 미국의 헬렌 켈러, 프랑스의 모파상, 영국의 셰익스피어 등 문학 대가들이다.

국적별로 분석한 내용을 정리해보면 ① 조선족 교재는 중국조선족이 중국소수민족 교육정책 하에서 중화민족의 일원인 중국소수민족이라는 전제하에 중국 문학작품을 절반 이상 수록하였고 또한 한민족의 혈통이라는 측면에서 남북한문학을 제2위로 실었으며 글로벌시대 세계에 눈길을 돌려 세계 10여 개 국가의 작품을 수록하였다. 교재에 중국 문학, 남북한문학, 세계문학을 동시에 수용한 양상은 교육목표인 "조선민족의 일원으로서 조선민족문화를 이어가고 중화민족의 우수한 문화와 외국의 진보문화의 영양을 섭취하여 기본적인 인문 소양을 갖추고 점차 양호한 개성과 건전한 인격을 형성"하는 것과도 맞물린다. ② 작품이 가장 많이 실린 작가로는 노신이 4편으로서 중국 근대문학의 창시자로서의 노신의 위상을 확인할 수 있었다. 러시아의 체호프 작품이 3편 실렸으며 2편이 실린 작가로는 중국의 로사, 량계초, 철웅, 주자청, 서정, 엽영렬, 엽성도, 풍기재, 허련순 등 9명 작가, 남북한문학의 정철 시인, 세계문학의 미국의 오 헨리, 미국의 헬렌 켈러, 프랑스 모파상, 영국의 셰익스피어 등 문학 대가들이었다. 한민족 문학에서 정철과 허련순의 작품을 2편 실은 것은 그들의 문학적 위상을 확인할 수 있는 부분이기도 하다. 그렇지만 윤동주, 이육사, 이광수, 서정주 등 우수한 작가와 시인들을 만날 수 없었다는 것은 아쉬움으로 남는다. ③ 세계문학으로 미국작품이 15편, 일본작품이 3편 수록된 것은 예전 교재에 비해 대폭 증가한 양이라 할 수 있다. 이는 냉전 이후 역사적 이데올로기로 미국과 일본에 대한 반목으로부터 화해와 우호로 나아가 그들의 문화를 존중하고 포용하는 양상을 말해주고 있다.

둘째로 장르별로 보면 수필 60편(27.5%), 소설 50편(22.9%), 시 45편(20.6%), 희곡 15편(6.8%) 순이다. 1위인 수필은 총 60편으로 전체 작품의 27.5%이다. 중학교 34편, 고등학교 26편이다. 중국수필 28편(고전 5편, 현대 19편, 조선족 4편), 남북한수필 25편(고전 1편, 해방 이전 1편, 현대 한국 21편, 조선 2편), 외국수필 7편이다. 수필은 장르 중 가장 많은 편수를 차지하였고 한국현대수필이 21편으로 가장 많았다. 2위인 소설은 도합 50편으로 전체 작품의 22.9%이다. 중학교 28편, 고등학교 22편이다. 중국소설 24편, 외국소설 19편, 남북한소설 7편이다. 작품 수가 많은 작가로는 노신이 4편, 체호프 3편, 철웅, 허련순, 오 헨리, 모파상이 2편이다. 소설작품은 중국작품은 고전소설이 1편, 남북한 고전소설은 2편을 수록했는데 대부분 현대소설에 초점이 맞추어져 있다. 3위인 시는 도합 45편인데 전체 작품의 20.6%이다. 중학교 16편, 고등학교 29편이다. 중국 시 22편(고전 6편; 현대 중국 10편, 조선족 6편), 남북한 시 16편(고전 6편, 한국 9편, 조선 1편), 외국 시 7편이다. 희곡은 모두 15편으로 전체 작품의 6.8%를 차지한다. 중학교에 1편, 고등학교에 14편(필수교재 2편, 선택교재 12편) 실렸다. 중국 10편, 남북한 1편, 외국 4편이다.

장르별로 분석한 내용을 정리해보면 ① 작품 수로 볼 때 수필 〉소설 〉 시의 순으로 층차적으로 배치되었음을 확인할 수 있다. ② 중학교는 주제 의 통일성을 중시하여 일부 단원의 장르가 통일되어 있지 않았지만, 고등 학교는 문학사적인 장르별 심화 학습으로 통일되어 있었다. 즉 중학교는 종합성, 취미성, 인문성 등에 주목하여 장르가 일관되어 있지 않았다면 고 등학교는 문학사적으로 접근하여 단원별로 장르를 엄격히 나누고 학습요 점을 제시하였다. ③ 수필이 가장 많은 비중을 차지하고 그중에서도 중학 교에 한국현대수필이 21편으로 가장 많았는데 이는 한국수필작품이 취미 성과 인문성을 갖춘 특징을 갖고 있어 교육목표와 맞물려있어 선정된 것 으로 사료된다. ④ 고전 작품은 현대작품에 비하면 절대적으로 적었다. 고 대 시가, 향가, 판소리계 소설, 기타 고전소설 등을 균형 맞추어 더 추가할 필요가 있다.

셋째로 주제별로 보면 국가, 사회, 개인 세 부류로 나누어 볼 수 있었다. 국가는 애국주의, 혁명전통, 민족문화의 주제 작품들이 있었고 사회는 사 람과 사람 관계, 사람과 사회관계, 사람과 환경 관계의 주제 작품들이 있 었다. 개인은 성장의 아픔과 고민 서사, 내면의식의 자아 성찰 서사, 노력 과 분투를 통한 성공 서사 주제의 작품들이 있었다.

주제별로 분석한 내용을 정리해보면 ① 사람과 사람 관계, 내면의식의 자아 성찰 서사, 노력과 분투를 통한 성공 스토리 서사들이 가장 많이 실 렸는데 인류의 보편적 정서와 가치를 나타낸 작품들에 주목했음을 확인할 수 있었다. ② 가장 많이 수록된 중국 작품(115편)의 경우도 국가에서의 애국주의, 혁명전통 주제의 작품들은 10편 미만이었는데 애국주의 주제가 예전에 비해 적어졌음을 발견할 수 있다. ③ 조선민족 문화에 관련된 작품도 서너 편뿐이었는데 민족문화의 유래나 정체성, 창조적 계승 등을 다룬 작품들을 추가할 필요가 있다. ④ 이기적이고 부정적인 서사들은 대부분이 근대작품이나 외국작품에 집중되어 있었다.

이 글은 자료소개의 차원에서 총체적 정리에만 그쳤는바 교재작품들에 대한 시가별, 수필별, 소설별, 장르별에 따른 연구, 기존의 교과서에 수록된 내용의 변천 과정 연구, 중국 한어문 교재와의 비교연구 등 더욱 깊이 있는 분석과 교재 구성연구에 대해서는 차후의 연구과제로 남겨둔다.

10장

포스트 코로나시대 중국대학 한국어 교과의 실시간 원격수업 사례 분석

– 위챗과 텐센트 활용을 중심으로

1 들어가며

2019년 갑작스레 들이닥친 코로나 바이러스 감염증-19(이하 '코로나 19'로 약함)가 전 세계로 확산하면서 비상이 걸렸다. 코로나 19의 주된 전파경로가 감염자의 호흡기 비말 이외 표면접촉, 공기를 통한 전파 등임이 판정되면서 끊임없는 방역 조치와 사회적 거리두기, 답답한 마스크 쓰기가 일상화되었다. 시간이 지남에 따라 이러한 낯선 것들이 익숙해지면서 우리 주변에는 여러 분야에서 많은 변화가 일어났다. 학술회의나 강좌들이 줄줄이 온라인으로 형식을 바꾸었고 대학의 강의도 원격수업(Distance Learning)으로 진행되었다. 중국의 경우, 방역 조치를 철저히 하여 '코로나 19'가 빠르게 통제되어 오프라인 수업을 금방 회복하였지만, 회의나 강좌 등은 지금도 보편적으로 진행되고 있다. 일명 포스트 코로나시대에 진입한 것이다.

2020년 2월, 중국교육부는 2020년 3월 학기 "등교는 하지 않지만 가르치는 것과 배우는 것을 멈추지 않는다(停課不停敎, 不停學)"라는 지침을 내왔다. 교육부에서는 22개의 온라인 커리큘럼 플랫폼을 구축하고 1,291개의 국가 정품(精品) 교육과정을 무료로 개방하였으며 401개의 가상모

방실험 교육과정을 포함한 2.4만여 개의 온라인 교육과정을 개방하였다. 이는 주로 본과대학의 12개 학과와 전문대학의 18개 전공을 상대로 한 것이다. 2020년 2월 12일 국무원 연합방어연합통제기구의 기자발표회에서 교육부 고등교육사(教育部高等教育司) 오암(吳岩) 사장(司长)은 교육부에서 내놓은 교육과정은 전염병에 대처하기 위해 급히 온라인으로 제작된 것이 아니라 교육부에서 우수한 교사로 선정된 교사들을 초빙하여 직접 제작한 질 높은 교육과정임을 강조했다. 또한, 국가 정품 교육과정들은 온라인 시범강의로서의 역할을 잘할 것이며 교육부에서는 온라인 플랫폼의 다양한 기술적인 서비스를 부단히 제공할 것이라고 했다. 그러면서 각 대학에서 '코로나 19' 기간에 교사마다 수업녹화자료를 만드는 것을 제창하지도 격려하지도 희망하지도 않는다고 밝혔다.[1]

교육부의 방침에 따라 각 학교에서는 전면적으로 온라인수업을 진행하게 되었다. 필자가 재직 중인 T 대학은 2020년 3월에서 5월 말까지 3개월간, 2021년 3월 한 달간 온라인수업을 진행하였다. 기존의 대면 수업이 갑자기 원격수업으로 대체되면서 여러 문제점이 나타났다. 우선은 지금까지 대면 수업을 기반으로 해왔기에 갑자기 온라인으로 어떻게 해야 할지 망설여졌다. 교육부에서 지원되는 강의 플랫폼에는 한국어 교과와 관련된 온라인 강의가 많지 않기에 담당교사가 직접 온라인수업을 준비해야만 하는 부담감이 컸다. 학생들 또한 마찬가지였다. 실시간 서버에 접속하는 인원이 많아지면서 서버가 다운되거나 버퍼링이 생기는 현상이 자주 나타났기에 대부분이 원격수업의 질에 만족하지 못하였다.

---

1 《教育部："特别不希望，特别不建议"高校疫情期间要求每位老师制作直播课》,《中国新闻网》, 2020.02.12.

필자는 교육부에서 제공하는 플랫폼의 한국어 교과 온라인 강의와 다른 어종의 이론적인 온라인 강의를 이용하여 나름의 적합한 솔루션을 선택하여 수업을 진행하였다. 이후 학생들의 온라인 강의 만족도에 관해 설문조사를 하였는데 애초 우려와는 달리 예상외로 학생들의 만족도가 괜찮게 나타났다.

본 논문에서는 실시간 원격수업의 특징을 이론적으로 살펴보고 필자가 위챗과 텐센트를 활용하여 강의했던 한국어 교과 원격수업의 사례를 살펴보면서 이를 바탕으로 원격수업에서 존재하는 문제점과 그 대안에 대해 모색해보고자 한다.

2 실시간 원격수업의 정의와 유형

원격수업은 일명 온라인수업이라고도 하는데 교사와 학생이 동일한 장소에 있지 아니하고 비대면으로 인터넷이나 방송 등 다양한 매체를 활용하여 교육하는 수업을 말한다. 즉 '오프라인 수업' 또는 '대면 수업'에 대비되는 개념으로 교사와 학생이 서로 다른 장소에서 다양한 매체를 통해 진행되는 수업이다.

벨랑거 조던(Belanger Jordan, 1999)은 원격수업은 의사소통의 동시성 여부에 따라 실시간 원격수업과 비실시간 원격수업으로 나뉜다고 하였다. 실시간 원격수업은 교사와 학생이 다른 장소에 있더라도 동일한 시간에 정보를 전달하고 교환하는 것을 말한다. 교사와 학생이 보통 정해진 시간에 인터넷 가상공간에 접속하여 비디오, 오디오, 채팅 등 기능을 통해 실시간으로 수업을 하기에 쌍방향 의사소통이 가능하고 실제에 가까운 상호

작용을 할 수 있다. 그리하여 교사와 학생이 화상 연결로 수업하는 '실시간 쌍방향형' 수업이라고도 한다.

비실시간 원격수업은 그와 반대로 시간과 장소와 관계없이 당사자가 원하는 시간대에 원하는 장소에서 정보를 교환하는 것이다. 보통 교사가 인터넷 가상공간에 녹화한 강의 영상 등 수업자료를 미리 올려놓으면 학생들이 일정 기간 내에 편한 시간에 접속하여 업로드한 수업자료를 통해 수업을 받는 형태이다. 비실시간 원격수업에서의 의사소통은 일반적으로 교사가 미리 공지사항을 올리거나 녹화한 강의 영상 등을 통해 공지하며 학생들은 게시판이나 이메일 등을 통해 교사에게 질문하고 피드백을 받는 형식으로 진행된다. 이는 교사가 미리 강의자료를 제작하여 업로드해야 하는 과정이 필요하다.[2] 대학 무크 콘텐츠나 교사가 녹화한 강의를 보는 '콘텐츠 활용형' 수업이나 독후감 등 과제를 완성하는 '과제 수행형'은 모두 비실시간 원격수업에 속한다.

필자가 재직 중인 T 대학은 실시간 원격수업을 위한 솔루션으로 학습통(學習通), 우과당(雨課堂) 등을 지원하기도 하였지만 주로 위챗(微信), 텐센트(騰訊會議)를 사용할 것을 권장하였다. 위챗과 텐센트는 기능에 차이가 있다.

우선 위챗은 녹음, 녹화가 되지 않고 평면적으로 자료를 제시해야 하는 단점이 있다. 파워포인트(PowerPoint, 이하 ppt로 표기)를 활용해야 하는 실시간 원격수업의 경우에는 위챗을 사용하기에 다소 어려움이 있다.

텐센트는 '코로나 19' 이후 학교나 회사 여러 곳에서 대중적으로 사용

---

2 최신혜, 「대학 중국어 교과의 유형별 원격수업 사례 분석-Zoom과 Commons 활용을 중심으로」, 『중국학 논총』 제71집, 2021, 321~322쪽 참조.

하고 있는 화상 매체이다. 대학의 실시간 원격수업에서 가장 많이 사용되는 텐센트는 앞선 솔루션들에 비해 화면을 공유하는 기능이 원활하다. 교사의 컴퓨터에 ppt나 기타 자료를 실행시켜놓고 컴퓨터 화면을 공유하면 큰 무리 없이 수업을 진행할 수 있다. 그리고 공유하는 ppt나 마이크로소프트 워드(Microsoft word, 이하 word로 표기)의 화면에 직접 타자할 수 있고 피드백도 가능하다. 텐센트는 또 녹화본을 컴퓨터에 저장되도록 설정할 수 있는데 실시간 수업이 종료될 때마다 교수자 컴퓨터에 녹화본이 저장되기에 수업 영상을 편리하고 안정적으로 관리할 수 있다. 또한, 카메라 화면이 진행자를 포함하여 300명까지 사용 가능하므로 수강생 모두가 화면을 켜고 수업을 진행할 수 있다. 또한, 참여자도 ppt를 사용하면서 비디오 기능을 사용할 수 있는 수업에 아주 적합한 솔루션이다.

3 대학 한국어 교과의 실시간 원격수업 사례

2020년 1학기 필자는 '중한통역' 강의를 실시간 원격수업으로 진행하였는데 교육부에서 제공하는 녹화 강의와 위챗을 결합하는 방식으로 진행하였다. 2학기 '고급한국어' 과목은 실시간 원격수업으로 텐센트를 활용하여 진행하였다. 아래 원격수업의 사례를 살펴보도록 한다.

1) 위챗을 활용한 실시간 원격수업의 사례

'중한통역'은 중고급 수준의 한국어 필수과목으로 T 대학에서는 3학년 2학기에 배정되며 2학점으로 강의 24교시, 실천과 훈련(實訓) 10교시 총

34교시로 되어있다. 본 교과의 수업시수는 주간 2시간으로 충분한 통역연습이 보장되지 않는다. 하여 원격수업에서 학생들의 통역연습과 참여도를 증진할 방안을 최대한 고민하였다. 따라서 학생들이 실제로 통역을 연습하면서 교수자의 즉각적인 피드백을 받게 하려고 주로 위챗을 선택하였다.

통역수업은 기본훈련과 실전연습을 결합한 연습 위주의 수업으로서 연습을 통하여 통역의 기본요령과 필요한 기능을 장악시키고 취직을 위한 관련된 업무의 기초를 닦아주는 것이 목표이다. 기본기능훈련에는 따라하기 훈련, 복술 훈련, 개괄하기 훈련, 대역훈련이 있고 실전훈련에는 순차통역과 동시통역 훈련이 있는데 학부과정에서는 동시통역이 거의 불가능하다고 할 수 있다. 이는 학부생들의 절대적인 외국어 실력 부족, 기반 지식의 부족, 학부과정의 교과목 개설의 제약, 장비와 시설의 부족 등등 여러 원인 때문이다.

위챗을 사용한 '중한통역'의 실시간 원격수업은 다음과 같은 형태로 진행되었다. 우선 위챗은 출석확인이 어렵기에 시작하면 숫자와 이름을 남기는 형식으로 출석체크를 하였고 숙제로 낸 뉴스 말하기 파일을 위챗에 올리도록 하였다. 컴퓨터와 연결된 위챗의 음성 파일들은 즉시로 컴퓨터에 저장되기에 수업이 끝난 후 하나하나 들으며 피드백하기가 수월하다.

이론 강의는 학생들이 여유시간에 교육부에서 제공한 플랫폼에서 북경 제2 외국어학원 노금송 교수의 〈한중통역〉과 광동 외어외무대학 등위 교수의 〈프랑스어 통역〉 두 개를 집중적으로 청강하게 하고 들은 내용을 간단하게 요약하여 발표하게 하였다. 〈한중통역〉 온라인 강의에서는 실제 예문을 중점적으로 공부할 수 있고 〈프랑스어 통역〉 강의에서는 이론을 중심으로 들을 수 있다. 학생 발표 이후 교사는 번역이론에 대한 총결을 짓고 학생들의 질문에 답해주었다. 위챗은 기록이 남기에 필요에 따라 수시로 반복하여 들을 수 있다는 장점이 있다.

교사가 통역 기본훈련에서 무엇을 해야 하고 어떻게 해야 하는지 글로 남긴 후 20초 이내의 훈련 파일을 10개 정도씩 올렸다. 학생들은 위챗의 '누르고 말하기' 기능을 이용하여 따라 한 내용을 위챗에 올렸다. 빗발치듯 쏟아지는 학생들이 올린 음성을 통해 누가 이른 시간 내에 몇 개를 했고 또 효과가 어떠했는지 확인할 수 있었다. 한 달 정도 따라 하기를 연습하고 그다음 복술하여 말하기, 개괄하여 말하기, 대역하기 등으로 점차 단계를 올렸다.

연습문제의 경우, 소조별로 나누어 한 소조에서 음성으로 발표하면 다른 소조에서는 하나씩 맡아 평가하게 하고 교사가 즉시 긍정적으로 평가해주었다. 아래는 위챗을 활용한 온라인 통역수업의 부분 내용이다.

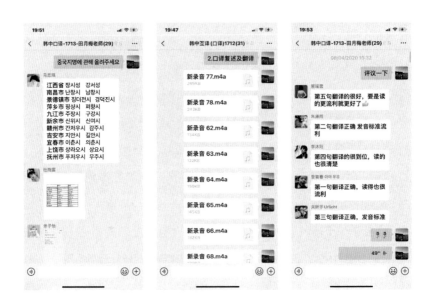

〈그림 1〉 위챗을 활용한 통역수업 일례

본 과목의 기말고사는 예정대로 비대면시험으로 진행하였는데 평소의 수업에서 매 과문의 녹음을 듣고 따라 하기, 복술하기, 개괄하기, 대역하기 등의 형식으로 진행하였기에 새로운 과제를 부여하여 평가하지 않고 배운 내용을 시험의 형태로 평가하는 것으로 출제하였다. 위챗에 음성 파일을 올려 지정된 시간 안에 복술하고 통역하게끔 하였다. 학생들은 문항별 답안을 녹음한 파일을 제한된 시간 내에 단독으로 제출하게 하였다. 이를테면 1번부터 마지막 문항까지의 답을 한 번에 녹음한 하나의 파일을 20분 이내에 제출하도록 하여 부정행위를 할 수 있는 시간적 여유를 최대한 단축하였다.

2) 텐센트를 활용한 실시한 원격수업의 사례

'고급한국어'는 고급단계의 필수과목으로 3학년 1~2학기에 배정되며 12학점에 강의 136교시, 실천과 훈련 68교시 총 204교시로 되어있다. 본 교과의 수업시수는 주간 6시간으로 강의와 실천훈련을 하기에는 빠듯한 시간이다. '고급한국어'는 통역수업의 통역훈련에 비해 제시되는 어휘, 문법, 독해, 글짓기 등의 지식들이 주선을 이루다 보니 교사가 담당해야 할 부분들이 더 많다고 할 수 있다. 그리하여 강의와 피드백을 원활하게 진행할 수 있는 텐센트를 주로 선택하여 실시간 원격수업으로 진행하였다.

텐센트는 참가자들이 비디오와 오디오 기능을 동시에 켤 수 있지만, 이 경우 교사와 학생들의 오디오가 한데 묻히면서 교사의 소리를 잘 들을 수 없게 된다. 그리하여 학생들의 발표나 질문에 대한 대답 시간 외에는 본인의 마이크를 끄고 수업을 듣게 했다. 그리고 화면에 노출되기를 꺼리는 일부 학생들의 심리를 고려해 카메라는 자원으로 선택하게 하였다.

텐센트를 사용한 '고급한국어' 수업은 대체로 다음과 같은 형태로 진행되었다. 텐센트는 대부분 학생이 실명으로 접속하기에 접속한 학생 수를 통해 출석을 확인할 수 있다. 그리하여 교사가 출석을 따로 부르거나 학생들이 사인하거나 하면서 확인하는 번거로움이 없어졌다. 또한, 온라인 강의지만 학생들 대부분이 수업 시작 전에 미리 접속하여 수업준비를 했다.

본 교과의 실시간 원격수업은 전반적으로 대면수업과 별 차이 없이 진행되었다. 미리 제작한 ppt 자료를 컴퓨터나 아이패드 화면공유 기능을 통해 강의하였기에 이는 대면 수업의 강의방식과 유사했다. 컴퓨터로 강의할 시, ppt나 word에 타자하기도 하고 아이패드는 노티빌리티(Notability) 프로그램을 깔아 자료 위에 필기하는 기능을 이용하여 강의하였다. 아래는 필자가 수업에서 텐센트의 펜과 타자 기능을 활용하여 ppt에 필기하면서 피드백했던 화면이다.

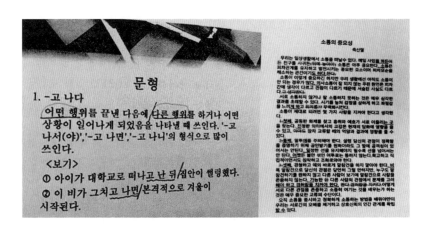

〈그림 2〉 텐센트를 활용한 수업의 예

본문 읽기는 과목별로 ppt에 삽입하여 재생하다가 당시 네트워크 연결 상황의 불안정으로 교사가 직접 해당 mp3 파일을 재생하면서 끊어 읽기를 진행하였다. 그리고 내용을 학습한 후에는 미리 협동학습을 통하여 소조별로 나눠진 학습 내용에 대해 발표하고 토론하게 하였다. '고급한국어' 교과의 내용과 결부하여 해당 문법을 이용하여 말하기 훈련을 진행하였다.

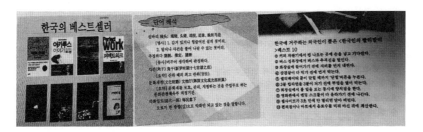

〈그림 3〉 텐센트의 화면공유 기능을 활용한 조별 발표 자료

소조별 발표는 본 수업에서 한 학기 동안 진행되었는데 당시 소조의 분류는 학습통의 분류기능을 통하여 완성하였다. 그리고 수업 시 학생들에게 매 수업 시작 전 자신의 이름 뒤에 몇조인지를 함께 기재하도록 하여 교사와 학생, 학생들 사이 몇조인지를 바로 알 수 있게 하였다. 본 수업은 읽기, 말하기, 연습문제 풀이, 쓰기 등으로 거의 수업마다 학생들을 지목하여 오디오를 켜서 말하도록 진행하였기에 비록 온라인이지만 학생들이 대면 수업처럼 긴장감을 가지고 수업에 임하도록 했다. 만약 지목된 학생이 반응이 없으면 무단이탈이나 결석으로 처리한다고 미리 공지하여 학생들이 접속만 하고 수업에 집중하지 않는 것을 미연에 방지하려고 하였다.

학생들의 조별 발표도 화면공유 기능으로 ppt를 통해 발표하게 하였다. 아래는 학생들이 실제 수업에서 발표한 자료이다.

기말고사는 당시 상황이 괜찮아지면서 예정대로 대면시험으로 진행되었다. 대면시험이 아니라면 주관식 문제를 제출하여 지정된 시간 내에 자기 생각과 관점을 쓰게 할 예정이었다.

4 원격수업 만족도 및 선호도

본 장은 실시간 원격수업의 만족도와 원격수업과 대면 수업의 선호도에 대한 설문 문항과 조사결과이다.

1) 실시간 원격수업 만족도

2020년 1학기에 3개월간 위챗으로 진행한 '중한통역' 수업은 1712반 수강생 29명 모두 설문조사에 참여하였고 2021년 3월 4주간 텐센트로 진행한 '고급한국어' 수업은 32명의 수강생 중 28명이 설문에 참여하였다.

우선, 온라인 강의 효과가 어떠하였는가 하는 질문에 '중한통역'과 '고급한국어' 모두 긍정적인 반응을 보였다.

⊙ 2020년 3월에서 5월에 진행된 '중한통역' 온라인 강의, 2021년 3월의 '고급한국어' 온라인 강의의 효과는 어떠하였습니까?

'중한통역':
① 매우 만족스럽다(20명)
② 만족스럽다(6명)
③ 일반적이다(3명)

④ 만족스럽지 않다(0명)

⑤ 매우 만족스럽지 않다(0명)

'고급한국어':

① 매우 만족스럽다(14명)

② 만족스럽다(9명)

③ 일반적이다(5명)

④ 만족스럽지 않다(0명)

⑤ 매우 만족스럽지 않다(0명)

온라인 강의 효과에 대하여 '중한통역'의 경우, '매우 만족스럽다'가 20명으로 68.97%를 차지했고 '만족스럽다'는 6명으로 20.69%, '일반적이다'는 3명으로 10.34%를 차지했다. '고급한국어'도 '매우 만족스럽다'가 14명으로 50%를 차지했고 '만족스럽다'는 9명으로 32.14%, '일반적이다'는 5명으로 17.86%를 차지했다. '매우 만족스럽다'가 큰 비례를 차지하지는 않고 '일반적이다'가 10% 이상이지만 부정적인 반응은 없었다.

다음으로 본 수업은 말하기, 조별 발표 등 학생 활동에 대해서도 질문하였는데 모두 긍정적인 반응을 보였다.

⊙ '중한통역'수업에서는 말하기, 조별 발표 등이 있었고 '고급한국어' 수업에서는 조별 발표 등 여러 활동이 있었는데 본 교과 학습에 도움이 되었는가?

'중한통역':

① 매우 그렇다(18명)

② 그렇다(8명)

③ 일반적이다(3명)

④ 그렇지 않다(0명)

⑤ 전혀 그렇지 않다(0명)

'고급한국어':

① 매우 그렇다(12명)

② 그렇다(9명)

③ 일반적이다(7명)

④ 그렇지 않다(0명)

⑤ 전혀 그렇지 않다(0명)

위챗을 활용한 통역수업에서의 따라 말하기, 복술하기, 개괄하여 말하기, 통역하기 등 여러 유형의 말하기와 조별 발표는 교과 학습에 도움이 되었는가 질문에 '매우 그렇다'가 62.17%, '그렇다'가 27.59%, '일반적이다'가 10.34%이다. 텐센트를 활용한 '고급한국어'는 '매우 그렇다'가 42.86%, '그렇다'가 32.14%, '일반적이다'가 25%로 나타났다. 부정적인 반응은 보이지 않았다.

그다음으로 위챗과 텐센트를 활용한 원격수업에 대한 학생들의 평가는 대부분 긍정적이었는데 이를 정리하면 다음과 같다.

○ 조별 활동을 통해 서로 공유하면서 함께 연습할 수 있어서 좋았다. / 코로나로 학우들을 못 봐서 아쉬웠는데 목소리를 들을 수 있어서 좋았다. / 혼자서 말하기 연습을 하면 대충 하게 되는데 음성 파일을 남기기에 집

중이 훨씬 잘 되었다. / 나의 음성 파일을 다른 학생들도 볼 수 있기에 더 신경을 쓰게 되었다. / 음성과 문자를 결합한 선생님의 확실한 피드백이 좋았다. / 많은 명언과 명구들을 외우게 하여 도움이 되었다. / 숙제 검사와 총화에서 선생님의 정성이 느껴졌다. / 무슨 질문이든지 수시로 문자나 음성으로 할 수 있어 좋았다. / 시간과 장소 제약이 없기에 질문에 대답을 못 하더라도 오프라인 수업처럼 난처하지 않았다. / 위챗은 다시 음성을 재생할 수 있어 복습하기 편리하다. / 위챗은 수시로 수업을 다시 들을 수 있어 좋았다. / 장소에 구애받지 않기에 편리하다. / 등교하는 시간을 단축시킨다. / 교실 좌석과 달리 모든 학생이 평등하게 직접 선생님과 마주하고 있는 것 같아 좋았다.

한편, 아쉬웠거나 개선되어야 할 점으로는 다음과 같다.

○ 인터넷 신호가 좋지 않다. / 위챗 수업 시 교사와 학생이 음성 버튼을 눌러 이야기를 하고 학생들이 그것을 듣고 답을 말하기에 두 배의 시간이 소모되었다. / 진도가 늦다. / 온라인 강의는 수업 분위기가 모자란다. / 텐센트는 음성을 재생할 수 없다. / 선생님과의 교류가 편리하지 않다. / 집중력, 자제능력, 자기 주도형 학습이 필요하다.

2) 실시간 원격수업과 대면 수업의 선호도

한국어교과목에서 금후 유사한 온라인수업을 개설한다면 계속하여 수강할 의향이 있는지에 관한 질문에는 다음과 같이 대답하였다.

⊙ 금후 온라인수업을 개설한다면 계속하여 청강할 의향이 있습니까?

'중한통역':

① 있다(26명)

② 없다(3명)

'고급한국어':

① 있다(24명)

② 없다(4명)

두 교과에서 긍정적으로 응답한 학생이 각각 89.66%, 85.71%로 나타났고 부정적으로 응답한 학생은 10.34%, 14.29%로 나타났다. 긍정적으로 응답한 경우 온라인수업이지만 학습 목표에 충분히 도달할 수 있었다고 답했고 부정적인 경우는 한국어는 외국어 공부이므로 그래도 대면 수업이 학생들의 실력향상에 훨씬 도움이 된다고 응답하였다. 그리고 '고급한국어'나 '중한통역'의 경우는 그나마 괜찮지만, 기초단계일 경우에는 대면 수업이 훨씬 적합하다고 대답하였다.

동일한 과목을 온라인과 오프라인으로 개설한다면 어느 쪽을 선택할 것인가 하는 선호도에 대한 조사결과는 다음과 같다.

⊙ 수업을 동시에 온라인과 오프라인으로 개설한다면 어느 쪽을 선택하시겠습니까?

'중한통역':

① 오프라인 수업(18명, 62.07%)

② 온라인 수업(11명, 37.93%)

'고급한국어':

① 오프라인 수업(22명, 78.57%)

② 온라인 수업(6명, 20.43%)

'중한통역'의 경우, 오프라인은 18명으로 62.05%, 온라인은 11명으로 37.93%였고 '고급한국어'의 경우, 오프라인을 선택한 학생은 22명으로 78.57%, 온라인을 선택한 학생은 6명으로 20.43%였다. 조사결과에서 보다시피 학생들이 온라인보다 오프라인 강의를 선호함을 알 수 있다. 응답자들은 외국어학습에서는 즉시 소통이 가능하고 상호 작용할 수 있는 오프라인 수업이 효과적이라고 보았고 오프라인 수업에서 바로 피드백을 받을 수 있기에 더 집중할 수 있어 효과가 훨씬 좋다고 하였다.

그리고 원격수업보다는 대면 수업을 원하지만, 원격수업으로 들어야 할 경우라면 온라인으로도 수강할 의사가 있음을 나타냈다. 온라인 강의를 선호하는 응답자도 각각 6명, 11명으로 20.43%, 37.93%를 차지하였는데 이를 선호하는 학생도 적지 않음을 알 수 있다. 온라인수업을 선호하는 학생의 경우, 교사의 잘 짜인 강의와 자신의 자기 주도적 학습이 결합한다면 이동하는 시간도 절약하고 더욱 효율적으로 공부할 수 있다고 응답하였다.

5 나가며

이 글에서는 실시간 원격수업의 정의를 알아보고 필자가 위챗과 텐센트를 활용하여 진행했던 '중한통역'과 '고급한국어'의 실시간 원격수업 사례를 소개하면서 그 만족도와 선호도에 대한 조사결과를 서술하였다.

한국어 교과의 특징에 맞춰 위챗과 텐센트로 진행했던 '중한통역', '고급한국어' 원격수업에 대해 85.9%의 학생들이 만족하였고 14.1%의 학생들이 일반적이라고 보았으며 부정적으로 보는 학생은 없었다. 따라서 82.38%의 학생들이 말하기 연습과 조별 활동 등이 학습에 도움이 되었다고 답하였다. 위챗은 학생들의 말하기와 통역훈련 중심의 '중한통역' 수업에 적합하고 텐센트는 문법 설명이나 언어학적 지식 등 내용전달이 중요한 '고급한국어' 수업에 적합하였다.

한국어 교과의 원격수업과 대면 수업의 선호도에 있어서 70.32% 학생들은 외국어로서의 한국어 수업은 교사와의 상호작용, 즉각적인 피드백 등이 중요하기에 대면 수업을 더 선호하는 것으로 나타났다. 그러나 효율적인 학습을 위해 원격수업을 원하는 학생도 29.18%를 차지하여 원격수업에 대한 수요도 적지 않음을 알 수 있었다.

많은 조사보고에서 온라인 강의의 질에 대한 우려와 부정적인 인식들이 있었는데 필자의 조사에서는 학생들의 만족도가 일정하게 높았으며 오프라인보다 온라인 강의를 더 선호하는 학생들도 적지 않음을 알 수 있었다. 온라인수업 역시 대면수업과 마찬가지로 교수를 어떻게 설계하고 진행하는지가 중요한 것이다. 그러므로 한국어 교과도 시대에 발을 맞추어 오프라인 수업과 더불어 효율적인 원격수업을 개발하고 운영한다면 학생들과 사회인들에게 필요한 교육프로그램으로 될 수 있을 것이다.

제1부 중국소수민족 특색마을의 문화자원 현황과 활용

제1장 흑룡강성 녕안시 조선족 민속촌의 문화자원 현황과 과제

김창남, 『78년의 강서촌 역사』, 강서촌 촌민위원회, 내부발행, 2004.

녕안시조선족중학교 편저, 『내 고향 우리 민족』, 내부발행, 2002.

전동찬 저, 『목단강변의 향수마을--향수촌 개척사(1930-2013)』, 중공향수촌지부위
　　　원회 향수촌촌민위원회, 2015.

宁安市朝鲜族教育史编委会《宁安市朝鲜族教育史(1908-2014)》, 内部发行, 2016.

李大武, 《朝鲜族流头节》, 《民艺精华》, 黑龙江人民出版社, 2019.

제2장 흑룡강성 탕원현 탕왕향 조선족 민속촌의 문화자원 현황

朴振焕, 金光吉, 「흑룡강성 탕왕 조선족향 농촌의 과거와 현재」, 『북방농업연구』 8,
　　　1999. 44-79쪽.

「흑룡강성 탕원현 '4색 관광'으로 초요 사회에 성큼」, 『인민넷』, 2022.5

김병호, 「중국조선족 인구 유동과 사회문제」, 『흑룡강민족논총』, 1993년 제3기.

탕원현융매체센터, 「탕원현 탕왕조선족향 홍기촌 촌사관 공식 개관」, 『흑룡강신문』,
　　　2023.5.26

인민넷, 「당신의 고향에는 어떤 5A급 풍경구가 있는가?」, 2022.9.27.

진종호, 「금성촌, 올해 경사 맞아 '奖'복 터졌다」, 『흑룡강신문』, 2020.12.2

탕원현 현지(11), 탕원현정부 홈페이지, 2014.6.28.

곽승지, 「중국 동북 3성 조선족 마을 현황연구」(2014 재외동포재단 조사연구용역 보고서 4), (사)동북아평화연대. 2014. 4쪽.

제3장 인터넷시대 귀주성 홍심촌, 남화촌, 상랑덕촌 소수민족 특색마을의 문화전파 및 건설 경로

张立辉, 张友,《贵州黔南州传统民族特色村寨保护与开发利用研究》,《民族学刊》, 2019.

周天龙,《仡佬族"踩堂舞"变迁, 传承与发展研究》, 贵州师范大学硕士论文, 2018.

陈烨,《乡愁视域下贵州民族村寨旅游可持续发展研究》, 贵州大学硕士论文, 2019.

许佳,《贵州平正仡佬族酒俗研究》. 贵州民族大学硕士论文, 2017.

蔡梦虹,《互联网背景下少数民族文化传播机制与策略研究》,《贵州民族研究》 2017.

제4장 소수민족 특색마을 운남성 맹해현 맹경래촌의 문화산업 보호와 전승

玉万叫; 龙玥璇; 何山河,《少数民族优秀传统文化创造性转化和创新性发展路径探析—以西双版纳傣陶为例》.《云南社会主义学院学报》. 2009.

《不同民族共居的渡口-云南省勐海县打洛镇》,《小城镇建设》, 2006. 7.

云南省民族宗教网 https://mzzj.yn.gov.cn/

제5장 총론 중국소수민족 특색마을의 전통문화 보호 현황과 인터넷시대 문화전파 건설 경로

张立辉, 张友,《贵州黔南州传统民族特色村寨保护与开发利用研究》,《民族学刊》, 2019.

周天龙,《仡佬族"踩堂舞"变迁, 传承与发展研究》, 贵州师范大学硕士论文, 2018.

参考2019年宁安市国民经济和社会发展调查统计表

제2부 천진조선족사회의 문화행사 현황과 중국조선족 문화 담론

제6장 천진조선족사회의 민족문화 행사

潘龙海, 黄有福,《跨入二十一世纪的中国朝鲜族》, 延边大学出版社 , 2001.

梁志善,《天津地区韩人社会研究(1910-1946)》, 复旦大学博士论文 , 2012.

梁志善,《天津地域韩国独立运动遗迹》,《'华北, 东北区域史中韩工作坊'国际学术研讨会资料集》, 2017.7.10.

표인주, 『축제민속학』, 태학사, 2007.

천진조선족연의회 위챗 계정,《2016年天津市朝鲜族秋夕节文艺活动暨第三届朝鲜族好声音大赛圆满举行》2016.11.1

천진조선족연의회 위챗 계정, 「천진시 조선족 노인협회 대잔치」, 2017.7.7.

전하연, 「천진시조선족친목회예술단, '중화민족공동체의식 구축' 공익문예공연 개최」, 『인민넷』, 2023.4.4.

천진시조선족예술단 비서처/홍보부, 「천진시조선족예술단 성립 1주년 경축 행사 및 표창대회 성황리에 개최」, 津朝藝苑, 2023.6.5.

김명숙, 「제1회 텐진석류민속원 김치 축제 성공 개최; 텐진백세시대문화센터 조선족 사업가 우봉금 사장의 쾌거」, 『해안선뉴스』, 2021.10.27.

유경봉, 「50년 전에 써보지 못한 너울, 웨딩드레스로 대신한다네-천진 21쌍 조선족 '금혼부부' 합동 잔치 성황리에」, 『길림신문』, 2023.5.31.

김미화, 「2023년 제1회 중한우호 체육대회 단오날 개최」, 『흑룡강신문』, 2023.6.27.

제7장 중국조선족 문화 담론

최민호, 「농악의 공연예술화, 그리고 전통으로의 회항: 중국조선족농악무의 전승과
    보존」, 『역사민속학』, 역사민속학회, 2015.

정수진, 「유네스코 무형문화유산 체제하의 아리랑」, 『실천민속학 연구』, 실천민속학
    회, 2017.

송욱일, 박금해, 「연변조선족 무형문화유산의 전승실태와 발전방안연구」, 『역사문화
    연구』 제51집, 2014.8.31

제3부 중국에서 『한국문화』와 『조선어문』 교과서 분석 및 수업의 실제

제8장 중국인 학습자를 위한 『한국문화』 교과서 내용분석

1. 기본자료

남명철, 『한국사회와 문화』, 북경어언문화대학교출판사, 2011.

박영호, 윤윤진, 최희수 편저, 『한국개황』, 연변대학출판사, 2009.

이승매, 이용해, 『한국사회와 문화』, 중국해양대학출판사, 2007년.

지수용, 김철 주필, 『한국개황』, 세계도서출판회사, 2010.

진계방 주필, 『한국문화개론』, 산동대학출판사, 2010.

박은숙 총주필, 주명애 · 우영란 주필, 『한국사회와 문화』, 외어교학과 연구출판사,
    2017.

2. 논문 및 단행본

강현화, 「한국문화 교육 항목 선정에 관한 기초연구-선행연구, 교재, 기관 현황 조사
    자료의 비교를 통하여」, 『외국어로서의 한국어 교육』 36권 0호, 2011.

국립국어원, 『국제통용 한국어 교육 표준모형개발』, 국립국어원, 2011.

권오경, 「한국어 교육에서의 한국문화교육의 구축 방안」, 『언어와 문화』 5권 2호, 한국언어문화교육학회, 2009.

김해옥, 「한국문화 교육 교재개발현황과 과제-국내 학습자 및 교수자용 교육 교재를 중심으로」, 『언어와 문화』 8권 3호, 2012.

나찬연 · 박영미, 「외국인을 위한 '문화교재'의 유형 분석과 개발 방향」, 『인문학 논총』 30집, 2012.

이춘호, 「중국에서의 한국역사 교육에 대하여」, 『CHINA 연구』, 제3집, 부산대학교 중국연구소, 2007.

조항록, 「초급단계에서의 한국어교육과 문화교육」, 『한국어 교육』 11-1집, 국제한국어교육학회, 2000.

조항록, 「한국어문화교수학습론의 주요 쟁점과 과제」, 『21세기한국어교육학의 현황과 과제』, 한국문화사, 2002.

최수진, 「对以学习者为中心的韩国概况教材的分析」 『인문학연구』 제36집, 조선대학교 인문학연구원, 2008.

윤여탁, 『문화교육이란 무엇인가?』, 태학사, 2013.

원승룡, 『문화이론과 문화철학』, 서광사, 2007.

P. R. Moran, Teaching Culture: Perspectives in Practice, 정동빈 외 옮김, 『문화교육』, 경문사, 2004.

Williams. R "Keywords: A Vocabulary of Culture and Society". 2nd, London: Fontana, 1983.

제9장 중국조선족 중고등학교 『조선어문』 교과서 내용분석(2014-2019)

1. 기본자료

연변교육출판사 조선어문편집실 동북조선문교재연구개발센터 편저, 『의무교육 조선족학교 교과서 조선어문』 7학년 상권(중1-1), 연변교육출판사, 2014.

_____『의무교육 조선족학교 교과서 조선어문』7학년 하권(중1-2), 연변교육출판
사, 2015.

_____『의무교육 조선족학교 교과서 조선어문』8학년 상권(중2-1), 연변교육출판
사, 2015.

_____『의무교육 조선족학교 교과서 조선어문』8학년 하권(중2-2), 연변교육출판
사, 2016.

_____『의무교육 조선족학교 교과서 조선어문』9학년용(중3), 연변교육출판사,
2017.

_____『조선족 고급중학교교과서 조선어문』필수 1(고1-1), 연변교육출판사, 2017.

_____『조선족 고급중학교교과서 조선어문』필수 2(고1-2), 연변교육출판사, 2018.

_____『조선족 고급중학교교과서 조선어문』필수 3(고2-1), 연변교육출판사, 2018.

_____『조선족 고급중학교교과서 조선어문』필수 4(고2-2), 연변교육출판사, 2019.

_____『조선족 고급중학교교과서 조선어문 선택 소설 감상』, 연변교육출판사,
2019.

_____『조선족 고급중학교교과서 조선어문 선택 희곡감상』, 연변교육출판사, 2019.

_____『조선족 고급중학교교과서 조선어문 선택 시가와 수필 감상』, 연변교육출판
사, 2019.

_____『의무교육 조선족학교 교과서 조선어문 교수참고서』7학년 상권, 연변교육
출판사, 2014.

_____『의무교육 조선족학교 교과서 조선어문 교수참고서』7학년 하권, 연변교육
출판사, 2015.

_____『의무교육 조선족학교 교과서 조선어문 교수참고서』8학년 상권, 연변교육
출판사, 2015.

_____『의무교육 조선족학교 교과서 조선어문 교수참고서』8학년 하권, 연변교육
출판사, 2016.

_____『의무교육 조선족학교 교과서 조선어문 교수참고서』9학년용, 연변교육출판

사, 2017.

_____『조선족 고급중학교교과서 조선어문 교수참고서』 필수 1, 연변교육출판사,
　　　2017.

_____『조선족 고급중학교교과서 조선어문 교수참고서』 필수 2, 연변교육출판사,
　　　2018.

_____『조선족 고급중학교교과서 조선어문 교수참고서』 필수 3, 연변교육출판사,
　　　2018.

_____『조선족 고급중학교교과서 조선어문 교수참고서』 필수 4, 연변교육출판사,
　　　2019.

요녕성교육청 · 길림성교육청 · 흑룡강성교육청 제정,『의무교육 조선족학교 조선어
　　　문 과정표준』, 연변교육출판사, 2017.

2. 논문 및 단행본

김 흠,「중국조선족 고급중학교 문학교육 평가 현황과 과제」,『국어교육』제153호,
　　　2016.5.

박금해,『중국조선족 교육의 역사와 현실』, 경인문화사, 2012.

윤여탁,「이중언어교육으로서의 조선족 문학교육 연구」,『다문화교육 연구와 실천』
　　　제6권, 2014.

오현아 · 오지혜 · 진가연 · 신명선,「재외동포 현지 교과로서의 '조선어' 교과의 복합
　　　적 위상 분석 연구를 위한 시론」,『국어국문학』177호, 2016.12

이종순,『중국조선족 문학과 문학교육』, 신성출판사, 2005.

이홍매,「중국조선족 문학교육연구 - 조선족 초급중학교 '조선어문'에 수록된 조선족
　　　작품을 중심으로」,『제22차 국제한국어교육학회 국제학술대회논문집』, 국제
　　　한국어교육학회, 2012.

최미숙,「문학 교과서와 재외동포 문학교육 - 조선족 문학작품을 중심으로」,『독서연
　　　구』제26호, 2011.

「현재 국내 조선족학교 수는?」, 『요녕조선문보』, 2021.01.14.

제10장 포스트 코로나시대 중국대학 한국어 교과의 실시간 원격수업 사례 분석-위챗과 텐센트 활용을 중심으로

최신혜, 「모둠 조직의 구체적인 방법 및 모둠을 활용한 협동학습 사례 분석 및 제안」, 『중국 언어연구』 제86집, 2020.

최신혜, 「대학 중국어 교과의 유형별 원격수업 사례 분석-Zoom과 Commons 활용을 중심으로」, 『중국학 논총』 제71집, 2021.3

曹海燕 . 孙跃东 . 单彦 . 魏芬 . 王山山, 《疫情防控期间高校线上教学的效果调查与分析》, 『上海理工大学学报(社会科学版)』, 2020年第3期.

吴佳丽 . 王文玲 . 蔡超越, 《特殊背景下网课学习现状及效果调查—以徐州工程学院朝鲜语专业学生为对象》, 《山西青年》2021年第5期.

《教育部:"特别不希望, 特别不建议"高校疫情期间要求每位老师制作直播课》, 《中国新闻网》, 2020年02月12日(http://www.chinanews.com/sh/2020/02-12/9088901.shtml)

전월매(田月梅) ────────────────────────────────

천진사범대학교 한국어학과 부교수, 한국학중앙연구원 문학박사, 서울대학교 국어교육연구소 객원연구원, 천진시인민정부학위위원회 교육지도위원회 위원, 저서로 『재중조선인 시에 나타난 만주 인식』(역락, 2014), 『한국문학 연구와 교육의 현장』(학술정보, 2016), 『중한수교 30년, 한국소설에 나타난 중국 담론』(역락, 2023)을 비롯하여 국내외 학술지 발표논문 50여 편이 있음

중국_소수민족 특색마을 문화 연구

초판인쇄 2023년 8월 30일
초판발행 2023년 8월 30일

지은이 전월매
펴낸이 채종준
펴낸곳 한국학술정보(주)
주 소 경기도 파주시 회동길 230(문발동)
전 화 031-908-3181(대표)
팩 스 031-908-3189
홈페이지 http://ebook.kstudy.com
E-mail 출판사업부 publish@kstudy.com
등 록 제일산-115호(2000. 6. 19)

ISBN 979-11-6983-654-8 93380